AMIRAL WERNER

SOUVENIRS MARITIMES

Traduction de NOÉ

DESSINS DE SINOS

SOUVENIRS MARITIMES

31ᵉ Série A.

SOCIÉTÉ ANONYME D'IMPRIMERIE DE VILLEFRANCHE-DE-ROUERGUE
Jules Bardoux, Directeur.

AMIRAL WERNER

SOUVENIRS MARITIMES

Traduction de NOÉ

DESSINS DE GINOS

PARIS
LIBRAIRIE CH. DELAGRAVE
15, RUE SOUFFLOT, 15

PREMIÈRE PARTIE

UN PREMIER VOYAGE EN MER

I

L' « ALMA »

I

L' « ALMA »

Je suis né dans une petite bourgade de l'intérieur, à près de cent lieues des côtes. Comment ai-je pu y acquérir, si loin de la mer, une prédilection marquée pour la vie maritime? Je n'en sais rien. La petite rivière dont l'eau a servi à mon baptême ne peut certainement en être la cause; elle est si basse qu'elle n'a jamais pu porter le moindre bateau.

Comme, tout enfant, j'avais souvent manifesté mon inclination pour ma future carrière, l'idée doit avoir germé en moi en dehors de toute influence extérieure. Les romans maritimes de Cooper et de Marryat, que j'ai lus plus tard, ont sans doute contribué à fortifier ces dispositions et à mûrir cette idée dans ma tête. Il me fallut lutter beaucoup pour arriver à la réalisation de mes rêves, et de longtemps, dans la famille, personne ne voulut m'y aider.

Dans le commencement, mon père ne voulait même pas en entendre parler; quant à mon oncle, il hochait la tête d'un air soucieux.

C'était un vieux théologien qui jouait un rôle important dans la maison paternelle. Mon père, fonctionnaire très occupé, lui avait entièrement abandonné l'éducation des enfants. Toutes ces oppositions ne purent cependant me détourner de mes projets, elles contribuèrent même plutôt à les raffermir.

« Que Dieu te bénisse et conduise tes pas ! »

C'est sur ma mère que je fondais tout mon espoir; elle seule pouvait et devait m'aider, elle à qui j'étais attaché par toutes les fibres de mon cœur. J'étais convaincu que mon père finirait par céder, quand il verrait que j'avais du caractère.

C'est ce qui arriva; ma mère la première passa de mon côté. C'est le cœur navré, il est vrai, qu'elle parla en ma faveur, mais elle le fit. Mon père consentit, et le vieux brave oncle à qui je dois tant et dont je vénère la mémoire se laissa vaincre à son tour.

« Que Dieu te bénisse et conduise tes pas ! » Ce furent les derniers mots de ma mère quand je partis, et je m'arrachai à sa tendresse pour faire seul désormais mon chemin dans le monde froid et indifférent. J'allais au-devant d'un avenir inconnu sans autre appui que moi-même, et j'étais encore presque un enfant.

Mon chemin dans la vie ne fut pas semé de roses; c'est souvent au milieu de dangers et de peines que je dus le parcourir pas à pas, mais la bénédiction de ma mère reposait sur moi.

Mon père me conduisit à Hambourg. On lui avait donné des lettres de recommandation pour une grande maison d'armement, et

peu de jours après j'étais admis sur un navire partant pour les Indes.

La veille du jour où j'allai à bord pour m'embarquer, mon père partit. Les chemins de fer étaient rares encore; quand il monta dans la diligence et que, d'une voix tremblante, il m'envoya son dernier adieu, je fus saisi d'une profonde douleur. C'était comme si l'on m'arrachait violemment de tout ce que j'aimais, de tout ce qui m'était cher. J'étais comme pétrifié, j'aurais voulu crier : « Père, remmène-moi avec toi! » Mais j'eus honte de ma faiblesse, et, les yeux pleins de larmes, ce n'est que par signes que je pus lui répondre.

Le postillon souffla dans sa corne, la voiture roula sur le pavé ; là-bas, derrière l'angle, elle disparut ; j'étais seul ! Je tournai mes pas vers l'auberge où nous étions descendus.

J'y trouvai mon coffre de matelot qui avait été apporté en mon absence ; il contenait mon trousseau de marin pour le voyage, et cela donna un autre cours à mes tristes pensées. Je n'eus rien de plus pressé que d'essayer mon nouveau costume, je me trouvai tout

Je fis une promenade sur le port.

à fait bien dans la chemise de laine bleu foncé avec un grand col tombant sur les épaules, la cravate de soie nouée lâche par-dessous et le bonnet écossais. Assez content de moi, je fis une promenade sur le port. Au lieu du bonnet, j'aurais voulu mettre le *sud-ouest* (prononcez *surroît*), ce chapeau en toile à voile huilée avec un couvre-nuque qui rend de si bons services aux marins par temps de pluie. Mais, à mon grand regret, il ne pleuvait pas, et je dus me contenter ce jour-là de paraître dans un extérieur un peu moins *maritime*.

Je passai la soirée à revoir plusieurs fois ma nouvelle propriété, et à la replacer soigneusement dans le coffre. Puis je fis avec un certain plaisir un paquet du costume bourgeois que j'avais porté jusqu'alors, pour l'expédier à la maison. Malgré les sentiments de tristesse que faisait naître en moi le souvenir du pays, j'éprouvais cependant une certaine satisfaction d'être enfin parvenu au but des désirs que je nourrissais depuis si longtemps. Je formais dans ma tête les projets les plus grandioses et les plus ambitieux, et je finis par m'endormir pour passer ma dernière nuit sur la terre ferme.

Je fis et refis la revue de ma nouvelle propriété.

Ce devait être aussi la dernière où, de longtemps, je jouirais d'un repos ininterrompu; le jour suivant devait déjà mettre à mes rêves d'avenir une sourdine désagréable.

Au comptoir de l'armateur où j'avais signé mon engagement, on m'avait dit de me rendre à bord le lendemain matin après le départ de mon père. Je pensais donc être ponctuel en me présentant à huit heures sur le navire, mais je me trompais. Je fus reçu par le capitaine d'une manière fort peu aimable, et, quoique ne comprenant qu'à demi le patois qu'il parlait, j'y démêlai cependant de vifs reproches pour n'être pas arrivé dès le commencement du travail journalier.

Ce n'était pas un heureux début.

Mon navire s'appelait l'*Alma*; c'était un assez grand trois-mâts barque, c'est-à-dire un navire à trois mâts dont les deux mâts de l'avant avaient seuls des vergues, tandis que le troisième n'avait que des voiles dites à corne. Il avait, pour sa grosseur, un équipage relativement nombreux, qui se composait de dix-huit hommes, outre le capitaine et les deux timoniers[1], le second et le lieutenant; l'*Alma* avait été, la veille, halée sur la cale, pour changer quelques feuilles de cuivre à son doublage. La cale est un plan incliné recouvert de fortes planches ou de pierres plates, sur lequel on construit les navires. Autrefois, on réparait aussi les vieux bâtiments sur les cales; il fallait, pour les faire monter, placer au-dessous des traî-

Le capitaine me reçut d'une façon peu aimable.

neaux que l'on mettait en place dans l'eau; c'était un travail difficile et pénible, qui fatiguait beaucoup les navires. Aujourd'hui, cette opération se fait plus commodément : il y a partout des bassins solides en maçonnerie ou des docks flottants avec des portes. On fait entrer le navire, on ferme la porte, on pompe l'eau, et le navire, que l'on étaye pendant ce temps, se trouve à sec.

J'avais grimpé la haute échelle qui conduisait depuis la terre jusqu'au pont de l'*Alma*, mais mon coffre était resté en bas à la pluie. Quand le capitaine m'eut congédié, je cherchai vainement autour de moi quelqu'un pour m'aider à le monter à bord. Quelques

---

1. On appelle *timoniers*, dans la marine allemande, des marins qui, aux connaissances pratiques de l'homme de mer, joignent aussi les études théoriques de la navigation, pour devenir capitaines à leur tour.

hommes de l'équipage travaillaient en haut dans la mâture, mais il n'y avait personne sur le pont, et j'étais assez embarrassé. Enfin un homme âgé, à figure rébarbative, avec une joue enflée, parut au haut de l'échelle.

Le maître d'équipage me dit : « Qui es-tu ? »

« Qui es-tu ? » me demanda-t-il d'une voix si rude que j'en fus interloqué.

Je dis mon nom.

« Que viens-tu faire ici ? » poursuivit-il sur le même ton et, naturellement, comme tout le monde à bord, en langue patoise.

Quand je lui eus dit que je venais à bord comme pilotin, il ajouta :

« C'est bon! je suis le maître d'équipage du bâtiment, et tu dois m'obéir. Souviens-t'en. »

Pour corroborer cette admonestation, il lança un jet de salive brune, et je remarquai que sa joue enflée s'aplatit subitement, tandis que l'autre se gonfla. Dans les commencements, je ne pouvais m'expliquer cette étrange métamorphose ; plus tard, je découvris que la cause en était un énorme morceau de tabac à chiquer qui passait d'un côté de la bouche à l'autre toutes les fois que le maître voulait ponctuer ses paroles par un gros mot quelconque.

Un jet de salive brune sortit de sa bouche.

A ma prière, il fit monter mon coffre à bord par quelques matelots, et m'indiqua, dans le poste de l'équipage, ma couchette et la place de ma caisse. Je ne comprenais pas très bien ce qu'il me disait et le lui faisais répéter; alors il perdit patience.

« Que diable viennent-ils faire à bord, ces espèces de Suisses qui ne comprennent pas même le patois? », dit-il en grommelant Le brave homme avait dans l'idée que le haut allemand n'est parlé qu'en Suisse.

Mon futur logement, vulgairement le *poste,* me produisit une impression très décevante; il était loin de répondre aux espérances

Contre les murailles étaient fixées des couchettes.

les plus modestes que j'avais formées. Situé à l'extrême avant du navire, à la proue et sous le pont, il avait la forme d'un triangle; il était si bas qu'on ne pouvait s'y tenir que courbé, et si étroit qu'il était difficile d'en faire le tour. Contre les murailles étaient fixées des couchettes superposées deux à deux, et il n'y en avait pas dix-huit, mais seulement seize, de sorte que, pour les quatre novices, dont j'étais, il n'y avait qu'un lit pour deux. Les coffres étaient devant les couchettes; deux tables à rabattement et une lampe à huile en fer-blanc suspendue au pont complétaient tout le mobilier; le jour n'arrivait dans ce réduit que du panneau par lequel on descendait. Je n'eus pas le temps de me livrer à un plus long examen. A peine avais-je placé mon coffre et fourré dans la couchette mon matelas trempé par la pluie, que la voix du maître retentissait déjà par le panneau.

Il devait sans doute avoir déjà oublié mon nom, car il me cria :

« Suisse ! — et c'est ainsi du reste qu'il continua de m'appeler pendant toute la durée du voyage, — que fais-tu si longtemps là-bas dessous ? me dit-il. Ici, il s'agit de travailler, et non de paresser. Prends cette corbeille et va ramasser des *lardons* sous le navire. »

Je n'avais pas la moindre idée de ce qu'il entendait par des lardons ; mais j'étais déjà si intimidé que je n'osai le lui demander,

« Prends cette corbeille et va ramasser des lardons. »

et je dégringolai rapidement par l'échelle jusqu'à la cale. Je trouvai là un matelot complaisant qui m'en donna l'explication. Les charpentiers enlevaient de la carène du navire les vieilles feuilles usées, et je devais ramasser les clous qu'ils avaient laissés tomber, et qu'on appelle des lardons.

Ce travail était loin de me plaire ; je m'étais figuré les commencements d'une tout autre manière ; cependant je m'y appliquai beaucoup, et le maître lui-même sembla n'être pas mécontent de mon zèle. Malgré le froid qu'il faisait, cette occupation inusitée attirait des gouttes de sueur sur mon front.

Le moment du dîner arriva ; le coq vint au haut de l'échelle, frappa trois fois dans ses mains et cria quelque chose où je crus entendre *mettre des gants;* comme je l'ai appris plus tard, cela veut dire *bas l'ouvrage*[1].

Il fallut me dépêcher beaucoup, car on m'avertit que ce signal me concernait plus particulièrement; comme le plus jeune à bord, j'avais à transporter les gamelles de la cuisine dans le poste. Quand cela fut fait, le coq l'annonça par un second signal habituel; mais cette fois ce fut en chantant d'une voix qui était loin d'être harmonieuse qu'il cria, en faisant le tour du chantier :

« A boustifailler partout! boustifailler haut et bas! boustifailler au nom de Dieu. »

C'est moi qui transportais les gamelles.

A cet appel, tout l'équipage se réunit dans le poste pour prendre son repas. La nourriture était substantielle et bonne; le travail m'avait donné de l'appétit, elle me plut énormément. De la livre de viande qui me revenait pour ma ration, il ne resta rien du tout. La conversation, au contraire, fut moins de mon goût; ce que j'en pouvais comprendre était si différent de ce à quoi j'avais été accoutumé jusqu'alors!

Après le dîner, je cherchai de nouveau de vieux clous dans la saleté; mon camarade de lit m'y aidait. C'était un garçon de mon âge, éveillé et gentil, originaire de l'île de Fohr, comme presque

---

1. Jeu de mots intraduisible. *Hand Schoon*, en bas allemand, signifie : les mains vides.

tout l'équipage et le capitaine lui-même. A cette époque, les îles de la Frise fournissaient une grande quantité de marins aux navires de Hambourg.

La plupart des capitaines étaient de ce pays, et ils emmenaient avec eux leurs compatriotes, leurs parents et leurs connaissances. Mon camarade de lit s'appelait Henri Petersen; le capitaine, Pay Andersen; le maître, Peter Hinrichsen, et, à part mon nom et celui du second, tous les autres à bord finissaient en *sen*. Comme moi, Henri n'avait pas encore navigué, mais il était à bord depuis plu-

Après le dîner, je cherchai de nouveau de vieux clous.

sieurs semaines; dans l'île où il était né, il s'était, dès son enfance, familiarisé avec l'eau salée et les navires; il avait déjà, par suite, une foule de connaissances nautiques que je lui enviais.

Après le travail, la plupart des hommes allèrent à terre; moi, je restai à bord. Je ne voyais aucun plaisir à aller promener en ville, et puis le travail de la journée m'avait fatigué. Peu de temps après le souper, je m'étendis dans ma couchette. Je trouvais, il est vrai, un peu durs le matelas et l'oreiller remplis d'algues marines; la couverture de laine, à laquelle je n'étais pas habitué, me grattait bien un peu; le lit partagé surtout était loin de m'être agréable;

malgré tout cela, je ne tardai pas à m'endormir d'un sommeil profond. C'est là un des privilèges de la jeunesse.

Au bout de quelques heures, je fus rudement secoué et violemment arraché à mes rêves. Je prenais le quart et devais rester une heure sur le pont. Un navire n'est jamais sans gardien; à la mer, le *quart* se compose de la moitié de l'équipage; dans le port, un homme seul fait la garde. Il est relevé toutes les heures, tandis que le quart à la mer dure quatre heures.

C'était une belle nuit d'automne. La lune brillait de tout son éclat et répandait sa clarté sur les clochers et les toits de la vieille

Je ne tardai pas à m'endormir d'un sommeil profond.

ville hanséatique, que je découvrais de la position élevée où j'étais placé. Les flots sombres de l'Elbe coulaient sans bruit au-dessous de moi, et à l'horizon se dessinait la forêt de mâts des navires dans le port. Partout régnaient le calme et le silence; j'étais seul avec moi-même. Les événements de la journée ne pouvaient manquer de se représenter à mon esprit et d'y refléter les impressions que j'avais éprouvées.

Je ne puis pas dire qu'ils aient évoqué de riantes images. Les romans de Cooper et de Marryat m'avaient donné sur la vie maritime d'autres idées.

Quelques jours auparavant, en traversant le port avec mon père, nous avions vu sur un navire des matelots occupés au sommet des mâts. Mon père s'était attaché à me faire remarquer la situation périlleuse de ces hommes suspendus dans les airs.

« Veux-tu toujours être marin ? m'avait-il demandé ensuite.

— Oui, sans doute, » lui avais-je répondu avec enthousiasme.

Cette idée du danger, bien loin de m'effrayer, comme l'espérait mon père, avait exercé sur moi un nouvel attrait. Et, au lieu de grimper dans la mâture au risque de me rompre le cou, j'avais passé ma journée à chercher de vieux clous par terre.

J'avais été mal reçu par le capitaine. Henri m'avait dit qu'il passait pour un marin capable, mais qu'il était bourru et désagréable pour ses subordonnés, qui ne l'aimaient pas. L'expression de son visage était dure, sombre même, et j'y cherchais en vain un côté bienveillant. Les officiers avaient fait peu d'attention à moi, le maître d'équipage avait été brutal à mon égard : voilà comment s'étaient montrés mes supérieurs. Quant aux matelots, leurs manières n'étaient pas plus avenantes ; d'un monde bien élevé,

« Regarde, mon fils, veux-tu toujours être marin ? »

des joies paisibles de la vie de famille, j'étais tombé subitement dans un milieu grossier. Je sentais déjà parfaitement que ces hommes, auxquels j'étais rivé pour des années, devaient, au fond, me rester toujours complètement étrangers par la différence d'éducation.

Qu'adviendrait-il de tout cela? Un avenir sombre se déroulait devant mes yeux, les pensées les plus tristes m'envahissaient, j'étais profondément découragé. Je regrettai amèrement d'avoir embrassé la carrière maritime, et mon cœur oppressé déborda dans un torrent de larmes.

Je cherchais de vieux clous par terre.

Je me souvins alors que mon père m'avait déjà dépeint ces sombres images à la maison; je me rappelai le soin avec lequel il m'avait prévenu, et, malgré ses affectueuses remontrances, j'avais mis tout en œuvre pour réaliser mes projets obstinés.

Eh bien, non! advienne que pourra. Reculer est impossible, il ne doit plus en être question. J'ai commencé, j'irai jusqu'au bout, devrais-je y succomber.

Telle fut la résolution inébranlable que je pris dans cette heure calme de ma première nuit de quart.

Dès le lendemain, j'étais disposé à affronter hardiment tout ce que ma nouvelle profession pouvait amener d'insolite et de pénible; j'étais prêt à résister à toute cause de découragement. Mais j'avais compris aussi que, dès ce jour, c'était fait de ma jeunesse. Derrière moi ses plaisirs, sa poésie, ses espérances et ses illusions; devant, rien que la vie, triste et laborieuse, avec toutes les exigences impitoyables qu'elle entraîne souvent avec elle.

Au bout de huit jours, la réparation du doublage était terminée; l'*Alma* glissa sur sa cale et descendit dans la rivière. Le lendemain commença le chargement, et en même temps on fit avec activité tous les préparatifs nécessaires pour mettre le navire en état de prendre la mer. Ces divers travaux employèrent quatorze jours, et ce n'est qu'au commencement d'octobre que tout se trouva disposé pour mettre à la voile. Le but de notre voyage était Batavia, mais on ne savait encore si nous devions toucher en d'autres points dans la traversée; selon toute probabilité, notre absence devait durer plus d'un an.

Ce premier temps d'épreuve à Hambourg me fut très pénible; mais, fidèle à ma résolution, je l'employai utilement; j'appris à tra-

On largua les amarres qui retenaient le navire.

vailler, à déployer mes forces à propos et à considérer la vie sous son côté pratique.

Le jour du départ arriva, et le pilote vint à bord. Au commencement du jusant, on largua les amarres qui retenaient le navire aux piliers du port pour le haler au milieu du fleuve. Le vent était contraire; le chenal étroit et tortueux ne permettait pas de louvoyer, et, comme il n'y avait pas encore de remorqueurs qui facilitent aujourd'hui cette manœuvre, nous descendîmes l'Elbe contre le vent avec le courant. C'était une navigation ennuyeuse et fatigante; de temps à autre, quand une sinuosité de la rivière nous présentait le vent dans une direction favorable, nous faisions une petite traite à la voile. Le jusant nous conduisit jusqu'à Glückstadt; là, nous trouvâmes le flot, et nous fûmes obligés de laisser tomber l'ancre.

J'avais eu l'occasion, dans ce trajet, de prendre ma première leçon de navigation. Il faut beaucoup d'habileté pratique pour faire dériver un navire dans un chenal aussi étroit. Celui qui s'y entend peut prétendre à manœuvrer un navire en toutes circonstances. La vapeur a supprimé en grande partie ces difficultés; mais c'était une école excellente pour apprendre à manier un navire à voiles, et il est regrettable qu'elle soit irréparablement perdue.

Notre pilote était un homme d'une cinquantaine d'années, et le type du marin durci par la tempête; il connaissait à fond son métier. J'observais sans mot dire l'habileté avec laquelle il dirigeait l'*Alma* dans les passages les plus difficiles, et j'admirais surtout le calme et la précision avec lesquels il donnait ses ordres. Mon poste était près de lui. Il avait dû remarquer l'intérêt que je paraissais prendre à la manœuvre, car il m'adressa la parole sur un ton bienveillant auquel j'étais loin de m'attendre et qui me combla de joie. Il me demanda amicalement ce que je considérais avec tant d'attention.

Notre pilote.

« Je voudrais bien, lui dis-je, savoir manœuvrer un navire comme vous le faites. »

Cette réponse parut lui faire plaisir.

« Mets-toi près de moi, me dit-il, et, s'il y a quelque chose que tu ne comprends pas, demande-le-moi. »

Là-dessus, il m'expliqua les mouvements qu'il allait faire d'une manière si simple et si claire, que je saisissais le moment où ils allaient être exécutés. J'appris en peu de temps beaucoup de choses qui me furent plus tard très utiles dans ma carrière. Le lendemain, le vent se leva à l'ouest et souffla en tempête; la mer du

Nord était devenue impraticable. Il nous fallut attendre patiemment le retour du beau temps, qui n'eut lieu qu'au bout de huit jours. Je n'en eus personnellement aucun regret; le pilote m'avait pris en amitié; il saisissait toutes les occasions de causer avec moi et de m'instruire. Je n'ai pas besoin de dire avec quelle ardeur je cherchais à profiter de ses conversations. Je sentais fort bien que plus vite j'apprendrais des choses utiles à ma profession, plus tôt je sortirais de cet état d'infériorité où je me sentais si malheureux; aussi j'employais tous mes efforts à satisfaire mon désir d'apprendre.

Mais ce n'était pas seulement de ses précieuses leçons que j'étais reconnaissant au pilote, je lui devais beaucoup aussi pour la bienveillance amicale qu'il m'avait témoignée. Elle me touchait d'autant plus que personne dans l'équipage, à l'exception de Henri, mon camarade de lit, ne m'avait jusqu'alors porté aucun intérêt. Le capitaine et les officiers semblaient ne me considérer que comme une machine à travailler; aucun d'eux ne m'avait adressé une bonne parole, et, dans le poste, les matelots ne s'adressaient à moi, le plus jeune, que pour me demander grossièrement des services de domestique.

Les matelots me traitaient grossièrement.

Bien des fois je me suis mordu les lèvres pour ne pas laisser échapper tout haut l'expression de mon mécontentement. Mais cela avait aussi son bon côté : j'y appris à me vaincre moi-même et à réprimer la vivacité naturelle de mon caractère. Il n'y a que le maître d'équipage dont les manières se modifiaient peu à peu en ma faveur. Ma docilité, le zèle que je mettais à exécuter le mieux et le plus vite possible les ordres qu'il me donnait, ont bien pu contribuer à le rendre plus bienveillant à mon égard; mais je crois bien aussi que la façon dont me traitait le pilote y était pour quelque chose. Je fus attaché à son quart; il ne me ménageait pas plus pour cela; mais maintenant, lorsqu'il appelait : « Suisse! » ce mot ne sonnait plus aussi sec qu'auparavant. J'entendais quelquefois des paroles d'encouragement, et je commençais à pressentir que, sous la rude écorce du vieux loup de mer, battait encore un cœur dans sa poitrine.

Le vent se lassa enfin de souffler toujours du même côté; dans la nuit, il passa au sud. Il est vrai qu'il avait tourné par la gauche; il était passé au sud au lieu de passer au nord, et c'était une raison, d'après le pilote, pour qu'il n'eût pas de durée. Mais le capitaine ne voulait pas laisser souffler pour rien une brise favorable, et on leva l'ancre au point du jour. La persistance du vent contraire avait rassemblé autour de nous une quarantaine de navires qui allaient aussi à la mer; ils voulurent également profiter de la bonne occasion.

Une grande activité régnait ce matin-là sur la rade de Glückstadt, et c'était un spectacle intéressant de voir une flotte si nombreuse se mettre en mouvement toute à la fois. Dans l'air sonore du matin retentissaient les commandements des capitaines, le cliquetis des guindeaux, les cris et les chants dont les matelots s'accompagnent pour hisser les voiles ou exécuter tout autre travail en cadence. La toile blanche, gonflée par le vent, se déploya sur les vergues, qui furent brassées en ciseaux dès que l'ancre se trouva droit au-dessous du navire.

« Dérapez! » commanda le capitaine; et tout le monde se porta de nouveau au guindeau, et on entendit encore le cliquetis des linguets et le chant des matelots. La chaîne ne rentrait dans l'écubier que maille par maille; après de vigoureux efforts, l'ancre fut enfin arrachée du fond. Le navire, libre de toute entrave, obéit à la pression du vent qui agissait sur les voiles de devant brassées à contre comme sur un levier, et tourna sur lui-même jusqu'à ce que le vent remplit les voiles de l'arrière. Le rôle des voiles de l'avant était terminé; elles furent orientées parallèlement à celles de l'arrière; les basses voiles, qui étaient restées carguées au-dessous de leurs vergues, tombèrent à la fois, et, sous l'impulsion d'une jolie brise, le navire, favorisé encore par le courant, prit sa course comme une flèche sur les eaux calmes du fleuve.

De tous les navires qui avaient appareillé en même temps que nous, la moitié était déjà en route. Mais l'*Alma* était bonne marcheuse; son avant, affilé comme un couteau, fendait

Dans l'air sonore du matin retentissaient les chants des matelots.

l'eau presque sans bruit; elle les gagnait rapidement et les laissait tous en arrière l'un après l'autre.

« Place au voyageur pour l'Inde! » semblait-elle dire; et son pavillon flottait joyeux au gré du vent.

II

A LA MER

II

A LA MER

LE marin s'identifie avec son navire; il en ressent tous les avantages comme les siens propres, et il est fier quand il a sous les pieds un fin voilier, quoiqu'il n'y soit pour rien. Le visage sombre du capitaine s'éclaira; les hommes plaisantaient et adressaient des railleries amicales aux navires près desquels nous passions. J'étais moi-même déjà devenu assez marin au fond du cœur pour prendre ma part de ce triomphe.

La brise fraîchissait, nous filions dix nœuds, c'est-à-dire quatre lieues et demie de terre à l'heure; et, à midi, nous passions devant Cuxhaven. Les terres basses de la rive droite de l'Elbe avaient déjà disparu à nos regards; la rive gauche commençait à s'abaisser aussi peu à peu à l'horizon, et la tour de l'île de Neuwerk s'élevait au milieu des flots de l'Elbe comme une dernière sentinelle du continent.

Nous passâmes près du bateau feu d'en dedans, qui avertit des bancs de sable dangereux en montrant, de jour, sa couleur rouge et les boules placées en tête de ses mâts, et, de nuit, des feux qui éclairent au loin ; puis nous aperçûmes la galiote des pilotes, qui est mouillée à l'embouchure du fleuve. Le pavillon de pilote fut hissé en tête du mât de misaine, et, à ce signal, un canot se détacha de la galiote pour venir prendre le pilote à bord de l'*Alma*.

Les basses voiles furent carguées, les vergues de l'arrière brassées contre le vent ; le navire perdit sa vitesse et dériva lentement sur le canot qui attendait.

Le pilote se tenait au milieu du pont, près de l'échelle ; il reçut nos lettres, qui allèrent

La tour de l'île de Neuwerk.

au pays comme un dernier adieu. J'apportai aussi les miennes ; j'avais passé plusieurs jours à les écrire, mais leur contenu ne trahissait rien des sentiments qui m'agitaient et que je tenais enfouis au plus profond de mon cœur ; les miens devaient me croire heureux et satisfait de ma nouvelle profession. Souvent, les yeux baignés de larmes, j'ai relu leurs dernières lettres, et les vœux qu'elles contenaient pour moi adoucissaient l'amertume de ma douleur. De longtemps, elles devaient être mon seul recours et ma seule consolation dans la solitude.

« Lève la tête, mon garçon, tu réussiras, » me dit le pilote en me serrant la main.

Il semblait avoir lu dans mon cœur.

Le canot accosta le bord, puis il poussa.

« Bon voyage ! » nous dit le pilote avec sa brusquerie maritime en nous saluant. Mots bien simples, mais bien significatifs.

« Merci, merci, pilote! » répondit l'équipage.

Il fit un dernier signe de la main, et le canot prit le large.

« Brassez plein! » commanda le capitaine.

Les vergues de l'arrière tournèrent autour du mât, et le vent gonfla de nouveau leurs voiles. La misaine et la grand'voile furent établies, et le navire se lança vers la pleine mer.

Dès le point du jour, nous avions travaillé avec *tout le monde sur le pont;* il y avait encore beaucoup à faire pour mettre tout en ordre et fixer solidement tous les objets mobiles pour qu'ils ne

Il fit un dernier signe de la main, et le canot prit le large.

fussent pas renversés dans les mouvements que le navire devait avoir une fois en mer. Ce n'est qu'après avoir dépassé le second bateau feu et la tonne rouge, qui indiquent l'entrée du fleuve, que tout fut suffisamment disposé et qu'on put renvoyer la moitié de l'équipage. Les tribordais étaient de quart, les bâbordais avaient le *quart en bas,* selon l'expression usitée à bord des bâtiments marchands.

J'étais bâbordais; mais je ne descendis pas dans le faux pont, comme les autres. Je restai devant, appuyé sur la muraille du navire, laissant errer mes regards sur cette surface infinie qui se déroulait devant moi. C'était là la mer que je voyais en réalité, après laquelle je soupirais depuis si longtemps. Avant de la connaître, elle m'avait séduit, elle m'avait attiré à elle avec une puissance mystérieuse, jusqu'à ce que je sois arrivé à lui appartenir. Elle était là devant moi, sans bornes, se confondant avec le ciel, mais tout autre cependant que la fantaisie, ne me l'avait fait imaginer.

J'avais lu tant de choses sur ses beautés, sur ses merveilles, sur ses horreurs, que la réalité ne répondait pas à mon attente. Je cherchais en vain les vagues énormes que je m'étais figurées inséparables de l'Océan; les flots sombres ne se montraient pas ondulés et tumultueux à mes regards, mais ils s'étendaient calmes et unis.

Je restai appuyé sur le bord du navire.

J'avais oublié que nous étions encore très près des côtes, que le vent venait de terre et que la mer ne pouvait en être agitée. Une troupe de marsouins se joua pendant quelque temps autour du navire et disparut ensuite dans l'ouest. Du côté où ils se dirigent, viendra bientôt le vent, disent les marins; et cela s'accorde parfois.

Nous avions laissé bien loin en arrière presque tous les navires partis le matin en même temps que nous, et plusieurs d'entre eux paraissaient encore comme des points blancs à la surface. La mer n'était plus troublée par les eaux jaunes de l'Elbe, et elle avait pris une couleur verte et claire dans laquelle notre navire traçait un large sillon d'écume argentée. A l'horizon, vers le nord, Helgoland émergeait comme une colline bleuâtre, mais ce ne fut que pour un moment; une masse de nuages gris s'abaissa du haut du ciel et la masqua à mes regards, et tout le spectacle dont l'admiration m'absorbait ne tarda pas aussi à se transformer complètement.

Jusque-là, nous avions couru vent arrière; la brise soufflait par saccades et avec une force inégale. Le ciel n'était pas beau : sur un fond jaune clair flottaient de petits nuages sombres qui chassaient, comme fouettés par une tempête. Le soleil ne s'était pas montré de tout le jour, et les goélands criaient en volant bas sur l'eau.

« Nous n'aurons pas une bonne nuit, » dit le maître d'équipage.

Une troupe de marsouins se jouait autour du navire.

Il était remonté sur le pont pour considérer le ciel et la mer, comme moi, mais à un point de vue beaucoup plus prosaïque.

« Oui, dit le charpentier, à qui il s'adressait, un *ratatineur*[1] ne dure pas longtemps, et, là-bas, dans l'ouest, la nuée blanche ne tardera pas à montrer sa figure. »

A peine avait-il achevé que les voiles se déventèrent et se mirent à battre violemment.

« Brassez tribord devant! » cria le second de l'arrière.

Et il fallut brasser beaucoup les vergues pour qu'elles prissent le vent.

---

1. Quand le vent tourne vers la gauche, on dit qu'il se *ratatine*. Ordinairement il n'a pas de consistance, et le temps devient mauvais.

« La voici déjà, » dit le maître; et, dans sa bouche, la chique passa rapidement de bâbord à tribord. « Maintenant, ajouta-t-il, nous ne tarderons pas à prendre des ris. »

Le charpentier alla aux bras des vergues ; le vent avait sauté au sud-ouest, et il fraîchissait rapidement. Les petites voiles pouvaient bien encore rester ; mais la pression du vent, qui soufflait maintenant de côté, inclinait considérablement le navire. A ma grande surprise, tout changea aussi autour de moi avec une étonnante rapidité ; les lames que je désirais voir s'étaient formées comme par

Le navire commença à s'agiter.

enchantement. Nous devions être arrivés dans un endroit où le vent d'ouest soufflait déjà depuis longtemps.

Le navire, jusqu'alors si tranquille, commença à s'agiter dans tous les sens par des mouvements inattendus, qui étaient loin de m'être agréables. Je me tenais cramponné à une manœuvre, cherchant en vain des yeux un point fixe à l'horizon. Tout à coup l'*Alma* plongea profondément dans la mer ; je perdis l'équilibre et tombai sur le pont ; un coup de mer qui embarqua en même temps me trempa d'eau salée des pieds à la tête.

« Eh bien, Suisse, comment trouves-tu la navigation ? » me demanda le maître en riant.

La vraie réponse que j'aurais pu faire eût été : « Cordialement mauvaise pour le moment! » Mais elle resta enfermée dans ma gorge, ou plutôt elle sortit de ma bouche sans être prononcée et passa par-dessus le bord avec bien d'autres choses.

Le mal de mer s'était emparé de moi tout d'un coup, et de la bonne façon. Quelle existence, mon Dieu! J'étais malheureux au delà de toute expression. On aurait pu me jeter à la mer que je ne

Un coup de mer me trempa d'eau salée des pieds à la tête.

m'y serais pas opposé, et, par-dessus le marché, les railleries pleuvaient sur moi de tous les côtés. Je voulus descendre pour me coucher; mais, à peine eus-je respiré l'air chaud et humide du poste, que je me sentis mourir, et je revins en plein air avec effort.

La nuit était venue, et la brise fraîchissait; la mer embarquait beaucoup par-dessus l'avant, et, de plus, il pleuvait. Du côté abrité par le grand canot, sous le vent, derrière la cuisine, se trouvait une quantité de paille qu'on avait emportée, je ne sais trop pourquoi; j'y trouvai une petite place à l'abri du vent et de la pluie, et je m'y fis un nid. On eut pitié de mes souffrances, et on me laissa tranquille ; pendant la nuit, quelqu'un me recouvrit même d'un morceau de toile goudronnée, et je crus reconnaître le maître d'équipage.

Cette affreuse situation dura trois jours entiers, du samedi au mardi ; je ne sentis rien de ce qui se passa autour de moi ; j'avais assez à faire de moi-même et de ma triste existence. A la fin, je me sentis mieux et je sortis de ma tanière. L'équipage était à dîner ; il y avait des haricots blancs, et il en restait à la cuisine. Ils me semblèrent tout à coup très appétissants : je me jetai dessus et vidai la marmite : il y en avait bien au moins trois rations ; la nature

Je trouvai une petite place à l'abri du vent et de la pluie.

avait repris ses droits. Le mal de mer avait disparu ; je me sentais bien encore un peu engourdi, mais cela passa bientôt, et, en quelques jours, j'avais acquis le *pied marin*, c'est-à-dire que j'avais appris à me tenir en équilibre dans les mouvements d'oscillation du navire.

Le vieux proverbe d'où les marins déduisent la direction du vent : « En été les bancs de brume, en hiver les nuées blanches[1], » et d'où le charpentier avait déduit ses pronostics météorologiques, se justifia cette fois. Le vent d'ouest, qui était venu des nuées blanches, c'est-à-dire des bandes claires qui s'étaient produites à l'horizon d'un ciel uniformément couvert, avait une persistance gênante.

1. « In Sommer die *Banke*, in Winter die *Blanke*, » onomatopée intraduisible.

Tantôt il était très constant, et tantôt il s'infléchissait un peu ; mais il continuait à nous souffler obstinément sur le nez. Comme le disait le maître d'équipage, nous faisions le tour de l'embellie, et les vergues, toujours fortement orientées, se sciaient contre les mâts et les haubans, malgré les garnitures épaisses dont nous les avions entourés. Et nous n'avancions pas. Nous étions sortis de l'Elbe depuis huit jours, et nous étions à peine sur les côtes de Hollande.

Le capitaine avait pris un air plus maussade, mais cet allongement probable de la durée de la traversée était indifférent à l'équipage. « Le mois tourne et le coq fricote, » dit philosophiquement le matelot, c'est-à-dire la solde court et la nourriture ne fait pas défaut ; le reste lui importe peu, au moins pour ce qui regarde la conduite du navire.

Le matelot raisonne très volontiers sur tout sujet possible à bord ; le dernier navire sur lequel il a navigué est toujours l'objet de ses plus chaudes louanges, quelque mal qu'il ait pu s'y trouver ; mais il ne se mêle pas de la naviga-

Le capitaine avait un air maussade.

tion et ne la critique jamais. Son respect pour la science technique est extrême. Il a une confiance absolue et parfois étrange dans les capacités du capitaine pour mener le navire à bon port par la route la plus directe. Même lorsque la sécurité du navire est en jeu et qu'il s'en faut de l'épaisseur d'un cheveu qu'il ne se mette au plein, le matelot, en quittant le quart, s'allonge voluptueusement dans sa couchette. Le *vieux* saura bien se débrouiller tout seul, pense-t-il ; et il dort paisiblement pendant le petit nombre d'heures accordées à son repos.

Si, par un temps sombre, on court sur une côte et que, pour avoir négligé, par insouciance, d'en reconnaître l'approche au moyen de la sonde, le navire s'échoue sur un banc qui le laisse presque à sec, ce n'est pas à l'incapacité ou à la coupable négligence du « vieux » qu'il attribue cet accident, mais à un hasard malheureux.

La lenteur avec laquelle nous avancions ne me préoccupait pas non plus, quoique je ne songeasse pas au mois qui tourne ni au coq qui fricote. J'avais tant de choses à voir et à apprendre que le temps passait pour moi avec une rapidité extraordinaire. J'avais beaucoup à faire, mais cela ne me déplaisait pas; je voulais fermement apprendre mon métier, et le plus tôt ne serait que le mieux.

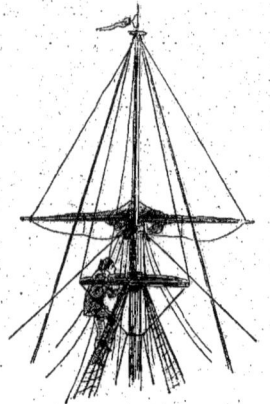

Ces cordages n'ont pas d'échelles en corde.

J'avais les jambes tout écorchées par les galhaubans de perroquet; ces cordages n'ont pas, comme les autres manœuvres qui tiennent les mâts en travers, d'enfléchures, c'est-à-dire de marches d'échelle en corde. Il faut grimper le long du cordage uni pour aller larguer ou serrer le cacatois, la plus haute voile du navire, gréer ou dégréer la vergue. Cela m'arrivait souvent depuis que je n'avais plus le mal de mer, et tous les jours mon camarade Henri et moi, nous devions, avant la fin du quart, acheter notre repos en exécutant cette manœuvre, lui au mât de misaine et moi au grand mât. Nous n'avions pas remarqué jusque-là que le capitaine s'occupât beaucoup de notre éducation maritime ; il avait imaginé ce moyen pour nous dégourdir, et on ne peut nier qu'il eût réussi à souhait.

Rien n'est plus précieux à bord que le repos et le sommeil, et il arrive souvent que des matelots ou de jeunes officiers se font réveiller par un camarade au milieu du peu de temps qui leur est accordé pour dormir, rien que pour avoir la satisfaction de se dire : « J'ai encore une heure ou deux devant moi, » et de se retourner de l'autre côté pour savourer cette jouissance.

Pour Henri et pour moi, le sommeil avait, naturellement, cette énorme valeur; aussi, malgré les écorchures de nos jambes, nous en étions arrivés bientôt à terminer cette manœuvre en cinq minutes, et le capitaine avait complètement atteint son but.

Mais ce n'était pas seulement des tibias que je souffrais : à force de tirer sur des cordes trempées d'eau froide et salée, j'avais les doigts couverts de profondes gerçures ; j'avais en outre la tête et le corps tout meurtris des coups que je m'étais donnés avant de savoir me remuer avec adresse dans les espaces étroits du navire. Mais je contenais ma douleur, et je faisais tous les jours des progrès.

Mes relations avec le maître d'équipage y étaient pour beaucoup : bien qu'il persistât à m'appeler Suisse, il se montrait de plus en plus bienveillant, surtout depuis qu'il avait remarqué que je faisais des progrès rapides en patois. De temps en temps, il me donnait de bons conseils sur la manière dont je devais agir dans telle ou telle circonstance de mon métier ; il m'initia aux secrets de l'épissure longue, de l'estrope double, du bonnet turc et autres travaux techniques de matelotage habituels.

Mais ce qui lui fit le plus de plaisir, ce fut de me voir faire une tentative qui pourtant ne fut pas couronnée de succès. Je voulus apprendre à chiquer; j'en ressentis un si terrible mal de mer que je restai comme mort pendant une demi-heure, et je renonçai à une nouvelle épreuve, me promettant solennellement de ne plus essayer.

Nous nous trouvions à la hauteur du Texel, au moins d'après l'*estime* du capitaine, car, de tout le temps, nous n'avions pas vu le soleil, et nous n'avions pu faire aucune observation astronomique pour déterminer notre position. La sonde avait été le seul moyen de *déterminer* notre route, et, comme un aveugle avec son bâton,

Nous tâtions le chemin d'après la profondeur, comme un aveugle avec son bâton.

nous avions tâté notre chemin d'après la profondeur et la nature du fond, dont le plomb nous rapportait des traces sur sa partie inférieure garnie de suif. Depuis le départ, le temps s'était maintenu assez maniable, et on avait rarement eu besoin de prendre des ris; mais maintenant les signes précurseurs d'une tempête devenaient de plus en plus nombreux. Le vent commençait à souffler par rafales, et l'on entendait dans l'air des mugissements. Mais tout cela n'était rien; le pire était que le charpentier avait rêvé femmes et que le coq avait rêvé chevaux.

« Vois-tu, Suisse, me disait le maître, je ne me fie pas beaucoup à ces machines à la nouvelle mode; j'ai fait quinze voyages au

Groënland et trois dans les mers du Sud ; j'ai harponné plus de cinquante baleines, et nous n'avons jamais eu de baromètre. Mais si, d'aventure, on vient à rêver de chevaux ou de filles, tu peux être sûr qu'il y aura quelque chose. Cela ne trompe jamais ; plus les femmes sont vieilles et laides, plus la bourrasque arrive avec tapage ; et ça, mon garçon, c'est aussi sûr que *Amen* à l'église. »

Là-dessus, la chique passa d'un bord à l'autre, comme un conscrit à qui l'on commande : « Tête droite ! »

III

RUDES ÉPREUVES

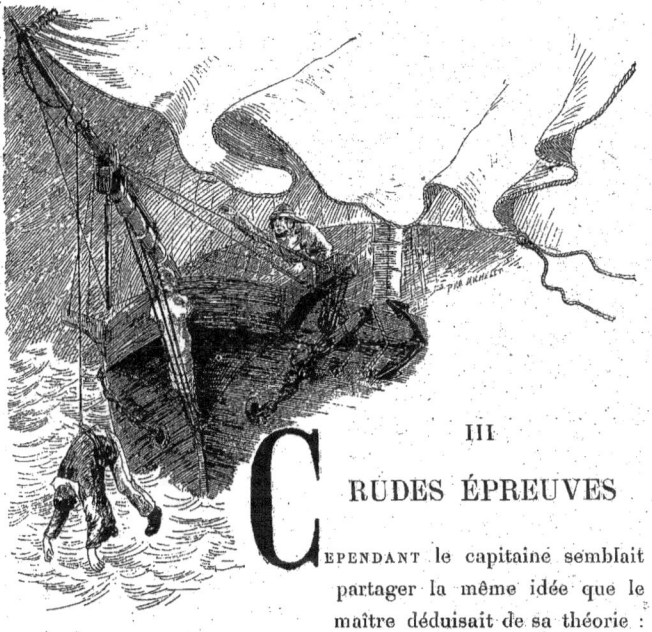

III

RUDES ÉPREUVES

Cependant le capitaine semblait partager la même idée que le maître déduisait de sa théorie : il devait s'attendre à beaucoup de vent, car, avant la nuit, il fit prendre deux ris aux huniers, ce qui les réduisit presque de moitié, et ce ne fut pas inutilement. Un peu avant minuit, la tempête éclata dans le nord-ouest et arriva sur nous avec tambours et trompettes.

Le grain tomba sur nos voiles comme un coup de fouet, et le navire s'inclina en gémissant. Il fallut diminuer la voilure ; elle chargeait fortement le navire et le faisait plonger durement dans la lame, ce qui le fatiguait beaucoup dans ses liaisons. On commença par carguer la grand'voile, la plus basse du grand mât, puis le grand foc, cette voile triangulaire établie à l'extrémité du bout-dehors qui prolonge le beaupré et s'avance inclinée au-dessus des flots.

On nous envoya, Henri et moi, pour serrer le foc. C'est là un vrai travail de matelot; il demande beaucoup de force et d'adresse, et, avec les grands mouvements de tangage, il présente un certain danger. Sur les grands navires de guerre, un filet est tendu au-dessous du bout-dehors, pour recevoir les hommes qu'un coup de mer peut enlever, mais sur les bâtiments de commerce on ne prend pas tant de précautions. Notre exercice quotidien sur les cacatois nous avait rendus robustes et suffisamment dégourdis, et l'on crut pouvoir nous charger de cette pénible besogne. Nous fûmes naturellement flattés nous-mêmes de la confiance qu'on nous témoignait, et c'est avec un certain orgueil que nous nous élançâmes sur le beaupré.

Le point d'écoute, l'angle inférieur de la voile, avec la corde qui y était fixée, battait au vent avec tant de violence que tout l'avant en tremblait.

« Tenez-vous bien, garçons, nous cria le maître, et commencez par en dehors; autrement la toile vous enlèvera sans pitié de dessus le bout-dehors. »

Dans notre empressement, nous n'entendîmes qu'à demi ces recommandations.

Sur le beaupré, cela allait encore; nous avions le mât ferme sous les pieds, et, au-dessus, deux cordes tendues, les filières, que nous pouvions saisir avec les mains; mais, sur le bout-dehors, « tenez-vous bien » était plus facile à dire qu'à faire. Au-dessous, rien que le marchepied, une simple corde; au-dessus, le bois rond et lisse. Il fallait le tenir collé entre la poitrine et les genoux, et c'était le seul moyen de se retenir, parce qu'on avait besoin des deux mains pour travailler.

Arrivés heureusement en haut, nous commençâmes à *crocher* la toile. Il me semblait que nous avions à capturer une bête féroce, tant le foc battait dans la tempête et se montrait récalcitrant; plusieurs fois, nous croyions l'avoir dompté quand, tout d'un coup, le vent nous l'arrachait de nouveau des mains. C'était mon premier combat personnel contre les éléments, et j'avais à cœur d'en sortir victorieux. Henri semblait animé des mêmes sentiments, et nous travaillions comme deux hommes.

Le spectale étrange et nouveau qui nous entourait ne contribuait pas peu à rendre la lutte encore plus acharnée. Les ombres de la nuit, le mugissement de la tempête, les sifflements du vent dans les cordages, les gémissements du navire qui semblait gravir avec peine les montagnes d'eau qui s'élevaient sur son avant, les vagues écumantes et tourmentées dont nous arrivions par moments si près, dans les mouvements de tangage, qu'elles nous baignaient les pieds, tout cela agissait sur moi comme un charme et me captivait entièrement.

Oui, c'est ainsi que je m'étais figuré la vie maritime, voilà l'idéal après lequel j'avais tant soupiré; c'était bien là cette poésie de la mer qui avait hanté mon imagination et avait exercé sur moi un si puissant attrait. Mon cœur battait de joie; je ne m'étais donc pas trompé, je n'avais donc pas manqué ma vocation ! Sur les ailes de la fantaisie, mon esprit s'envolait dans les régions les plus élevées des rêves d'avenir; mes mains seules étaient au travail.

Nous avions de nouveau ramassé à moitié le foc sur le bout-dehors, mais nous avions oublié le conseil du maître de nous bien tenir. Nous retenions avec effort la voile qui se débattait; survint un énorme coup de tangage, la mer frappa avec force sous nos pieds. En même temps le vent nous arracha le point d'écoute et le fit fouetter violemment; dans l'effort que nous faisions pour le retenir, nous perdîmes l'équilibre, le coup de mer nous enleva de dessus le bout-dehors et nous précipita dans l'abîme. Je crus entendre crier : « Un homme à la mer, » je ressentis un coup vigoureux, puis je perdis connaissance.

Quand je revins à moi et j'ouvris les yeux, j'étais étendu dans ma couchette. Devant moi, le maître d'équipage, assis sur mon coffre, tenait ma main dans les siennes.

« Suisse, me dit-il, — et sa voix, ordinairement si rude, avait pris une intonation affable et bienveillante, d'un peu plus c'était fait de toi. Un autre fois, fais ce que je te dis, et tiens-toi bien. Vois-tu, mon garçon, si l'on veut devenir un marin fini, il faut avoir un grappin au bout de chaque doigt, et lorsque, avec deux ris aux huniers, on serre le grand foc, le ventre et les jambes doivent tenir le bout-dehors comme dans un étau.

— Mais comment donc ai-je été sauvé? lui demandai-je. Je suis pourtant tombé hors du bord.

— Oui, répondit-il en souriant, une coque renversée dans un filin peut aussi parfois servir à quelque chose; c'est au raban de ferlage du foc que tu le dois. Mais, pour le moment, ajouta-t-il, tais-toi, bois ce coup que t'envoie le vieux, et dors. Il faut que tu sois sur pied demain matin, nous aurons besoin de tout le monde. Il y a encore beaucoup de mauvais dans l'air, je sens cela à mes os, et je veux dormir encore un peu. »

Là-dessus, il me tendit une bouteille de madère, dont je pris une bonne lampée, qui me courut comme du feu dans les veines et me raviva étonnamment.

« Merci, maître! Quelle heure est-il?

— On va piquer quatre[1]. »

Il allait être deux heures; c'est un peu avant minuit que j'avais dû aller serrer le foc; j'étais donc resté deux heures sans connaissance, et le maître avait passé à veiller sur moi ce temps pris sur son repos. J'en fus profondément touché, et je lui serrai la main pour le remercier; je n'étais plus seul, je m'étais acquis un ami paternel!

[1]. A bord on *pique* l'heure à la cloche toutes les demi-heures depuis un coup jusqu'à huit, et la série recommence toutes les quatre heures.

« Où est Henri ? » lui demandai-je encore.

Le vieux marin détourna la tête en passant sur ses yeux le revers de sa main.

« Il dort... dans le caveau de Dieu, » répondit-il d'une voix étouffée.

Je ne compris que les premiers mots; le sens des autres m'échappa. Le maître gagna sa couchette, et bientôt, à sa respiration profonde, je compris qu'il dormait. Je cherchai alors ce qu'il pouvait avoir voulu dire avec la coque renversée et le raban de ferlage; mais le vin, auquel je n'étais pas habitué, produisait son effet, mes idées s'embrouillèrent, et je m'endormis également.

Mon sommeil dut être profond : au changement de quart, à quatre heures, je n'entendis rien du chant étrange par lequel on réveille ceux qui doivent, à leur tour, monter sur le pont : « Debout hors des quartiers, au nom de Dieu ! » On me laissa reposer tranquillement, et je ne me réveillai qu'au point du jour en entendant le cri d'alarme : *Reeve, reeve*[1] *!* retentir par le panneau du poste.

La tempête avait tellement forcé qu'il était devenu nécessaire de prendre le bas ris aux huniers. A bord des navires de commerce, un cri semblable équivaut à : *En haut tout le monde!* et signifie qu'on a besoin de tous les bras. Aussi chacun saute à bas de sa couchette. Je me sentais complètement remis; en un instant je fus habillé, et je sautai un des premiers sur l'échelle pour monter sur le pont.

Brrr! comme il ventait! La pluie et la grêle vous fouettaient si vigoureusement le visage, qu'on pouvait à peine ouvrir les yeux. Une violente bourrasque de grêle s'était abattue sur le navire. Malgré les huniers amenés, les vergues et les bras étaient près de se rompre, le navire était tellement incliné que le bastingage sous le vent était presque dans l'eau. La mer, qui embarquait par l'avant,

---

1. Argot maritime de la mer du Nord qui appelle tout le monde sur le pont pour prendre des ris devenus indispensables.

couvrait la moitié du pont, et on ne pouvait faire un pas sans se tenir aux manœuvres le long de la muraille. Le maître avait raison, il y avait encore beaucoup de *mauvais* dans l'air.

En réunissant tous nos efforts, nous arrivâmes cependant à prendre le troisième ris; mais cette opération nous avait retenus plus d'une demi-heure sur les vergues, nous brisant les ongles sur la toile raide et humide avant de pouvoir la maîtriser. Quand ce fut fini, le grain était passé, le navire se redressa un peu et devint plus calme, quoique fatiguant encore beaucoup. Le jour était venu, et le temps s'était éclairci.

« Armez la sonde! » commanda le capitaine, qui n'avait pas quitté le pont de toute la nuit et dont la figure trahissait une certaine inquiétude.

Mon regard se porta sur la mer; elle était étrangement blanchâtre, et cependant, la veille encore, j'avais admiré sa couleur vert-émeraude.

La pluie et la grêle vous fouettaient le visage.

« Soyez paré au plomb! » cria aux hommes le maître d'équipage; et, la ligne à la main, il sauta sur le bastingage au milieu du navire. Une expression soucieuse se montrait également sur ses traits.

« Qu'y a-t-il, maître? lui demandai-je.

— *Leegerwall*[1], » me répondit-il d'un ton bref.

Mais je n'étais pas plus avancé qu'avant.

« Attention derrière! » cria, des haubans de misaine, l'homme qui tenait le plomb en le lançant à la mer.

Le maître laissa glisser la ligne dans sa main, et, lorsqu'il la

---

1. Argot maritime : la terre sous le vent.

vit monter et descendre, il la tira rapidement à lui, jusqu'à ce qu'elle fût bien tendue. Un des petits morceaux de cuir attachés sur la ligne se trouvait au ras de l'eau.

« Dix brasses, » dit-il au capitaine, qui s'était approché, en échangeant avec lui un regard significatif.

Soixante pieds d'eau étaient bien suffisants pour n'importe quel navire.

« Terre sous le vent! » cria un matelot.

Et tous les regards se portèrent dans la direction indiquée.

En réunissant tous nos efforts...

Une bande grise et basse commençait à paraître au milieu du grain qui se dissipait à l'horizon. Nous pouvions être encore éloignés de deux milles à peine de la côte. Je comprenais maintenant la signification du mot Leegerwall. Nous étions poussés par le vent sur une côte; la couleur de lait était produite dans l'eau par le fond de sable blanc que l'on voyait à travers une faible profondeur d'eau.

Le capitaine examina l'échantillon du fond que le plomb avait rapporté.

« Cela concorde avec le point, dit-il au second, en le regardant d'un œil calme; nous sommes sur le Texel. »

Puis, se tournant vers un matelot :

« Hans Hansen, tu as de bons yeux, dit-il; va dans les haubans, et vois si tu peux apercevoir une tour. »

Celui à qui il s'adressait monta dans la mâture et explora l'horizon.

« Un phare à trois quarts sous le vent! cria-t-il en indiquant la direction avec la main.

— Bien ! » dit le capitaine.

Et il lui fit signe de descendre.

« Combien avons-nous de dérive? demanda-t-il au lieutenant.

Le capitaine examina l'échantillon.

— Quatre quarts ! » répondit celui-ci, après avoir regardé la direction du sillage.

Le vent soufflait du nord-ouest, l'*Alma* courait en apparence un peu au large de la terre; mais, avec la dérive, elle s'en rapprochait en réalité. Lorsqu'un navire fait route en serrant le vent et qu'il ne porte que peu de toile, il ne fait pas beaucoup de chemin; de plus, il ne court pas dans la direction de sa quille, mais il est fortement poussé en travers : c'est ce qu'on appelle la dérive.

« Il faut faire de la toile. A larguer un ris aux huniers ! »

Le ris que nous venions de prendre avec tant de peine fut largué de nouveau.

« Un phare à trois quarts sous le vent, » cria-t-il.

« Combien de dérive?

— Trois quarts.

— Encore trop! A larguer la grand'voile! »

La grand'voile fut établie, et la dérive se réduisit cette fois à un quart et demi. Le navire courait ainsi parallèlement à la côte ; mais cela ne suffisait pas encore : il fallait qu'il s'en écartât; le grand foc fut hissé.

Tout allait bien ; sous la pression de ses voiles, le navire faisait une route serrée, et le phare était doublé rapidement. Encore deux heures sous cette allure, nous nous trouvions en eau franche, et nous pouvions respirer.

Pour le moment, le vent n'était pas trop lourd pour les voiles; mais là-bas, au vent, un nouveau grain de grêle montait déjà à l'horizon. On le reconnaît aux bandes d'un jaune sombre qui se détachent fortement des autres nuages comme un mur à pic. Si ce grain amenait autant de vent que le dernier, il était difficile de croire que les voiles y résisteraient. Cependant nous l'espérions ; chacun de nous savait que cela signifiait : plier ou rompre. Si nous ne pouvions pas nous élever de la côte, nous étions très probablement perdus.

. . . .

Depuis mon réveil, les événements s'étaient succédé avec tant de rapidité que je n'avais pas eu le temps de songer à autre chose; mais, à présent qu'un moment de tranquillité venait faire trêve à nos nombreuses occupations du matin, la nuit précédente se représenta à mon esprit. Je pensai à mon inexplicable sauvetage. Un matelot de notre quart m'en donna l'explication détaillée. Lorsque j'avais été lancé à la mer par-dessus le bout-dehors, le raban de ferlage du foc, c'est-à-dire la corde qui sert à assujettir la voile une fois serrée, s'était, par un heureux hasard, enroulée autour de mon corps, où elle s'était fixée par un nœud. C'est ce que le maître d'équipage appelait une *coque renversée*. J'étais resté suspendu au-dessus de la mer ; mais, ayant frappé de la tête contre la martingale, j'avais perdu connaissance et, comme une masse inerte, je plongeais dans l'eau à chaque coup de tangage.

Sans un prompt secours, j'aurais été perdu, et c'est au péril de sa vie que le maître d'équipage était venu me tirer de là. Au moment de l'accident, il était sur le gaillard ; c'est lui qui avait poussé le cri : « Un homme à la mer, » que j'avais entendu, pour donner l'alarme aux gens du quart. Puis il s'était amarré une corde autour du corps, s'était affalé par la martingale, m'avait pris dans ses bras, avait coupé le raban et m'avait remonté à bord. Deux fois il avait été, avec moi, complètement englouti par la mer, mais il avait tenu bon et m'avait heureusement sauvé.

« Et comment Henri a-t-il été sauvé ? demandai-je au matelot.

— Henri ? me répondit-il d'un air étonné ; tu ne sais donc pas qu'il est tombé à la mer ? »

Je tressaillis d'horreur.

« Mais il est sauvé pourtant ! m'écriai-je ; le maître m'a dit cette nuit qu'il dormait !

— Oui, dans le caveau de Dieu ! Il dort là-bas au fond, sur le sable blanc, jusqu'au jour où le bon Dieu appellera : « En haut tout « le monde ! » Non ! ajouta le matelot, on ne pouvait pas le sauver ! Quand nous avons entendu crier : « Un homme à la mer, » l'homme de barre a lofé tout de suite, et nous avons contrebassé derrière pour mettre en panne. La bouée de sauvetage a été lancée par-dessus le bord. Nous nous sommes précipités, quatre hommes de bonne volonté, avec le lieutenant pour armer le canot de sauvetage, malgré le temps affreux et l'obscurité de la nuit. Mais à peine l'avions-nous amené à moitié que le navire s'inclina fortement et que la mer défonça trois bordages du canot. Naturellement il n'y fallait plus songer. D'ailleurs, cela ne nous aurait servi à rien, continua-t-il tristement. Quand le canot eut été rehissé de nouveau et que nous

« La bouée a été lancée. »

t'eûmes descendu dans ta couchette, je rentrai une corde qui traînait dans l'eau. Quelque chose y était accroché, et je regardai par-dessus le bord pour voir ce que c'était. Une grosse masse se détacha du navire et dériva vers l'arrière en s'enfonçant lentement. C'était le pauvre Henri. L'eau scintillait si fort que le charpentier reconnut distinctement, comme moi, une forme humaine. Comme il était bon nageur, il doit avoir été étourdi dans sa chute, car personne n'a entendu un cri. Puis il a été poussé le long du bord contre la glène de filin, où il s'est arrêté jusqu'au moment où j'ai halé la corde à bord. »

Une simple planche nous sépare de la tombe toujours ouverte.

Ce récit m'avait profondément impressionné. Sans aucune préparation, j'apprenais tout d'un coup que ce garçon si vigoureux et si plein de santé venait d'être subitement enlevé par la mort! Sous quel sombre aspect j'entrevoyais dès lors la vie maritime! Avec quelle terreur je reconnaissais maintenant qu'à bord d'un navire une simple planche nous sépare de la tombe toujours ouverte!

Sans doute Henri ne m'était attaché par aucun lien, mais il avait été pour moi un bon camarade, et sa perte m'était d'autant plus sensible que j'avais peu de sympathie pour les autres personnes de l'équipage. Involontairement, des larmes silencieuses coulèrent sur mes joues; mais je n'eus pas le temps de m'arrêter à ces tristes idées; le *mauvais* dans l'air tombait sur nous maintenant avec toute sa violence.

Le grain nous chargeait de toute sa force; d'abord vint la grêle, et bientôt après le vent. Le capitaine savait bien quel jeu il jouait. Il ne pouvait être question de diminuer la voilure, il fallait au contraire forcer de voiles, la côte inhospitalière était déjà trop près de nous, il fallait ne pas dériver.

En tout cas, il avait fait mettre l'équipage au vent sur l'arrière et donné l'ordre à l'homme de barre de tenir le plus près.

La tempête commença par un coup terrible qui mit le navire sur le flanc, par une pression démesurée. Le vent avait tourné de deux quarts à peu près vers l'arrière et tombait droit en travers sur la voilure de l'*Alma*. Si elle ne chavira pas du coup, ce ne fut que grâce à son chargement de fer, qui lui donnait une grande stabilité; les voiles, toutes neuves, résistèrent à l'effort du vent; mais la tempête chercha un autre point plus faible à attaquer.

« Lofe! lofe! au plus près du vent! » criait le capitaine à l'homme de barre, pour diminuer par cette manœuvre l'effort sur les voiles. Ce fut en vain; avant que l'homme de barre eût pu exécuter le mouvement, un énorme craquement se fit entendre, puis, avec un grand bruit de déchirements, le mât de misaine tomba par-dessus le bord. Le bout-dehors de foc et le beaupré étaient partis en même temps; notre sort était fixé, le navire ne gouvernait plus. Il se rangea dans le vent, perdit sa vitesse et commença à dériver droit sur la côte.

Notre unique chance de salut reposait maintenant sur les ancres; il nous fallait tenter de lasser la tempête.

Nous dérivions derrière les débris du mât de misaine, que nous entraînions avec ses vergues et ses voiles; cela nous servit sous un double rapport : les lames se brisaient sur cette masse avant d'arriver au navire, et sa résistance dans l'eau ralentissait sensiblement la dérive. Le capitaine donnait ses ordres avec un calme imperturbable qui ne manquait pas de réagir sur nous. Du reste, il n'y avait pas d'hésitation possible, et chacun y allait de toutes ses forces. Aide-toi, le Ciel t'aidera! c'est la vraie devise du marin.

Les ancres tombèrent enfin, et les chaînes furent filées jusqu'au bout; mais, avant d'en arriver là, il s'était écoulé assez de temps, et la côte n'était plus qu'à un mille. On voyait les lames arriver en rou-

Un énorme craquement se fit entendre, et le mât de misaine tomba par-dessus bord.

lant au rivage et se briser avec fracas sur le sable, où le vent soulevait jusqu'au ciel une poussière d'écume. Les ancres avaient mordu le fond, et les chaînes résistaient, mais le mât de misaine, avec tout ce qu'il avait entraîné dans sa chute, était maintenant sur nous; par un choc violent, il pouvait défoncer le navire, et il imprimait aux chaînes des secousses inquiétantes. Il fallut s'en débarrasser au plus tôt. Le navire était soustrait au danger de couler sur place ou de voir casser ses chaînes, mais il avait perdu l'abri protecteur qu'il lui offrait contre la violence de la mer. Les grandes lames de fond arrivaient sans obstacle et se brisaient sur lui comme sur un rocher. Les chaînes raidissaient si fort qu'elles menaçaient à chaque instant de se rompre.

La tempête s'accrut encore. Il fallut en venir au dernier moyen de salut; le grand mât fut coupé. Malgré les plus grandes précautions, il écrasa en tombant deux canots et une partie du bastingage. Nous n'avions plus, en cas d'échouage, qu'une seule embarcation;

Les ancres avaient mordu, les chaînes résistaient.

il restait bien la guigne, mais elle était trop faible pour pouvoir résister dans les brisants.

Il n'y avait plus rien à tenter pour le salut du navire, notre sort était entre les mains de Dieu.

Tant qu'il nous avait fallu déployer toutes nos forces au travail, nous n'avions songé qu'à exécuter les ordres qu'on nous donnait; mais, maintenant, le navire flottait presque comme une épave, nous n'avions plus rien à faire et nous avions du temps de reste pour songer à notre triste situation. J'avais moi-même conscience de toute son horreur. Les chaînes étaient notre dernière espérance; leur rupture était notre arrêt de mort. Mais personne ne perdait courage.

C'est un phénomène particulier chez l'homme de mer de ne croire au danger que quand il le touche du doigt et qu'il y est plongé, et c'est fort heureux. Aucune crainte prématurée, aucune appréhension, ne viennent affaiblir son énergie; il lutte jusqu'au dernier moment avec confiance, et c'est précisément cette obstination qui, le plus souvent, conjure le danger.

Loin de s'embellir, le temps semblait devenir de plus en plus mauvais. Un grain chassait l'autre, et la mer se creusait presque jusqu'au fond. Tantôt les lames arrivaient en roulant comme d'énormes montagnes; elles soulevaient le navire et le laissaient ensuite retomber lourdement dans le gouffre qu'elles creusaient derrière elles comme pour l'engloutir. Tantôt, aplanies par la rafale, elles étaient nivelées comme une nappe d'écume en ébullition.

Cette lutte des éléments faisait sur moi une impression grandiose. J'ai souvent depuis assisté à des scènes semblables et peut-être aussi terribles, mais j'ai gardé de cette journée surtout un souvenir vivant, sans doute parce que c'était la première fois que je voyais la majesté de la mer.

Les hurlements de la tempête, le mugissement des vagues courroucées dont les têtes se brisaient avec fracas, les gémissements du navire qui criait dans toutes ses jointures et craquait dans tous ses membres, ses plaintes qui le faisaient ressembler à un être humain, livrant, dans ces convulsions de la nature, son dernier combat pour la vie, c'était un spectacle vraiment majestueux, mais sublime d'horreur!

Je courbai humblement la tête devant cette majesté grandiose où se manifestait la toute-puissance du Créateur, et une prière muette s'élança de mon cœur vers Celui dont la main puissante maintenait seule à présent notre faible navire au-dessus des flots en courroux.

Jamais auparavant je n'avais senti sa présence et le souffle de son haleine aussi bien qu'aujourd'hui, dans cet horrible chaos du ciel et de la mer.

Et pourtant je n'éprouvais aucune crainte. Au milieu des bruits assourdissants de la nature en furie, une voix consolatrice me disait : « Soyez sans inquiétude, je veille sur vous. » Et j'attendais avec calme le destin qui nous était réservé.

Tout l'équipage était rassemblé derrière.

La journée s'écoula lentement. Tout l'équipage était rassemblé derrière ; à l'avant, il était impossible de se tenir solidement, à cause des masses d'eau qui balayaient sans cesse le pont.

Dans les grands coups de mer, les chaînes raidissaient brusquement ; elles transmettaient au guindeau des ébranlements dangereux ; nous avions dû aller le consolider, au péril de nos jours et souvent avec de l'eau jusqu'à la poitrine. La cuisine avait déjà été écrasée par la chute du mât de misaine, on ne pouvait plus rien cuire : du biscuit et un peu de rhum dans de l'eau étaient depuis le matin toute notre nourriture.

Au coucher du soleil, la tempête sembla vouloir redoubler encore de violence. Il ventait de plus en plus fort; les lames, grossissant rapidement, se rejetaient le navire comme une balle. De temps à autre, au milieu de tous les bruits de la tourmente, on distinguait avec inquiétude un son clair comme celui d'une cloche. C'était le grincement des chaînes, quand un coup de mer relançait violemment le navire en arrière.

Lorsque ce bruit se faisait entendre, une ombre passait sur le visage du capitaine. Il sentait, comme nous tous, que le moment critique était arrivé. La crise passa heureusement. « Quand il vente sous le soleil, le beau temps n'est pas loin, » dit un vieil adage maritime, qui eut encore cette fois raison.

IV

LES NAVIGATEURS ACCOMPLIS

IV

LES NAVIGATEURS ACCOMPLIS

Vers huit heures du soir, le temps se leva, le voile épais de nuages sombres se déchira. Çà et là parut une étoile, d'abord rien qu'un moment, puis tout à fait. Les intervalles entre les grains devinrent plus longs, la mer tomba, et le navire ne fit plus tête sur ses chaînes aussi violemment. Le vent mollit peu à peu, il tourna à droite, et le danger de mort qui planait sur nous sembla avoir été écarté par la clémence divine.

A minuit, les éléments s'étaient complètement calmés. Un ciel parsemé d'étoiles s'étendait sur nos têtes; le vent, faiblissant toujours, avait tourné à l'est et soufflait maintenant de la côte. La mer était tombée, et bientôt notre navire ne fit plus que se balancer mollement sur la houle, qui s'aplatissait aussi peu à peu.

Pour le moment, il n'y avait plus aucun danger; l'*Alma* était bien comme une épave abandonnée, mais elle n'avait pas grand'-chose à craindre pendant la nuit. Avant tout, nous avions besoin de nous reposer et de nous remettre des fatigues de ces dernières vingt-quatre heures. Le capitaine envoya coucher les trois quarts de l'équipage, et bientôt les angoisses et les fatigues de la journée furent oubliées dans un sommeil réparateur.

Le matin suivant, tout le monde se retrouvait dispos, et on se remit gaiement au travail.

Il s'agissait d'abord d'établir une mâture de fortune, afin de pouvoir gagner le port le plus voisin. Le mât de misaine s'était, heureusement, rompu assez haut; on put sans trop de peine assujettir un mât de hune de rechange sur le tronçon et y établir une vergue de hune. Cette opération n'était pas terminée que nous aperçûmes dans le sud un vapeur qui semblait faire route sur nous. Bientôt on distingua son pavillon ; c'était un navire de guerre hollandais.

L'amiral avait envoyé un vapeur à notre secours.

La tour du phare avait signalé la veille à Helvoetsluys la situation critique dans laquelle nous nous trouvions, et, dès que le temps l'avait permis, l'amiral du port de guerre avait expédié un vapeur à notre secours.

Le commandant nous envoya une trentaine d'hommes pour nous aider à lever les ancres, puis on prit les remorques, et le vapeur se mit en mouvement. Le temps était beau, et la mer calme; nous avancions rapidement, et quelques heures après nous entrions à Helvoetsluys.

Une foule de curieux s'étaient rassemblés sur le port; ils examinaient avec étonnement les dommages que nous avaient causés le vent et la mer. Le navire avait l'air bien misérable, avec ses mâts brisés, ses canots arrachés et ses bastingages démolis, et nous étions hautement les héros du jour.

Des experts visitèrent le navire; on constata que la coque n'avait pas souffert au-dessous de l'eau, malgré les rudes fatigues qu'elle avait dû supporter. On n'eut pas besoin de le haler sur la cale; mais les autres réparations demandèrent six semaines, et ce n'est qu'un peu avant la Noël que nous pûmes reprendre notre voyage interrompu.

J'étais particulièrement frappé de la masse imposante de ces vaisseaux.

Les établissements et les dispositions d'un grand port de guerre, que je voyais pour la première fois dans cette relâche, avaient pour moi le puissant intérêt de la nouveauté. J'étais particulièrement frappé de la masse imposante de ces vaisseaux de ligne, auprès desquels notre *Alma* avait l'air d'une embarcation.

Le fils de notre consul, négociant allemand d'Helvoetsluys, était embarqué comme cadet sur l'un de ces vaisseaux. Il vint un jour à bord, avec son père, invité à déjeuner par notre capitaine; il s'adressa à moi plusieurs fois pour avoir des détails sur les circonstances du mauvais temps que nous avions essuyé. Il comprit sans doute à mes réponses que je n'appartenais pas à la classe ordinaire des novices et que j'avais reçu, comme lui, de l'éducation, car nos conversations se prolongeaient de plus en plus. Nous y trouvions un charme réciproque. L'égalité d'âge, la similitude des opinions, une instruction égale, firent bientôt naître entre nous une certaine confiance, et, quand il quitta le bord, une chaleureuse poignée de main cimenta notre amitié récente.

Malgré cela, je fus saisi d'une sorte d'amertume quand je le vis partir dans son brillant uniforme.

Lorsque, dans mon enthousiasme juvénile, j'avais embrassé la carrière maritime, je ne connaissais de la vie de marin que ce que les livres m'en avaient montré, et c'est là-dessus que j'avais formé mes idées. Je croyais commencer ma carrière comme cadet, vivre en communauté avec mes pareils; je pensais pouvoir mettre mes forces morales à l'épreuve en parcourant le vaste Océan, combattre les éléments pour apprendre à les dompter, et satisfaire enfin ma curiosité naturelle par la contemplation et l'étude des pays étrangers.

Il vint un jour à bord avec son père.

Quelle différence avec ma situation actuelle! J'étais novice : le dernier sur un des plus bas degrés de l'échelle sociale.

Ce que j'avais rêvé, ce que la vue du cadet rappelait si vivement à ma mémoire, était inaccessible pour moi. L'Allemagne n'avait pas de flotte de guerre où je pusse réaliser mon rêve, et je n'avais devant moi qu'un avenir borné.

Plongé dans ces tristes réflexions, j'étais appuyé sur le bastingage, quand je me sentis frapper sur l'épaule. Je me retournai, et je vis en face de moi le maître d'équipage, dont le regard franc me considérait avec une bienveillance presque paternelle. Il devait se douter de ce qui se passait en moi, et il voulut me consoler à sa manière.

« Il ne faut pas faire ralinguer les voiles, Suisse ; comme ça on ne va pas de l'avant et l'on ne fait que dériver. Toujours bon plein, mon garçon ; c'est le seul moyen de s'élever au vent de l'adversité. »

Je compris ce qu'il voulait dire, et, en le remerciant du geste, j'essuyai sur mes yeux les larmes qui voilaient mes regards. Je pensai à la résolution que j'avais prise pendant mon premier quart de nuit dans le port de Hambourg, et je voulus combattre avec courage mes dispositions à la tristesse.

« Il n'est pas bon de se confiner toujours ainsi à bord, poursuivit le maître ; tu descendras ce soir à terre avec moi. J'ai déjà demandé la permission au vieux, qui n'a fait aucune objection. Tu trouveras une *société distinguée*, et cela changera le cours de tes idées. Il est vrai que ce sont pour la plupart des Hollandais, mais je pense que tu arriveras vite à les comprendre. »

Je me retournai et vis en face de moi le maître d'équipage.

Peu après, le capitaine m'appela dans la chambre et me demanda si je voulais avoir un peu d'argent : j'avais déjà acquis un mois. Il n'était plus, à mon égard, aussi bourru et aussi disgracieux qu'auparavant ; il me parlait, au contraire, avec une certaine aménité. Les temps difficiles que nous venions de passer ensemble nous avaient tous un peu rapprochés. Les dangers courus en commun établissent d'ordinaire entre les hommes des liens plus étroits, et le capitaine pouvait bien, en outre, y avoir acquis la conviction qu'il avait un équipage vraiment marin, sur lequel il pouvait compter avec assurance dans les moments critiques.

Quant à moi, il ne pouvait certainement être encore question de mon aptitude professionnelle; mais il ne lui avait sans doute pas échappé que j'avais cherché à faire mon possible, et qu'il ne me manquait ni la bonne volonté ni les bonnes dispositions pour devenir marin.

« Il n'est pas bon de se confiner toujours à bord. »

A cette époque, il entrait dans la marine peu de jeunes gens de l'intérieur. Les navires recrutaient presque exclusivement leurs équipages dans les districts du littoral, et les gens de l'intérieur, les Suisses, comme les appelait le maître d'équipage, étaient accueillis par leurs supérieurs et même par leurs camarades avec une certaine prévention, surtout quand ils étaient un peu instruits. On les considérait comme des intrus, et on leur rendait la vie dure par tous les moyens, jusqu'à ce qu'ils pussent montrer qu'ils étaient de *rudes gaillards*.

Quand je me fus acquis l'amitié du maître, ma situation vis-à-vis des matelots s'améliora peu à peu. Le maître était considéré comme le *gaillard* le plus solide du bord, il jouissait d'une considération générale. On n'osait plus me traiter, moi son protégé, avec

On leur rendait la vie dure par tous les moyens.

ce sans-gêne qui était d'usage à cette époque, et qu'on rencontre encore quelquefois aujourd'hui, c'est-à-dire de considérer les novices à bord comme les domestiques de tout le monde, et d'exiger d'eux une obéissance passive aux ordres les plus divers et les plus grossièrement donnés. Je fus exempté tacitement de tous ces services qui ne concernaient pas spécialement le métier, et si, par nature et peut-être aussi un peu par jalousie, les matelots tenaient à me voir garder vis-à-vis d'eux des marques de déférence en leur disant : *Vous*, ils me traitèrent de plus en plus en camarade. Non seulement ils répondaient amicalement et avec obligeance à mes questions, mais ils s'entretenaient librement avec moi pendant le quart.

Considérer les novices à bord comme les domestiques de tout le monde.

C'étaient, en général, des hommes capables, et sous une rude écorce se cachait un bon grain; derrière leurs superstitions parfois grossières, il y avait un profond sentiment religieux, et, malgré les nombreuses défectuosités de leur caractère, on ne pouvait, quand on les connaissait mieux, leur refuser une certaine considération.

La solde du mois, que je reçus du capitaine, n'était sans doute que peu de chose, mais elle me combla de satisfaction. C'était le premier argent que j'avais gagné ; je volais donc maintenant de mes propres ailes. Je recevais deux thalers par mois : c'était beaucoup moins que les autres novices, mais ma situation n'était pas la même.

Je n'étais pas, comme eux, simplement admis par le capitaine, mais engagé par contrat comme *pilotin* par les armateurs, et même pour quatre ans.

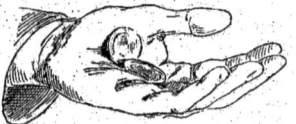

Je recevais deux thalers par mois.

Pendant ce temps-là, à bord comme à terre, j'étais logé, nourri, et complètement entretenu à leurs frais. Le capitaine était tenu de me donner, dans l'art de conduire un navire, une instruction théorique assez avancée pour que je pusse, à la fin de mon temps d'apprentissage et après avoir suivi quelque temps les cours de l'École de navigation, passer l'examen de timonier et naviguer ensuite en cette qualité.

Cette institution des pilotins était encore peu connue en Allemagne, tandis qu'en Angleterre, en Hollande et en France elle était fort en usage. Mes armateurs l'avaient adoptée, afin de se former pour leurs navires des timoniers et des capitaines avec des jeunes gens des meilleures provenances. La marine allemande commençait déjà à sortir peu à peu de sa vieille routine, et les armateurs avaient compris que la conduite de leurs navires ne pouvait que gagner avec des capitaines instruits. La science pratique du marin était et restera toujours le côté principal de la navigation; mais l'application des connaissances théoriques de la météorologie, de l'hydrographie, etc., à l'aide desquelles on peut abréger les traversées, lui apporte un avantage réel.

Quelques années plus tard, le célèbre hydrographe américain Maury publia ses cartes des vents et des courants, dont la construc-

Il s'était fait très beau.

tion est basée sur les observations systématiques faites, dans leurs voyages, par des marins intelligents. Il prouva d'une manière convaincante que les voyages d'Europe aux Indes, par exemple, pouvaient être abrégés de vingt jours en moyenne, si les capitaines se familiarisaient avec l'étude de la météorologie. Pour un grand navire, cela représentait une économie d'un millier de thalers.

Après le travail, j'allai à terre avec le maître d'équipage. Il s'était fait très beau, et, avant de quitter le bord, il avait inspecté aussi mon costume des dimanches. Nous allâmes tout droit à une auberge située sur le port, que fréquentaient des marins, mais rien que les haut gradés des bâtiments de commerce, c'est-à-dire les timoniers et les maîtres. C'est ce qu'avait entendu le maître d'équipage par une *société distinguée*.

Le milieu dans lequel m'introduisit mon vieux mentor n'était pas propre à me distraire et à m'égayer, bien qu'il l'eût fait dans cette intention. Je me trouvai comme perdu et dépaysé au milieu de tous ces Hollandais sérieux, réfléchis et guindés.

Ils étaient assis à une lourde table.

Dans une salle très parcimonieusement éclairée, ils étaient assis à une lourde table, sur des bancs aussi lourds. Ils avaient, chacun devant soi, un verre de genièvre, et à la bouche une longue pipe en terre, d'où ils tiraient à l'envi des flocons de fumée qui remplissaient la chambre d'une nuée épaisse. Une stricte hiérarchie présidait au placement des convives, comme le maître me l'expliqua plus tard, et elle se basait sur le nombre de voyages faits par chacun aux Indes.

Sept voyages dans ces contrées étaient exigés pour être admis comme membre dans le cénacle et donnaient droit à la qualification de *navigateur accompli*. Notre maître d'équipage était reçu comme invité, on lui tenait compte de ses trois voyages dans les mers du Sud, et c'est grâce à la considération dont il jouissait qu'il pouvait introduire un néophyte comme moi.

Naturellement, j'étais un personnage muet. J'essayai vainement de vaincre ma répugnance pour le genièvre : on m'en avait offert aussi; mais on ne m'avait pas donné de pipe en terre. D'après les règles de l'étiquette du bord, fumer en présence de personnages si importants aurait été de ma part un manque de respect.

Je préférais écrire une lettre à mes parents.

La conversation, aussi grave et aussi lourde que les personnes qui la tenaient, ne roulait naturellement que sur des affaires du métier; mais elle était émaillée d'expressions très énergiques, dont la langue hollandaise est si riche qu'elles en font une *Krachtigen Taal*, « une langue forte », comme les Hollandais eux-mêmes se plaisent à l'appeler à juste titre.

Je passai deux heures au milieu des *navigateurs accomplis*; puis je demandai au maître l'autorisation de rentrer à bord. Je préférais, assis sur mon coffre, à la lueur tremblante du poste, le papier sur mes genoux, écrire une lettre à mes parents, pendant que les matelots restés à bord prenaient la place sur la table pour jouer aux cartes en fumant.

La ville, assez petite, offrait peu de distractions; elle était en outre rendue peu attrayante par le grossier vacarme qui régnait dans les quartiers fréquentés par les matelots. Je dois dire, à l'honneur de notre équipage, qu'il se tint éloigné de ce quartier et qu'il évita de se mêler à cette écume qui forme la plus grande partie des équipages des navires de guerre hollandais.

La Hollande avait alors, pour l'étendue de son territoire, une marine marchande d'une importance extraordinaire : elle comptait, à elle seule, de cinq à six cents navires pour les Grandes Indes, ayant chacun quarante à cinquante hommes d'équipage. Aussi, pour ses navires de guerre, armés d'après le système des enrôlements, il ne lui restait plus beaucoup de marins nationaux. Il n'y avait d'ailleurs qu'un très petit nombre de ces derniers à rechercher le service de la flotte, où l'on était très peu payé, et qui était, en outre, fort discrédité, à cause de ses éléments divers. Un marin qui tenait un peu à sa réputation parmi les camarades s'en défendait le plus longtemps possible, et la marine militaire se voyait forcée, pour compléter ses équipages, de prendre ce qui se présentait. Le caractère de ce rebut de la population maritime se révélait sous la forme la plus repoussante dans les rues et dans les cabarets. Pour maintenir dans le devoir une agglomération de semblables chenapans, qui méritaient à peine le nom d'hommes, il fallait naturellement des moyens de discipline particuliers. Malgré la nécessité qui obligeait d'y recourir, ils produisaient sur nous une impression très pénible.

Nous étions amarrés dans le port tout à côté du vaisseau de ligne *le Kortenaar,* de huit cents hommes d'équipage, qui se disposait à aller à Java. Nous étions souvent témoins involontaires de punitions corporelles qui y étaient infligées presque journellement, et dont la rigueur nous fendait l'âme. Un jour, on avait repris un homme qui avait déserté pour la seconde fois : on l'attacha à une corde, et il fut hissé au bout de la grand'vergue à une hauteur de cinquante pieds. Puis on le laissa tomber dans l'eau glacée, — nous étions en novembre. Après on l'amena sur le pont, et, malgré les

Le caractère de ce rebut de la population maritime se révélait sous la forme la plus repoussante.

tambours qui battaient pendant l'exécution, nous entendîmes les claquements du bout de corde sur les vêtements mouillés et les cris du patient. Un homme raisonnable peut à peine se faire une idée du degré d'abjection où peuvent descendre de pareilles brutes, et l'on ne sait ce qui fait le plus d'horreur, du patient ou de la peine.

Les tristes impressions de ce genre, que l'on éprouvait presque tous les jours, n'étaient pas faites pour m'engager à aller à terre; aussi serais-je resté à bord pendant tout le reste de notre relâche si je n'avais eu, peu de jours après, une agréable surprise. A la sollicitation de mon nouvel ami le cadet, son père, le consul, m'invita à aller chez lui.

C'est avec une joie profonde que je me retrouvai, après plusieurs mois, au milieu des paisibles joies de la vie de famille. On me reçut avec affabilité, comme un égal, et dans la maison du consul je

Je me sentis comme chez moi.

me sentis comme chez moi. J'oubliai bien vite les amères tristesses des jours passés, et mon cœur découragé se retrempa au feu de cette cordiale hospitalité. Je passai dans cette aimable famille plusieurs soirées que je n'oublierai de ma vie, et les derniers temps de notre séjour à Helvoetsluys s'écoulèrent d'une façon aussi agréable que possible.

Le vieux maître d'équipage avait eu encore une fois raison. La société distinguée, bien qu'elle fût un peu autrement composée que celle à qui il avait donné ce nom, m'avait conduit à d'autres pensées. Je ne courais plus avec les voiles en ralingue, et je portais bon plein;

j'étais à flot et je louvoyais contre le vent contraire des pensées tristes et poignantes.

Les bonnes nouvelles qui m'étaient arrivées de la maison paternelle ne contribuèrent pas peu à me rendre la gaieté, et, quand nos réparations furent terminées et qu'il nous fallut reprendre la mer, un peu avant Noël, c'est sans doute avec un sentiment de regret que je pris congé des personnes aimables qui avaient si bien accueilli le pauvre marin étranger, mais j'emportais vers les lointains rivages un cœur frais, rempli d'espérances, et je me sentais des forces nouvelles pour affronter victorieusement les adversités à venir.

V

LES CHARMES DU BEAU TEMPS

V

LES CHARMES DU BEAU TEMPS

Nous quittâmes le port avec un vent favorable. Dès le lendemain, les roches crayeuses de l'Angleterre apparurent à nos regards : nous filions dans la Manche avec la rapidité d'une flèche, comme si l'*Alma* voulait rattraper le temps perdu. Mais cela ne dura pas longtemps; la mauvaise fortune semblait s'attacher à nos pas.

A peine étions-nous entrés dans le golfe de Gascogne que nous eûmes de nouveau à lutter contre les éléments, et la joyeuse fête de Noël nous apporta peu de plaisirs. Heureusement, nous nous en tirâmes cette fois sans perdre de mât ni de voile, quoique nous ayons été secoués d'une manière toute particulière.

D'abord le vent souffla du sud-ouest en coup de vent, puis il passa au nord-ouest avec tambours et trompettes. Nous avions pris tous les ris, la mer était démontée, la grêle et la neige tombaient tour à tour, le froid était piquant; nous fûmes malmenés jusqu'à la hauteur du cap Finistère. Ce n'est que là que le terrible Poseidon[1] nous prit en pitié et nous envoya, le long de la côte du Portugal, un fort vent du nord, avec lequel nous filâmes au sud à force de voiles.

---

1. Nom grec et poétique de Neptune.

Au commencement nous n'avions pas grande confiance dans ce calme nouveau, et nous osions à peine larguer un ris; mais le baromètre montait lentement, et le charpentier ne rêvait plus de chevaux. Sur l'avant et sur l'arrière du grand mât, à la chambre comme dans le poste, on commença peu à peu à croire à la persistance du beau temps, et l'*Alma* fut couverte d'autant de toile qu'elle en pouvait porter.

Quelques jours après, la brise mollit considérablement, et nous

Nous pouvions mettre de côté nos vêtements de pluie.

ne faisions plus que quelques milles, mais nous n'en étions pas fâchés. Nous avions pendant longtemps été si désagréablement ballottés par le mauvais temps, que nous nous sentions heureux de n'avoir plus à chercher un appui pour nous tenir, et de pouvoir mettre de côté nos vêtements de pluie en toile huilée, nos *sud-ouest* et nos lourdes bottes de mer. Nous n'étions plus obligés, à table, de balancer en l'air nos assiettes de fer-blanc.

Nous nous trouvions à la hauteur du détroit de Gibraltar; il commençait à faire sensiblement plus chaud, et ce changement dans la température nous était fort agréable. La couleur vert sombre de l'eau s'était transformée en un bleu profond ; les grandes lames que l'Océan soulève comme des montagnes dans le golfe de Gascogne s'étaient aplanies peu à peu, et, au lieu des violents coups de mer qui, depuis notre départ, venaient sans cesse se briser avec fracas sur le navire, ce n'étaient plus que des vagues transparentes qui déferlaient, comme en se jouant, le long de la muraille et reflétaient les rayons du soleil dans leur écume argentée.

Le mauvais temps nous avait obligés jusque-là à tenir tous les panneaux fermés. Dans l'intérieur du navire, l'air était lourd et répandait une odeur fétide ; la pluie et les embruns avaient trempé tous nos vêtements, que nous n'avions pas encore trouvé l'occasion de faire sécher, et, dans les couchettes, la literie était aussi humide et raide. Le soleil chaud et le vent sec étaient pour nous des bienfaits inappréciables, dont nous cherchions à profiter par tous les moyens.

On ouvrit tous les panneaux, on établit partout des manches à vent pour laisser circuler dans tout le navire cet air frais et pur, et le pont fut transformé en un séchoir général. On ne voyait que des visages satisfaits, et les matelots ne faisaient qu'échanger des plaisanteries, souvent même assez crues ; mais le beau temps, dont nous avions été si longtemps privés, exerçait ainsi son influence bienfaisante sur les esprits.

Le calme qui survint dans l'après-midi nous procura une diversion agréable ; nous prîmes deux tortues.

Dans ces parages, à l'entrée de la Méditerranée, on en rencontre fréquemment, et, lorsqu'il fait calme, on peut, avec quelque habileté, s'en emparer facilement. En tout ce qui concerne la pêche, notre vieux maître d'équipage était de première force ; les harpons, les foènes, les hameçons et les filets étaient parfaitement en ordre et toujours prêts au premier besoin. Avec sa longue expérience de vieux pêcheur, il préparait ses ustensiles de la meilleure manière, et rarement le but qu'il poursuivait échappait à sa grande habileté. Le plus souvent, je l'aidais à disposer ses engins de pêche; il me montrait la manière de s'en servir et m'enseignait la meilleure façon dont tel ou tel poisson devait être attaqué; cela me fut très utile plus tard.

Dès que parut la première tortue, on en chercha vite d'autres, et tout fut disposé pour la pêche. Nous n'attendîmes pas longtemps :

Le soleil chaud et le vent étaient pour nous des bienfaits.

on en vit bientôt une seconde, puis une troisième, toutes les deux d'une assez belle grosseur. Il suffit d'amener les voiles pour arrêter complètement le navire, et un canot fut mis à la mer.

Lorsque les tortues restent longtemps à la surface, c'est ordinairement qu'elles dorment, et il faut s'en approcher très doucement, pour ne pas les réveiller. Arrivés à quinze ou vingt mètres, les canotiers donnent de toutes leurs forces un dernier coup d'aviron, et puis ils laissent courir. C'est alors affaire à celui qui gouverne de diriger l'embarcation droit sur l'animal; c'est de lui que dépend la capture. A l'avant se tient l'homme qui porte le filet à tortue, un instrument bien simple : deux perches, le plus souvent des gaffes ordinaires,

Toute l'habileté consiste à plonger le filet au moment opportun.

sont liées ensemble comme une croix de Saint-André; entre les deux branches extérieures et plus courtes est fixé un filet grossier en forme de sac peu profond; les branches plus longues servent à le manœuvrer, avec l'étrave du canot pour point d'appui. Toute l'habileté consiste alors à plonger le filet au moment opportun assez profondément sous la tortue pour l'empêcher de couler au fond, à le sortir aussitôt de l'eau et à le jeter dans le canot. Là on renverse la tortue sur le dos pour la rendre tout à fait inoffensive. Il faut prendre garde cependant à ne pas s'approcher de sa gueule; avec ses mâchoires cornées en forme de bec de perroquet et aiguisées comme des couteaux, elle happe autour d'elle et serait capable d'enlever jusqu'à l'os un morceau du bras ou de la jambe.

Le maître maniait le filet; secondé par l'habileté du lieutenant, qui manœuvrait la barre, il réussit à prendre non seulement les deux tortues que nous avions déjà vues, mais encore une troisième que l'on découvrit plus tard. Mais la brise fraîchit, la mer commença de se rider, et il fallut rentrer à bord.

Les trois tortues que nous avions prises avaient à peu près la même grosseur; elles pesaient de quarante à cinquante livres, et donnèrent plusieurs repas succulents à l'équipage.

Plus tard, dans différents voyages, j'ai pris encore des tortues en cet endroit, mais jamais aussi grosses. Dans les régions du Sud, on en trouve parfois d'une grosseur extraordinaire, du poids de cinq à six cents livres. J'ai acheté un jour deux de ces animaux à l'Ascension, pour les rapporter en Europe.

Tous les jours on leur jetait une paire de seaux d'eau.

La traversée dura huit semaines, et pendant tout ce temps les tortues sont restées sous la chaloupe, couchées sur le dos avec un sac mouillé sur la tête. Tous les jours on leur jetait une paire de seaux d'eau pour les rafraîchir, quand la mer ne se chargeait pas elle-même de ce soin. On ne leur donnait rien à manger, parce que nous n'avions rien à leur convenance, et, malgré cette position peu agréable, elles arrivèrent toutes les deux vivantes en Allemagne, et l'une d'elles eut même l'amabilité de nous donner pendant quelques semaines de quinze à dix-huit œufs par jour, dont nous nous régalions beaucoup.

Il semblait que nous devions être dédommagés maintenant de toutes les contrariétés que nous avaient fait éprouver le vent et le temps ; le vent du nord fraîchit jusqu'à une bonne brise qui nous faisait filer dix nœuds et qui nous mena en peu de jours à la hauteur de Madère, c'est-à-dire à la limite des *alizés*. Mais c'est en vain que nous nous fatiguâmes les yeux à découvrir cette belle île à l'horizon.

Il existe sur les navires hambourgeois une coutume curieuse, mais aussi très pratique : c'est de donner à celui qui, le premier, aperçoit la terre après un long séjour en mer, la toile à voiles nécessaire pour faire un pantalon, qu'il doit cependant se confectionner

Des œufs dont nous nous régalions beaucoup.

lui-même. Cette fois, pourtant, la récompense promise ne fut pas gagnée : Madère ne parut pas en vue. Cela nous gâta à tous la bonne humeur de la journée : au capitaine, parce que la vue de l'île lui manquait pour rectifier son point astronomique, dans lequel il n'avait pas confiance ; aux matelots, parce qu'ils perdaient l'occasion d'avoir un pantalon en toile à voiles ; et à moi aussi, parce que j'avais passé deux heures entières de mon quart franc en vigie à la tête du mât.

Mais le beau temps ramena bientôt la gaieté. Le vent du nord avait passé au nord-est, et nous avions atteint la zone des vents alizés, la région de la paix éternelle et du calme de la nature, dont le marin jouit à pleins traits, où il oublie les dures fatigues et les privations de son état, et où le Créateur a réuni tout ce que la mer produit de beau et d'agréable. Il n'y a à craindre ni tempête ni grain perfide ; le repos de la nuit n'est pas troublé par le cri : « En haut tout le monde ! » la brume et l'obscurité ont perdu leur horreur. On s'aperçoit à peine que le navire se balance sur les lames légèrement poussées par le vent, et pendant des semaines entières il poursuit sa route en ligne droite, sans qu'on ait besoin de rien toucher à la voilure, parce que la brise douce et régulière souffle toujours dans la même direction.

La mer est colorée du plus beau bleu foncé, et au-dessus d'elle se déroule resplendissant un ciel que ne tache aucun nuage. Les rayons dorés que le soleil darde sans obstacle ne sont pas brûlants et destructeurs, mais atténués par la fraîcheur de la brise et les vapeurs de l'eau ; ils répandent partout la lumière et la vie, et l'homme lui-même n'en éprouve que des bienfaits. La tranquillité et le calme de la nature n'imposent plus à l'équipage des efforts extraordinaires, comme dans les contrées du Nord, et le rouage du service à la mer se déroule régulièrement.

J'avais passé deux heures de mon quart franc en vigie.

Et pourtant l'inaction ne règne pas à bord ; il y a, au contraire, plus d'ouvrage, mais il n'est pas pénible, et le temps passe vite. Quelqu'un qui n'est pas marin ne peut pas comprendre souvent qu'il y ait tant à faire à bord d'un navire. Il y a cependant tant d'ouvrage qu'on n'a jamais fini, quelque longues que soient les traversées, et, s'il n'y avait pas toujours quelque travail indispensable, il faudrait en créer un, au point de vue de la discipline. Une occupation continuelle peut seule garantir un équipage de l'influence des mauvaises pensées.

Ce n'est pas sans raison qu'on dit d'un navire qu'il est comme une montre de femme, qu'il a toujours besoin de réparations ; c'est réellement vrai, il n'est jamais complètement en état. Le mouvement incessant auquel sont soumis les voiles et les cordages les frotte l'un contre l'autre et les use rapidement. Quelques hommes de l'équipage passent chaque jour plusieurs heures à visiter d'un bout à l'autre la voilure et le gréement pour réparer les parties usées et les garnir de matières protectrices aux endroits où ils frottent. Il y a souvent bien des manœuvres devenues hors de service qu'il faut

La chaleur fond le brai des coutures.

remplacer ; la pluie et l'eau de mer finissent par laver le goudron dont on protège les manœuvres dormantes et par enlever la peinture des mâts, des vergues et des bordages ; la chaleur fond le brai des coutures et fait allonger les haubans et les étais des mâts, de sorte qu'il faut les raidir de nouveau. C'est un travail continu et sans fin ; mais il n'est pas pénible, il n'exige pas de grands efforts, il n'est pas pressé, et le matelot le fait à son aise. Il jouit à plaisir du beau temps et du calme, et rassemble de nouvelles forces pour les fatigues qui l'attendent de nouveau au sortir des tropiques.

Dans les alizés on n'a presque point à craindre la rencontre de navires courant à contre-bord : ils prennent une autre route ; aussi la vigie n'est-elle plus exercée avec autant d'attention. Pendant les quarts de nuit, on n'a plus qu'une heure de service à la barre, et il reste assez de temps pour dormir. Aussi le quart franc de la journée ne se passe plus, comme ailleurs, à dormir n'importe où pour rattraper le sommeil perdu ; on l'emploie à toute espèce d'occupations utiles ou inutiles.

Parmi les premières, le raccommodage des effets et, au besoin, leur confection, jouent le principal rôle. J'appris non seulement à coudre et à rapiécer mes vêtements usés, mais aussi à prendre mesure et à tailler ; mes premiers essais dans cet art ne produisirent, il est vrai, que des résultats étranges. La toile à voiles était la matière recherchée ; on en faisait aussi bien des pantalons que des bonnets et des souliers, et les restes des voiles qui étaient parties au vent dans la mer du Nord acquirent une valeur considérable.

Le raccommodage des effets joue le principal rôle.

Avec de la paille de la Havane, que nous avions emportée et qu'on trouve à acheter dans toutes les villes maritimes, on tressa des chapeaux de paille, et c'était merveille de voir combien les matelots s'y montraient habiles. Quand on avait terminé avec ses effets, on se mettait à coudre des tapis. On n'avait sans doute que des matériaux bien primitifs : des cordages de manille blancs ou brunis par le goudron, auxquels on ajoutait quelques morceaux d'étoffe de laine bleue ou rouge ; on n'avait pas autre chose, mais la patience et l'habileté tiraient de ces matières si simples des objets tout à fait jolis.

Parmi les occupations inutiles se place le tatouage, qui est très en vogue parmi les matelots. Quand on est jeune, on trouve cela charmant, et on fait comme les autres; mais plus tard on ne peut comprendre le plaisir qu'on a pu trouver à un ornement de si mauvais goût, et l'on s'estime heureux de n'en avoir déparé que des parties du corps ordinairement cachées par les vêtements.

Trois aiguilles à coudre sont liées ensemble de manière à former un triangle, celle qui est en avant dépassant un peu les deux autres : voilà l'instrument avec lequel on se pique la peau, en suivant les contours des figures préalablement dessinées. On frotte ensuite avec de l'encre de Chine ou du vermillon, qui entrent dans les petits trous, suivant que l'on veut avoir des tatouages bleus ou rouges. C'est

Le tatouage est très en vogue parmi les matelots.

une opération assez douloureuse, et je n'ai jamais pu comprendre comment il y a des marins qui ont pu se faire tatouer tout le corps.

Cependant, si quelque chose à chasser se présente en vue, toute autre occupation est rapidement mise de côté. Sous les tropiques, on rencontre beaucoup de marsouins ou cochons de mer, de dauphins et de bonites ; souvent ils se jouent autour du navire par grandes bandes, surtout les marsouins, et ils se poursuivent avec des bonds insensés. On les prend au moyen de harpons, mais ils vont si vite qu'on les attrape rarement. Quoique dans le cours du voyage nous ayons rencontré plusieurs milliers de ces animaux, nous n'en avons pris que deux, harponnés l'un et l'autre par le maître d'équipage. Il est à remarquer que, lorsqu'un de ces cétacés est harponné ou seulement blessé, toute la bande, quelque considérable qu'elle soit, disparaît aussitôt sans laisser de traces.

D'après une vieille croyance maritime, les marsouins se dirigent toujours du côté d'où l'on peut s'attendre que viendra le vent; mais, comme tous les autres proverbes météorologiques, celui-ci se vérifie aussi souvent qu'il tombe à faux.

Les dauphins et les bonites sont plus faciles à attraper que les marsouins. Ordinairement ils nagent en ligne droite avec la même vitesse que le navire, sous son avant et tout près de la surface, pour donner plus commodément la chasse aux poissons volants dont ils font leur nourriture. Ceux-ci, effrayés surtout du bruit que fait le navire en fendant l'eau, s'envolent loin de lui et parcourent des étendues de cent pieds et plus, pour être happés, au moment où ils retombent à l'eau, par leurs ennemis qui les suivent avec une égale vitesse.

Un poisson volant en fuite.

Le dauphin a environ un mètre de long; le merveilleux changement de couleur qu'il présente en mourant appartient au domaine de la fable, ou du moins il a été très exagéré. On le prend avec le harpon à neuf pointes (la foène). La bonite, au contraire, se pêche avec un hameçon dont l'appât est un poisson en étain que l'on fait sautiller à la surface de l'eau. Des deux façons, le plaisir de la pêche est le principal attrait. La chair du marsouin a un assez bon goût; le dauphin et la bonite sont excessivement secs. On ne cuit le dauphin qu'avec une cuillère d'argent et on n'en mange qu'avec défiance; il est très souvent vénéneux, particulièrement dans le voisinage de la côte d'Afrique, où le fond de la mer contient du cuivre.

Les poissons volants, au contraire, offrent un mets excessivement savoureux et toujours bienvenu; aussi les chassions-nous avec ardeur et avec succès. Nous avions fixé sur des perches, à l'extérieur du bord, horizontalement et aussi près de l'eau que possible, des filets dans lesquels nous suspendions une lanterne pendant la nuit. Les poissons, effrayés par le navire, s'envolaient souvent vers la lumière, et nous en prenions quelquefois plusieurs douzaines en une nuit.

Rien ne peut donner au voyageur une notion plus nette de la richesse de la faune maritime que le poisson volant. Il vit entre les tropiques, c'est-à-dire une zone d'environ mille milles géographiques de large, qui entoure toute la terre ; quand on navigue dans cette zone, dans une direction quelconque, on en voit constamment

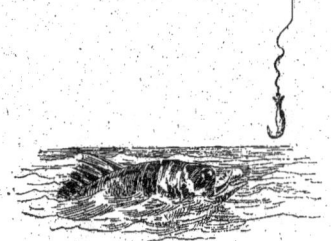

La bonite se pêche avec un hameçon dont l'appât est un poisson en étain.

voler des troupes qui en comptent souvent des centaines et des milliers.

De temps en temps passait aussi dans le voisinage une troupe de cachalots qui absorbait notre attention ; pour moi surtout, pour qui tout était nouveau, le spectacle ne manquait pas de variété. Ma place ordinaire était la baïonnette de clinfoc, ce second prolongement du beaupré qui se trouve à quarante ou cinquante pieds en dehors du navire. Pendant mes quarts francs, dans les alizés, je m'asseyais souvent là des heures entières, pour considérer l'Océan dans toute sa splendeur et m'absorber dans sa contemplation. Dans le Nord, la mer m'était apparue avec toute sa majestueuse et sublime horreur ; ici, elle m'offrait l'image d'un calme paisible et grandiose en même temps. Sur les flots inondés des rayons dorés du soleil se balançait doucement le navire, que, du haut de mon siège aérien, je considérais de l'extérieur comme un être isolé de moi. Là-bas, au fond, la coque étroite et noire fendait l'écume frémissante des flots et soulevait une poussière liquide où les rayons du soleil se fondaient en arc-en-ciel; là-haut, l'échafaudage en pyramide des voiles blanches comme la neige, gonflées par une brise légère et dont le sommet, l'aile de pigeon[1] triangulaire, semblait réellement[2] se

Les poissons effrayés par le navire s'envolaient vers la lumière.

perdre dans le ciel, et, tout autour de moi, la vaste surface d'eau infinie. C'était vraiment un spectacle magnifique, dont je ne pouvais me rassasier et dans lequel s'incorporait toute la poésie de la mer.

On croit bien souvent que le marin n'est pas religieux, et, quand on voit quelquefois la manière dont il se conduit à terre, sans le suivre à bord pour y observer sa nature et son caractère, cette opinion semble justifiée. C'est pourtant une grave erreur. Un sentiment

---

1. Petite voile triangulaire qui se hisse sur l'étai de flèche.
2. Jeu de mots intraduisible. La voile s'appelle, en allemand, *voile du ciel*.

profondément religieux perce dans sa nature, et il ne peut en être
autrement avec son genre
de vie. Il n'y a qu'un
cœur perverti et complè-
tement endurci qui puisse
être insensible aux beau-
tés et aux merveilles,
quelque effrayantes qu'elles puissent paraître souvent, par lesquelles Dieu
manifeste sur mer sa toute-
puissance.

On trouve certainement
des merveilles semblables
dans toute la nature : les

Je considérais le navire comme un être isolé de moi.

montagnes et les vallées, les forêts comme les campagnes, en
sont abondamment remplies; mais nulle part elles ne parlent à

13

l'homme d'une façon aussi claire et aussi intelligible que sur la mer.

Les hurlements et les sifflements de la tempête, les mugissements des vagues quand les fouette l'ouragan, le roulement du tonnerre, le frémissement et le bouillonnement de la lame quand elle se brise sur les rochers ou qu'elle se roule en frissonnant sur la plage, les plaintes du navire qui gémit et se tord dans sa lutte furieuse contre les éléments déchaînés, quand une planche étroite sépare seule l'homme de son humide tombeau, et comme antithèse une peinture de la paix profonde qui règne dans la région des alizés, ce sont là des manifestations auxquelles ne peut rester insensible le naturel même le plus grossier. Elles témoignent de la présence de Dieu, de sa sollicitude et de sa toute-puissance; elles s'emparent involontairement du cœur du marin et le conduisent, sans qu'il s'en doute, sur la voie de la religion et de la crainte de Dieu.

Certainement il est rare que le matelot laisse percer de semblables impressions; il peut même souvent ne pas s'en rendre compte lui-même, mais elles n'en existent pas moins, et, si la religion du marin se montre peu dans ses actes et dans ses paroles, elle subsiste au fond de son cœur et se manifeste par des actions qui ont pour mobile un noble sentiment.

Les conditions dans lesquelles se trouve l'homme de mer expliquent facilement aussi qu'une certaine superstition s'allie parfois à cet instinct religieux et le domine même souvent, et le marin est bien plus excusable dans ce cas que la plupart des autres classes de la société.

Lorsque les prétendues tables tournantes trouvent tant de crédules intelligents, quand le spiritisme célèbre son triomphe dans les plus hautes classes de la société, on ne peut certainement faire un crime au matelot de ce que son esprit inculte attribue certains effets à des causes surnaturelles. Dans ses nombreux et lointains voyages, il a vu et éprouvé bien des choses merveilleuses, pour lesquelles son intelligence peu développée ne peut lui donner d'explication. La nature se manifeste à ses sens dans un style si grandiose et dans des circonstances si extraordinaires! Il voit des apparitions énigmatiques, il entend des bruits et subit des influences dont il ne peut, d'une manière simple, se rendre aucun compte! Il est donc tout naturel que de semblables phénomènes fournissent des aliments à la superstition et que le matelot considère comme un malheur de mettre à la voile un vendredi; qu'il voie l'âme d'un infortuné camarade dans le feu de Saint-Elme, ce phénomène électrique dont la flamme pâle et verdâtre voltige comme un feu follet sur les pointes ferrées des mâts et des vergues, et qu'il affirme par serment l'existence du *Klabaulermann*[1].

Mais, d'un autre côté, cette superstition n'acquiert pas tant d'empire sur lui qu'elle le fasse manquer à ses obligations. Malgré tout, il reste pratique, et un des dogmes de sa religion, c'est : Aide-toi, le Ciel t'aidera. Il se confie à la Providence, mais aussi aux ancres et aux chaînes, aux cordes et aux voiles.

1. Nain fantastique, le Cobold de la mer. Superstition particulière aux côtes de la mer du Nord.

VI

SOUS LES TROPIQUES

VI

SOUS LES TROPIQUES

Dans la vie ordinaire, les extrêmes se touchent ; il en est de même dans la vie à bord. Quand là-haut, au bout de la baïonnette de clinfoc, je m'étais, pendant des heures entières, laissé embraser d'un souffle poétique, et que, dégagé en esprit de tout mon entourage, je m'étais abandonné au vol de mes pensées, souvent, lorsque je redescendais sur le pont, j'étais désagréablement rappelé à la prose réelle et grossière de la vie de chaque jour.

Une de ces prosaïques occupations, et, certes, une des plus sales, est le goudronnage, c'est-à-dire l'opération de couvrir de goudron toutes les manœuvres *dormantes*.

On appelle ainsi tous ces cordages fortement tendus qui servent à tenir les mâts, comme les haubans, les galhaubans et les étais ; les manœuvres *courantes*, au contraire, sont mobiles et servent principalement à manœuvrer les voiles.

Le goudron garantit le filin de l'influence des intempéries ; dans les longs voyages, l'opération du goudronnage se fait environ tous les six mois, et de préférence dans la région des tropiques, où le temps est toujours beau. C'est aux plus jeunes, là comme partout, qu'incombe naturellement la tâche la plus désagréable : le goudronnage des étais, qui partent de la tête des mâts et descendent très obliquement sur l'avant. J'eus pour mon lot tout le gréement du mât de misaine, le plus gros travail, et je mis plusieurs jours à le faire.

Un manche à balai ou un morceau de bois de ce genre est suspendu, par une corde formant la ganse, à l'étai, le long duquel il peut courir : c'est là-dessus qu'est assis l'opérateur, qui peut saisir l'étai avec ses mains. Une autre corde, qui longe l'étai et est fixée à la partie supérieure, lui sert à se laisser descendre peu à peu à mesure que l'ouvrage avance. Ce siège s'appelle ironiquement la *chaise* du maître d'équipage ; les outils sont un seau plein de goudron suspendu au côté de la chaise, et un tampon d'étoupe avec lequel on frotte.

On est pendu entre le ciel et l'eau.

On est pendu entre le ciel et l'eau, comme le larron à la potence, et on cherche à faire la besogne de son mieux. Comme sur la baïonnette de clinfoc, j'étais, là-haut, isolé de tout mon entourage ; mais je n'avais pas le temps de m'abandonner à mes rêveries poétiques, le goudron liquide absorbait toute mon attention. Je devais veiller, d'un côté, à ne pas laisser de places libres appelées des *dimanches*, et de l'autre à ne pas laisser tomber de goudron sur le pont.

Pour ces deux maladresses, le maître avait un œil excellent, et, quelque bien que je fusse avec lui, il ne m'aurait pas épargné une nouvelle promenade le long de l'étai ou le grattage du pont pendant mon quart franc. Malgré tout le soin qu'on peut y mettre, quelques taches sont inévitables. Cela se conçoit par la position dans laquelle on se trouve, suspendu en l'air par une seule corde à la hauteur de plus de cent pieds; mais la plupart des gouttes qui tombent, on les reçoit sur le corps, n'importe où. Aussi le sobriquet par lequel on le désigne à terre : *Veste goudronnée,* convient au matelot quand il goudronne le gréement; on peut se faire une idée de sa figure après le travail fini et de la difficulté qu'il éprouve à se nettoyer.

Le moyen principal consiste à se frotter avec la vieille graisse écumée par le coq sur la viande salée et que l'on conserve à bord

Il ne m'aurait pas épargné le grattage du pont pendant mon quart franc.

pour graisser les mâts afin que les vergues glissent mieux en montant ou en descendant. On enlevait bien ainsi le plus gros; mais le mélange liquide et caustique pénétrait si fort dans l'épiderme que les mains prenaient une couleur brun clair uniforme et qu'il se passait des semaines avant qu'elles eussent repris peu à peu leur couleur naturelle.

Il n'y avait pas alors de savon qui se fondît dans l'eau de mer; on en a inventé un, depuis, qui possède à peu près cette propriété.

Quant à l'eau *douce,* comme le marin appelle l'eau potable, il n'y en avait point, ou du moins il n'y en avait pas tant à bord que l'on puisse s'en servir pour se laver habituellement. Chacun de nous recevait, le samedi, un petit pot d'eau chaude pour se raser, à peu près un quart de litre, et c'était tout. Il fallait en user très économiquement ; on s'en lavait d'abord la figure aussi bien que possible, puis cinq ou six camarades réunissaient leurs portions pour s'y laver les mains en commun. Cette parcimonie était sans doute bien désagréable, mais elle avait sa raison d'être.

Dans un voyage aux Grandes Indes, il ne se présente presque pas d'occasions, pour un navire à voiles, de relâcher dans un port pour y compléter son approvisionnement d'eau sans perdre beaucoup de temps. Il n'y a que Madère qui soit convenablement situé pour cela ; mais notre point nous fit passer si loin de sa route que nous ne la vîmes même pas, et cela arrive très souvent aux navires à voiles. Aussi, ils emportaient une provision assez grande pour suffire à la durée présumée du voyage, et comme, au lieu de quatre mois qu'il durait à l'ordinaire, des circonstances fâcheuses pouvaient le prolonger jusqu'à cinq, on n'usait de l'eau qu'avec de grandes précautions, pour ne pas tomber dans la dure nécessité de souffrir de sa privation.

Un petit pot d'eau chaude pour se raser.

C'était déjà bien assez pour nous de n'être pas rationnés et de pouvoir toujours boire autant que nous voulions. La plupart des pièces à eau étaient arrimées sur le pont, et celui qui avait soif y puisait à sa convenance. On avait bien grande envie d'en prendre pour se laver, mais personne ne succombait à la tentation ; chacun l'aurait considéré comme une faute grave, et, à ma connaissance, ce n'est jamais arrivé.

D'ailleurs, au moment dont je parle, c'est-à-dire après notre entrée dans la chaude région des tropiques, boire autant qu'on voulait est une manière de parler. Malgré la permission, on buvait aussi peu que possible, et on supportait volontairement, on pourrait tout aussi bien dire par force, les tourments de la soif.

Pour économiser la place du chargement, la plupart des pièces d'eau se trouvaient sur le pont, comme je l'ai déjà dit. Il n'y avait dans la cale que six à huit pipes, qui représentaient la consommation d'un mois et auxquelles on ne devait toucher que dans les cas extrêmes.

Comme il n'était pas impossible qu'un coup de mer ne vînt faire

Je fus contraint de la rejeter avec dégoût.

table rase sur le pont, elles représentaient notre dernière ressource dans ce cas. Nous n'avions donc affaire qu'à celles du pont; mais l'influence du soleil des tropiques y développait une putréfaction qui nous contraignait à ne prendre d'eau que quand nous ne pouvions plus tenir de soif et à ne boire que les yeux fermés, en retenant la respiration. Elle était non seulement trouble, mais visqueuse; elle filait et puait affreusement l'acide sulfhydrique. La première fois que j'en pris, je fus contraint de la rejeter avec dégoût, mais la soif se montra la plus forte; le liquide écœurant finit par rester dans l'estomac.

Il est assez remarquable que cette eau, évidemment corrompue, ne nuisait pas le moins du monde à notre santé. A terre, dans les pays tropicaux, on boirait de l'eau pareille, même courante, dans une mare exposée aux ardeurs du soleil, que, dans quatre-vingt-dix cas sur cent, on attraperait une fièvre pernicieuse; à bord, il n'y avait rien de semblable. Non seulement aucun de nous ne fut incommodé d'une manière quelconque, mais je n'ai jamais entendu dire que cela ait eu lieu sur d'autres navires, bien qu'on s'y trouvât absolument dans les mêmes conditions.

Cette pourriture dura environ quarante jours; puis toutes les matières végétales qui s'étaient formées coulèrent au fond peu à peu, l'eau se clarifia et l'odeur disparut. Il est vrai que pendant longtemps encore une multitude de petites bêtes s'y donnaient la chasse, mais on les pêchait tant bien que mal.

Il y avait bien à bord un filtre pour le capitaine et les officiers, mais il suffisait à peine à leurs besoins. De temps à autre, lorsque je me trouvais à la barre pendant les quarts de nuit, le lieutenant m'apportait un verre d'eau filtrée. Je devais sans doute cette bienveillance particulière du lieutenant à mon vieil ami le maître d'équipage, qui était bien avec lui; mais je ne l'en remerciais pas moins avec reconnaissance de cette attention, qui me causait tant de plaisir.

Il aurait été bien facile d'avoir des filtres pour tout le monde, cela n'aurait même pas coûté cher aux armateurs; mais personne n'y songeait. Ce n'est pas par avarice, puisque sur rade de Batavia, où l'eau pure passe pour être nuisible à la santé, on ne donnait que du thé à boire aux équipages, mais par routine, parce qu'on n'était pas encore entré dans la voie des idées humanitaires qui ont cours aujourd'hui. Le matelot avalait sans trop murmurer cette boisson repoussante, elle ne nuisait pas à sa santé, et on en avait pris l'habitude.

Ces conditions ont un peu changé dans la suite, surtout depuis l'invention de l'appareil distillatoire de Normanby, qui donne de l'eau immédiatement buvable. Presque tous les navires de guerre et les grands vapeurs de commerce possèdent des appareils qui fournissent jusqu'à deux mille litres d'eau par jour. On peut ainsi donner au matelot non seulement l'eau nécessaire pour boire, mais encore en quantité suffisante pour se laver et nettoyer ses effets.

Et cependant on aurait peine à croire que j'aie eu des chefs qui, ayant à bord un appareil, ne le faisaient pas fonctionner dans le seul but d'économiser le peu de charbon nécessaire, et, sous le soleil torride des tropiques, mettaient, par avarice, leur équipage à la ration

Il ne devait pas être difficile pour la nourriture.

d'eau. Ils ne doivent pas s'étonner d'avoir inspiré une haine profonde à leurs subordonnés.

Plus tard, lorsque, après avoir doublé le cap de Bonne-Espérance, nous passâmes de nouveau dans la zone torride, l'eau entra en fermentation une seconde fois, mais à un degré moindre. Au bout de peu de temps elle s'éclaircit de nouveau et resta buvable, bien qu'ayant gardé une teinte jaunâtre, comme celle du vin du Rhin. J'ai bu d'une eau pareille qui avait séjourné à bord huit ou dix ans dans les pièces de réserve : elle était très bonne et avait un goût excellent.

Le matelot du commerce ne devait pas à cette époque, comme aujourd'hui encore, être plus difficile pour la nourriture qu'il ne l'était pour l'eau; les gens délicats ne trouvent pas leur compte à bord. Sur les navires appartenant à des armateurs consciencieux, comme les nôtres, la nourriture était convenable et suffisante; mais les conditions mêmes qui présidaient à son embarquement exigeaient qu'on s'attachât moins au goût des vivres qu'à leurs qualités de conserver un an et plus les propriétés nutritives requises, pour donner aux matelots les forces nécessaires aux rudes et laborieux travaux de leur état.

Le choix était donc très restreint, et le *toujours perdrix*[1] est tout naturel. Quatre fois par semaine, à midi, il y avait des pois; seulement, pour changer, deux fois ils étaient jaunes, une fois verts et

Bagues de draille.

une fois gris; puis une fois des haricots blancs et deux fois du pudding.

Le nom de ce dernier plat est peut-être fort appétissant; mais, à bord des navires de commerce, on entend par pudding tout autre chose que dans la cuisine ordinaire. Les ingrédients sont simplement de la farine, de l'eau et un peu de graisse retirée du bœuf salé; le tout, mis dans un sac de toile à voiles, est cuit dans l'eau de mer. C'est peut-être très nourrissant; mais, pour ma part, je ne l'aimais pas du tout, de même que je n'ai jamais pu me faire aux pois.

Dans la Prusse orientale, où on les récolte, les pois passent pour une friandise; je ne connais cependant personne d'aucune partie de l'Allemagne qui ait partagé ce goût. Parmi les matelots, on les appelle des *bagues de draille*[2], et généralement, lorsqu'on nous

---

1. En français dans l'ouvrage allemand.
2. *Note du trad.* — Les *bagues de draille d'étai de perroquet*, expression impossible à rendre

en servait, toute la gamelle passait par-dessus le bord, ou bien on les jetait aux cochons quand il y en avait.

On nous donnait quatre fois par semaine du bœuf salé et trois fois du porc salé; nous avions en outre le matin du café et de l'orge cuite en bouillie épaisse, le soir du thé et, comme à déjeuner, du biscuit avec du beurre tant qu'il durait. Naturellement, on prenait le café et le thé sans lait ni sucre.

Malgré la simplicité de ce menu, pourtant très substantiel, il n'y avait rien à dire tant que les divers articles qui le composent restaient bons. Mais cela ne durait pas longtemps, et, au bout de quel-

Le cochon du bord.

ques mois seulement, cela allait mal sous ce rapport. Les légumes durcissaient, et, en arrivant sous les tropiques, le beurre devenait liquide et dégoûtant. Un long séjour dans la saumure rendait la viande piquante, dure et ligneuse, le lard jaunâtre et rance. La farine était remplie de mites, et dans le biscuit habitaient des

---

d'un seul mot en français, sont des anneaux dans lesquels est passé l'étai du mât de perroquet avant d'être mis en place. Ils servent à enverguer au besoin une voile d'étai triangulaire qui se hisse comme un foc.

Dans la marine française, les matelots ont aussi des pois, qui n'ont pas reçu de dénomination particulière, et plus souvent des haricots, désignés même officiellement sous le nom de *fayols*.

Mais, à l'époque dont parle l'auteur, le légume principal était la fève, peu goûtée des matelots et surnommée *gourgane*. Cet aliment, aujourd'hui à peu près disparu de l'alimentation du marin, n'est plus donné que rarement et d'une qualité bien supérieure, comme fève décortiquée.

De là une expression qui tend à disparaître avec les causes qui lui ont donné naissance, celle de *gourganier*. C'était une appellation dédaigneuse que les marins de l'Inscription maritime, qui ne faisaient alors sur les bâtiments de guerre que des apparitions très courtes et fort involontaires, donnaient aux matelots du recrutement qui y passaient sept ans, et surtout à ceux qui, par des engagements successifs, arrivaient à faire toute leur carrière au service de l'État.

collections complètes d'insectes. L'orge seule se conservait pendant des mois entiers; aussi était-ce notre seule nourriture les jours de pois ou de haricots, c'est-à-dire cinq fois par semaine. On en cuisait une quantité considérable pour le déjeuner, et nous en gardions toujours pour le dîner.

La viande salée, dure et sèche, m'inspirait une répulsion absolue; j'ai passé des années sans en manger. Les matelots l'appelaient viande de sac, sous prétexte qu'on pourrait en porter tout un jour dans son sac sans avoir une tache de graisse. Je n'avais pas non plus une grande passion pour le biscuit; j'aimais beaucoup, au contraire, et *faute de mieux*[1], la bouillie d'orge; on voit qu'on n'était pas gâté à bord sous le rapport de la nourriture.

Mais tous les quinze jours on faisait aussi du pain de seigle pour une journée, et c'était une vraie fête. Ce jour-là, la bouillie d'orge elle-même était dédaignée, et on ne mangeait que du pain frais. Quoiqu'il eût souvent la croûte fortement brûlée et des sillons d'eau d'un pouce de large, il nous faisait énormément de plaisir.

La détérioration des approvisionnements devenait naturellement de plus en plus grande avec la durée du voyage; mais il ne se manifestait jamais à cet égard aucun mécontentement qui eût pu exercer une influence fâcheuse sur le bon esprit de l'équipage. Les hommes savaient que tous les vivres étaient arrivés bons à bord et que les armateurs n'avaient lésiné en rien; cette conviction leur suffisait. Ils raisonnaient bien sur la mauvaise qualité de la nourriture, comme sur toute autre chose du reste, c'est dans la nature du matelot, mais leurs critiques n'étaient pas sérieuses.

Le sans-souci du simple matelot mérite surtout l'admiration. Quand on le traite avec justice et humanité et qu'il s'aperçoit en outre qu'on a pour lui quelques égards, il est content de tout. Il

---

[1]. En français dans le texte allemand.

travaille d'arrache-pied nuit et jour, il supporte sans murmurer les plus grandes fatigues, il combat en plaisantant toutes les difficultés, et il oublie toutes ses peines à la moindre lueur de satisfaction. C'est vrai en général de tous les bons matelots de tous les pays, mais en particulier des Allemands. Ces derniers, avant tout, sont encore les plus sûrs et ceux qui se montrent le mieux précisément dans les moments critiques.

Une insouciante sérénité et une légèreté qu'on peut souvent taxer d'étourderie et qui ne laisse aucun accès aux pensées sérieuses d'avenir, sont les traits dominants du caractère du matelot. Ils se

A la moindre lueur de satisfaction.

décèlent dans sa conduite, dans ses paroles, dans ses pensées et dans ses chants.

Chanter est un grand plaisir pour lui; il est étonnant que la collection de chansons vraiment maritimes soit si petite en Allemagne, tandis que les Anglais en ont des centaines, et souvent du plus haut comique.

Tout travail à bord des bâtiments de commerce est accompagné de chant : lever les ancres, hisser les voiles ou les canots, en général toute manœuvre qui exige un déploiement de forces et surtout d'efforts simultanés se fait au bruit des chansons. Sans doute le texte n'en serait pas toujours admis au tribunal du bon goût; mais ces chants du travail, comme on pourrait bien les appeler, ont tous la même mesure. Le chanteur entonne d'abord une strophe, et tous répètent un court refrain qui donne la cadence à laquelle tous les efforts doivent se réunir.

Parmi les autres chansons qui ne servent qu'à l'amusement, le *Loreley* de Heine prend une place prépondérante, et il est chanté de préférence quand on a travaillé dur et longtemps. Le marin et le canot dont il y est question peuvent bien expliquer la faveur générale dont il jouit; mais je n'ai jamais pu comprendre comment on

Tout travail est accompagné de chant.

le chante régulièrement après un travail pénible, à moins que la situation d'esprit des hommes fatigués ne sympathise avec les deux premières strophes.

Sur l'*Alma*, on chantait beaucoup dans les moments inoccupés. Nous avions de fort belles voix dans l'équipage, et un des matelots savait des chansons très passables, qu'il avait composées lui-même ou qu'il avait apprises n'importe où.

L'une d'elles, qui dépeint d'une manière très comique le sans-souci du matelot, dont il est question ci-dessus, était très appréciée et avait une mélodie très agréable. Les paroles en étaient, autant qu'il m'en souvient :

Je puis me rappeler que jamais à la mer
Je n'ai vu le matelot triste.
Grêle ou pluie, tempête ou neige,
Il n'y a rien qui puisse l'abattre.

Quand il vente du nord-ouest et qu'en peine et en souci
Mainte fiancée et mainte mère se tourmentent,
Mathurin[1] s'assied commodément sous le vent du canot,
Et là on rit et l'on conte des histoires.

Alors Rasme[2] regarde par-dessus le bastingage
Et vient lui rincer proprement les écubiers[3];
Alors il se secoue comme un caniche en jurant,
Et il fronce aussi le nez.

Mais il a bientôt repris sa sérénité,
Quelque furieux qu'il ait été d'abord;
Il s'arrime mieux dans les glènes[4] et prend
Une chique soignée comme consolation.

1. Jeanmaat, en allemand, personnification du matelot.
2. Pour Érasme, personnification du coup de mer.
3. Les yeux.
4. Paquet de cordes roulées sur le pont.

Quand la nuit, avec délices et chaudement dans sa couchette,
Il est étendu, couvert jusqu'aux oreilles,
Et que, de l'essaim des songes délicieux,
Le réveille le tonnant : Debout! debout!

Il sort de dessous ses couvertures
Et pousse en même temps des jurons,
Si la cloche retentissante avertit l'oreille
Qu'il vient seulement de piquer six[1].

Mais il a pris des ris, et le vent
Lui a parfaitement éclairci les yeux.
Puis la mauvaise humeur s'est rapidement dissipée
Dès qu'il a aperçu le pot à grog.

Alors au cri de hoï-ho les vergues volent en haut,
Puis on va border l'artimon[2];
A se coucher qui n'est de quart? crie-t-on ensuite, et au plus tôt
La bordée franche se précipite en bas.

Quand dans le biscuit se tournent et se remuent
Des vers et Dieu sait quoi encore,
Si bien que si on le met devant soi sur la table
Il s'en va tout seul;

Quand les pois et les fayols sont durs comme le plomb,
Que les anneaux de draille sont comme de la pierre;
Quand la viande salée n'a pas une odeur aromatique,
Et que le lard est couleur jaune-d'or :

Qu'est-ce que ça fait à Mathurin? Tout cela lui est ÉGAL[3];
C'est à peine s'il fait la grimace.
Il frappe plusieurs fois le biscuit contre la table,
Et il le met dans sa bouche.

---

1. Il aurait encore une heure à dormir avant son quart.
2. *Note du trad.* — L'artimon est une voile semblable à la brigantine, mais plus petite et ordinairement envergée à côté d'elle sur la corne et le long du mât. Elle remplace la brigantine quand il fait gros temps et qu'on a beaucoup réduit la voilure. Pour cela, on réunit le monde tout à fait à l'arrière, où se trouve l'écoute d'artimon, et aussi, sous l'œil du capitaine, l'approvisionnement journalier de spiritueux. Comme, à la fin de la manœuvre pénible qui a fait réunir tout l'équipage le capitaine fait généralement distribuer un cordial, le commandement : « A border l'artimon! » sonne aux oreilles du matelot comme : « Tout le monde derrière à boire un coup! »
3. Mot en français dans la chanson allemande.

Puis il se console, parce qu'il ira bientôt à la maison.
Voici la bourse qui est pleine d'argent;
Avec ça, il va faire la noce
Et mettre tout sens dessus dessous.

Comme on vit agréablement et joyeusement à terre!
Là rien à hisser, pas de ris à prendre,
Là on ne frotte pas avec des pierres et du sable;
Là pas de vent qui vienne troubler le sommeil.

Mais malheureusement la durée de la joie est courte;
Le sou, le dernier sou s'en va.
Adieu, fille chérie! adieu, pays charmant!
Maintenant, en avant marche pour retourner à bord!

On en chantait aussi une deuxième qui peut également trouver ici sa place. Elle a la même origine, et c'est une *veste goudronnée* qui se tourne elle-même en ridicule.

LES INFORTUNES D'UNE VESTE GOUDRONNÉE

Aujourd'hui j'ai voulu aller au bal, et je me suis fortement nettoyé.
La faquine[1] m'allait comme un gant;
Mes bonnettes, blanches comme neige, étaient très jolies.
Les bottes luisaient à mes pieds comme du coaltar.

Le mouchoir de soie, sortant à demi de la poche,
Le taf[2] tenant sur trois cheveux, la barbe gentiment frisée,
Comme Félix[3] je sortais de la cendre.
Il me semblait que le pape était mon parent.

Je gouvernai sur le bal avec circonspection,
Et j'entendais déjà le bourdonnement de la basse
Et le bruit de la musique qui retentissait au loin.
Les couples volaient déjà en tourbillonnant.

1. Redingote.
2. Chapeau.
3. Pour Phœnix.

Bientôt les sons de la musique m'entraînent à tourner,
Et me font tourbillonner depuis la quille jusqu'à la pomme.
J'aborde une beauté abandonnée,
Et je croise avec elle dans la salle en dansant un galop.

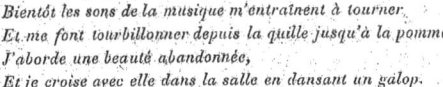

Mais j'avais à peine parcouru la longueur du pont,
Et je voulais virer de bord avec ma frégate,
Quand elle s'échappa, comme possédée du diable,
Si vivement qu'elle faillit m'arracher le bras.

Elle brassait ses bras dans la plus profonde EXTASE[1];
Puis elle tomba avec grâce sur le sein d'une amie,
Et, tenant un grand mouchoir sur son nez,
Elle me regarda avec des yeux furibonds.

Jugez de ma honte, quand je l'entendis dire
Tout haut à la société qui l'entourait :
« Que le Ciel me préserve! je n'ai pu le souffrir plus longtemps;
Il infecte affreusement le goudron! »

Ahuri, je brassai à culer et commençai à gouverner en arrière
Et à chercher la porte de la salle,
Donnant au diable le nez de la belle,
Qui m'avait gâté un si beau bal;

Et cela m'est déjà arrivé souvent. Quoique je me mette
Dans un habit quelconque, cela ne me sert à rien,
Car, dès que je vais à terre, aussitôt
Un flair de femme découvre l'affreux goudron.

1. En français.

*Si j'offre à une dame une splendide rose,
Elle la sent, puis d'un profond dédain : « Monsieur, dit-elle,
Pardonnez la question, vous êtes bien matelot ?
— Oui, pourquoi ? — Ah ! dit-elle, je sens le goudron ! »*

*A quoi sert à la fin que je me trempe
Dans l'oh de Dieu sait quoi, dans l'oh* MINE FLŒHR[1] ?
*C'est la même chose ; dès que je me montre à terre :
« Ciel ! comme vous sentez le goudron ! »*

Cette dernière chanson semblait surtout plaire énormément au vieux maître d'équipage, car lorsque, dans l'après-midi, pendant le quart libre, les matelots étaient réunis sur le pont, assis à l'avant, s'occupant de diverses manières, il les engageait souvent à chanter la chanson de *Mine Flœhr*. Alors il fredonnait l'air à voix basse, bien qu'il fût généralement d'un ou deux tons en dehors. Peut-être ramenait-elle chez lui quelque réminiscence de ses jeunes années et de quelque *Mine*[2] qu'il avait commencé à creuser à cette époque.

Après avoir passé les îles du Cap-Vert, nous fûmes très étonnés, un matin, de trouver nos voiles entièrement colorées en rouge pâle. En regardant mieux, nous vîmes que tout le navire était recouvert d'une mince couche de poussière rougeâtre. Un autre jour, toute la surface de l'eau, le pont du navire et le gréement étaient couverts de sauterelles en si grande quantité que nous entassions avec des balais ces bêtes, complètement épuisées, dont nos cochons se régalaient.

J'en demandai l'explication au capitaine, qui m'apprit que le sable ainsi que les sauterelles provenaient de la côte d'Afrique, qu'ils étaient emportés sur la mer par une de ces violentes tempêtes, appelées tornades, habituelles dans ces parages, puis qu'ils y étaient transportés au large par le vent alizé.

---

1. *Eau de mille fleurs*, mots français mal prononcés par le matelot allemand.
2. Le mot *mine* est le même en allemand, et avec le mot *mille* fleurs prononcé *mine* fleurs, il donne lieu au jeu de mots intraduisible.

Une foule de petits oiseaux de terre, épuisés de fatigue, s'abattit également sur le navire, et nous en prîmes plusieurs. Malheureusement, nous ne pûmes en conserver aucun; nous n'avions rien à leur donner, et les pauvres petites bêtes, qui avaient déjà fait sans manger un voyage de cinquante milles, moururent toutes de faim.

Quelque temps après, nous vîmes aussi un navire qui venait de la côte d'Afrique. Il faisait route à l'ouest et passa assez près de nous.

Ces pauvres petites bêtes moururent toutes de faim.

Lorsque dans les longues traversées on rencontre un navire, c'est toujours un événement joyeux auquel tout le monde prend une vive part. On montre son pavillon, et l'on s'adresse réciproquement un muet salut en l'amenant et en le hissant de nouveau. Si le temps le permet, on gouverne à passer tout près l'un de l'autre pour échanger quelques mots de vive voix. Cette conversation rapide se borne le plus souvent aux simples questions : « Où allez-vous? D'où venez-vous? » à la durée du voyage et à la longitude géographique; mais presque toujours une pareille rencontre sur le vaste Océan est une diversion qui rompt d'une manière agréable la monotonie de la vie de bord.

Presque toujours une pareille rencontre est une agréable diversion.

Pourtant ce n'était pas le cas ici; l'apparition de cet étranger éveilla au contraire pendant un certain temps un sentiment désagréable. Il était encore à environ un mille quand nous hissâmes nos couleurs, et, à notre grande surprise, il ne répondit pas à la politesse internationale. Bien plus, il changea de route et vint droit sur nous.

Lorsque sa coque parut au-dessus de l'eau, nous pûmes distinguer les formes fines de son accastillage[1], bas et peint en noir, ses mâts inclinés et la longueur inusitée de ses vergues; nous remarquâmes en outre la rapidité avec laquelle ce brick fendait l'eau. Nous commençâmes à soupçonner alors que nous n'avions pas affaire à un navire marchand ordinaire, mais à un de ces négriers venant de la côte de Guinée.

À cette époque, le commerce des esclaves était encore fort en vigueur entre les Indes occidentales et l'Afrique. Les Anglais avaient bien sur ces côtes une série de croiseurs, mais ils n'apportaient que

Il y avait bien une série de croiseurs.

peu d'entraves à ce trafic. Ce n'étaient encore en grande partie que des navires à voiles, qui n'arrivaient pas, comme vitesse, à la hauteur de ces négriers, construits surtout en vue de la marche. Ceux-ci étaient en outre si fortement armés, leurs équipages étaient si nombreux et composés de gaillards si résolus, qu'ils pouvaient bien accepter le combat, quand ils ne réussissaient pas à échapper aux croiseurs qui les poursuivaient.

Il n'était pas rare, il y a quarante ans, d'entendre parler de pareils combats, dans lesquels le navire de guerre n'avait pas eu le dessus. On attribuait aussi la perte, corps et biens, de navires de

---

1. Les œuvres *vives*, ou la carène, c'est la partie de la coque qui est dans l'eau; les œuvres mortes ou accastillage, la partie qui est au-dessus.

commerce à la hauteur de la côte de Guinée, à ces négriers, qui ne reculaient pas non plus devant la piraterie.

Aussi cela ne nous allait pas du tout de voir cet enragé brick gouverner si droit sur nous, d'autant plus que le capitaine, avec sa longue-vue, avait vu tout d'abord son pont couvert de monde, et, maintenant qu'il était proche, on n'apercevait plus personne que l'homme de barre. Il portait une coiffure rouge en forme de filet, comme on en voit fréquemment sur la tête des matelots de l'Espagne ou du Portugal; toute la coupe du navire trahissait également la construction de ces pays.

Il passa à ranger notre arrière, sans pourtant avoir l'air de faire attention à nous, puis il lofa de nouveau et revint à son ancienne route, pour s'éloigner bientôt, à l'aide de la bonne brise qui soufflait, aussi rapidement qu'il était venu.

Le gênant compère passa à deux cents pas à peine de l'*Alma*, et nous pûmes apercevoir tout son pont. Il n'avait pas de grande embarcation au milieu, comme en ont ordinairement les navires marchands; il ne possédait que deux canots de côté, à l'extérieur, et un troisième en travers à l'arrière, suspendu à des portemanteaux.

Entre le mât de misaine et le grand mât se trouvait, au contraire, un autre objet qui tourna en certitudes nos présomptions sur le véritable caractère de l'étranger. C'était un gros canon qui était bien recouvert d'un prélart[1], mais dont les formes se dessinaient assez clairement. D'ailleurs nous vîmes très distinctement sur le pont les circulaires en métal sur lesquelles se tournait le canon pour pouvoir tirer des deux bords[2].

1. Pièce de toile à voile goudronnée.
2. *Note du trad.* — Il y avait, au mois de décembre 1853, sur la rade de Bahia, au Brésil, un brick de ce genre qui passait aussi pour être un négrier. Très basse sur l'eau, sa coque était peinte en noir d'un côté, et de l'autre elle avait une ligne blanche avec des carrés noirs simulant une batterie comme la plupart des navires de commerce. Son avant était très fin, sa mâture très inclinée, et son grand mât, plus en avant que de raison, portait une immense brigantine. On disait qu'il pouvait dresser rapidement un mât de rechange sur l'arrière et, en y établissant une petite brigan-

En tout cas, nous ne commençâmes à respirer que quand la coque du navire s'abaissa sous l'horizon, heureux de ne pas avoir été inquiétés. S'il nous avait attaqués, nous ne pouvions songer à nous défendre. Nous avions deux petites caronades de six livres, et il se trouvait bien à bord une douzaine de vieux fusils rouillés; mais qu'est-ce que cela signifiait contre le canon de vingt-quatre

La planche basculait, et les malheureux tombaient à la mer.

livres du brick, derrière lequel il y avait probablement aussi quarante à cinquante enragés gaillards exercés au maniement des armes? On ne peut donc pas nous en vouloir de notre saisissement, d'autant plus que, d'après tout ce qu'on disait de pareils bandits, ils avaient l'habitude d'effacer toute trace de leurs méfaits. Ils sabordaient[1] le navire après l'avoir pillé et le faisaient couler devant eux avec tout son monde enchaîné, ou bien, quand ils gar-

tine, se donner l'apparence d'un trois-mâts-barque inoffensif. En faisant cette manœuvre de nuit et en virant de bord pour présenter l'autre face, il pouvait dérouter un croiseur qui avait poursuivi jusqu'au soir un brick noir et ne trouvait plus le matin qu'un modeste trois-mâts de commerce, faisant une autre route.

1. Faisaient des trous à coups de hache dans la carène.

daient le navire, ils faisaient marcher l'équipage *sur la planche*. Pour cela ils mettaient une planche en travers du bastingage, et, après avoir chargé leurs prisonniers de boulets et de morceaux de fer, ils les invitaient ironiquement à quitter le bord par cette voie. Quand ils arrivaient au bout, la planche basculait, et les malheureux tombaient à la mer.

Le jour même où nous avions tous passé par cette terrible émotion, il m'arriva personnellement une aventure dont les suites auraient pu m'être aussi funestes que de marcher sur la planche ; mais j'y échappai d'une manière vraiment heureuse.

Diverses manœuvres qui se croisaient me reçurent comme un filet.

J'avais été envoyé en haut pour réparer quelque chose au gréement de la vergue du grand hunier, et je m'étais assis sur le marchepied, cette corde placée au-dessous de la vergue sur laquelle on appuie les pieds pour larguer et serrer la voile ou prendre des ris. Nous étions vent arrière, et le navire roulait beaucoup, de sorte que, là-haut, je décrivais un arc de soixante à soixante-dix degrés au bout d'un rayon de trente-cinq mètres.

Lorsque, mon travail fini, je me disposais à descendre sur le pont, le racage se rompit subitement : c'est le collier qui maintient la vergue contre le mât de hune. La voile, poussée par la brise, s'en alla tout à coup en avant; je perdis l'équilibre, et je fus précipité dans l'espace. J'aurais été inévitablement perdu si, à vingt pieds au-dessous, des bras et d'autres manœuvres diverses qui se croisaient horizontalement à cette hauteur ne m'avaient reçu comme un filet, en amortissant la violence de la chute par leur élasticité. Je me cramponnai à une manœuvre, et j'achevai d'une allure plus lente ma descente, si accélérée dans son commencement. La frayeur m'était tombée dans les membres, et je tremblais de tout mon corps.

« Suisse! me dit le maître, tu viens encore de faire une bêtise! Quand apprendras-tu donc à avoir un grappin au bout de chaque doigt, comme je te l'ai dit bien souvent? »

Les autres se mirent à rire, et je m'efforçai d'en faire autant, quoique je n'en eusse pas envie, et la chose finit par là.

On est très souvent exposé à bord à des accidents de ce genre, où l'on n'échappe à la mort que par hasard; mais quand ils tournent bien, on les prend en plaisantant.

Une nuit, dans le golfe de Gascogne, la mer était grosse, et le navire fatiguait beaucoup.

En prenant un ris, un des jeunes matelots fut lancé par-dessus la vergue, et il resta suspendu sur l'avant du hunier par une seule main à un raban qu'il avait saisi. Quelques secondes de plus, et il était précipité sur le pont ou dans la mer. Dans les deux cas, il était inévitablement perdu; le temps ne permettait pas d'amener d'embarcation.

Le charpentier, vieux loup de mer grognon, qui se trouvait près de lui, le saisit rapidement par le collet, l'aida à remonter sur la vergue et lui dit en bougonnant :

« Une autre fois, tiens-toi mieux, espèce de terrien! »

Et il n'en fut pas autrement question.

J'ai été témoin plus tard d'une aventure bien terrible de ce genre, qui s'est aussi terminée d'une manière heureuse. Elle est restée vivante dans ma mémoire.

Nous étions dans la Méditerranée ; le temps était beau, et la brise modérée. Quoique la mer ne fût pas grosse, la frégate *la Thétis*, dont j'étais second, roulait passablement. Je me trouvais à l'arrière, quand tout à coup retentit sur l'avant le cri sinistre : « Un homme à la mer ! »

Je sautai sur le banc de quart, et je regardai par-dessus le bord ; mais je ne vis qu'un bonnet de travail qui flottait à la surface qui indiquât la chute d'un corps lourd.

Sur les navires de guerre, il y a toujours, dans chaque quart, un certain nombre d'hommes désignés pour armer le canot de sauvetage en cas de nécessité. En entendant le cri d'alarme, ils s'étaient précipités vers le canot pour le mettre à la mer, et j'étais sur le point de donner l'ordre de tenir bon, parce que je croyais à une erreur, quand, jetant par hasard les yeux en l'air, je restai atterré.

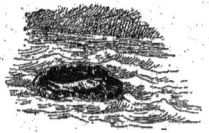
Je ne vis qu'un bonnet de travail qui flottait.

Un matelot qui travaillait au bout de la vergue du grand hunier, à cinquante mètres au-dessus de l'eau, était réellement tombé. Les gens de l'avant l'avaient vu disparaître derrière la voile, et, naturellement, ils avaient crié : « Un homme à la mer ! » Mais ce matelot, adroit et robuste, avait saisi, en tombant, le marchepied. Il était resté suspendu à cette unique corde et se balançait maintenant à une hauteur vertigineuse, en décrivant, avec les roulis du navire, une courbe effrayante.

« Tenez-vous bien jusqu'à ce que le canot soit à la mer, lui criai-je, en cherchant à mettre dans la voix autant de calme que possible. Ensuite, laissez-vous tomber quand le navire donnera de la bande sur le tribord. »

Le canot fut amené rondement, et les basses voiles furent carguées à courir ; mais il s'écoula bien encore une minute entière avant que l'on ait mis en panne et que tout soit disposé pour recevoir le malheureux dès qu'il monterait à la surface.

Le matelot semblait avoir gardé tout son sang-froid. A ma recommandation, il avait répondu avec calme : « A vos ordres! » Cette présence d'esprit dans une situation si périlleuse m'avait un peu rassuré; cependant cette minute nous parut à tous interminable, et cent fois nous jetions en haut des regards anxieux. Mais le matelot se tenait ferme comme avec des crampons de fer. Enfin le canot fut prêt; il se tenait un peu au large sur les avirons.

« Attention! criai-je, au premier coup de roulis, larguez tout!

— A vos ordres! » entendimes-nous encore clairement d'en bas.

Au même instant, le matelot se laissa tomber de cette terrible hauteur et passa devant nos yeux comme une flèche. La respiration nous manqua : nous ne savions pas s'il ne tomberait pas à plat dans l'eau et s'il ne serait pas brisé par le choc. Heureusement nos craintes furent vaines. Il franchit l'espace droit comme un cierge, les pieds en bas, les mains élevées au-dessus de la tête, et coula au fond comme un éclair.

Il était resté suspendu à cette unique corde.

Dans une angoisse mortelle, nous attendions qu'il revînt sur l'eau. Il remonta comme un bouchon, chercha des yeux le canot et nagea gaiement à sa rencontre.

« Tonnerre! dit-il tout d'abord quand on le hissa dans l'embarcation, je n'ai de ma vie jamais fait un pareil saut! »

Tout l'équipage du canot éclata de rire.

En arrivant à bord, il alla se présenter à l'officier de quart et lui dit avec la même bonne humeur : « De retour à bord, lieutenant! » Ce qui lui valut un fameux verre de grog.

Et ce fut tout. On n'en parla plus que rarement dans la suite, comme d'une histoire plaisante. Cet ancien matelot est aujourd'hui directeur d'une compagnie d'assurances dans une ville de l'intérieur.

Le marin sait que sa vie ne tient souvent qu'à un fil, et il n'aime pas qu'on le lui rappelle d'une manière sérieuse. Lorsque, en pareil cas, il en *tire sa peau*, il le garde pour lui ou n'en parle qu'en riant. Être plaint lui semble au-dessous de sa dignité, et il se croirait humilié d'inspirer de la compassion.

C'est pour cette raison qu'il peut quelquefois paraître insensible à ceux qui ne le voient que de loin, et en général ce n'est pas son défaut.

Sous un extérieur grossier il cache, au contraire, la plupart du temps, un cœur excellent et sensible. Un de ses traits caractéristiques est de se priver spontanément lui-même pour venir en aide à son semblable, et de risquer sa vie sans hésiter pour sauver celle d'un autre.

« De retour à bord, lieutenant! »

C'est surtout quand un homme tombe à la mer que ce sentiment se manifeste dans tout son éclat. Quelque mauvais que soit le temps, pour tant que la nuit soit sombre, la tempête furieuse et la mer démontée, tous les hommes de l'équipage se précipitent en volontaires vers le canot de sauvetage pour arracher un camarade aux éléments déchaînés. Et souvent le chef, qui juge des circonstances en connaissance de cause, est obligé de mettre obstacle à cet élan spontané. Il doit, le cœur serré, s'opposer à toute tentative de sauvetage, pour ne pas exposer à une mort certaine tout l'équipage du canot.

Sur les côtes, quand il s'agit d'aller au milieu des brisants furieux porter secours aux naufragés, quel héroïsme, quelle abnégation, quel renoncement de soi-même montrent les hommes qui arment les canots de sauvetage! Dans une fragile embarcation, il faut souvent pendant des heures entières lutter avec des forces surhumaines contre la tempête et les flots, s'attendre à chaque instant à être enlevé par un coup de mer et précipité dans les abîmes.

Il faut souvent lutter pendant des heures entières contre la tempête.

Combien ont déjà succombé dans cette œuvre humanitaire, sans que l'horreur de la mort en ait rebuté les autres! Aucune récompense ne les attend, aucun appât de gain ne les attire, aucun public ne flatte leur amour-propre. C'est sur des plages désertes, sur des îles lointaines, sur des rives isolées, que se passent ces actions héroïques, dont les pays les plus voisins n'entendent même pas toujours parler. Elles n'ont pour mobile que les sentiments d'humanité et la sensibilité du cœur, qui se montrent volontiers par des actes, mais qui dédaignent les paroles inutiles.

Le matelot cherche, au contraire, à avoir en quelque sorte l'air dur, surtout à bord d'un navire. La vie de bord exige de chacun de se montrer *homme* sous tous les rapports, et le marin est tellement pénétré de cette nécessité qu'il est très souvent porté à exagérer ce sentiment. Il croit devoir renfermer dans son cœur toute impression de sensibilité; il considère comme un simple badinage un danger imminent auquel il n'a échappé que par miracle; une blessure n'est pour lui qu'une bagatelle dont il ne doit montrer aucun souci.

Il grimpe dans la hune par les gambes de revers.

Cette affectation d'insensibilité le porte à ne témoigner aucune compassion aux malades et, s'il est malade lui-même, à se traîner, à continuer son travail jusqu'à ce qu'il soit réellement à bout et qu'une volonté énergique ne puisse même plus suppléer à ses forces défaillantes.

Il se moque de tout attendrissement comme d'une faiblesse de femme, et de même qu'il donne à l'homme accompli, à son point de vue, le titre de *solide gaillard,* qui est l'expression de la plus haute louange, il traite de *vieille femme* celui qui montre quelque faiblesse de sentiment.

Cette même ostentation exagérée de la conception du mot

homme le pousse bien souvent à choisir le chemin le plus difficile pour arriver au but qu'il se propose, bien qu'il y en ait un plus facile et moins dangereux; à outrepasser ses forces pour exécuter seul un travail qui lui aurait été aisé s'il n'avait dédaigné le secours qu'il avait sous la main et qu'on lui offrait.

Comme une mouche au plafond, il grimpe dans la hune à l'extérieur par les gambes de revers, ces cordes qui maintiennent les bords de la hune, obliquement par en-dessous, tandis qu'il pourrait y arriver tout droit et plus commodément par le trou du chat.

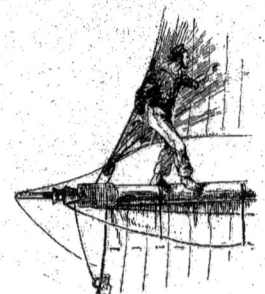

On le voit courir sur la vergue comme un danseur de corde.

Au lieu de prendre les marchepieds et de se tenir avec les mains, on le voit souvent, malgré les plus violents roulis, courir sur la vergue comme un danseur de corde, quoique le moindre faux pas le menace d'une chute terrible. Plutôt que de descendre par les enfléchures qui garnissent les haubans, il se laisse affaler par un galhauban ou toute autre manœuvre lisse.

Il agit de même dans cent autres circonstances. Personne ne l'y force, le temps ne lui manque pas; mais il croirait passer pour un homme incapable s'il faisait autrement.

Cette disposition d'esprit est pourtant tout à l'avantage du métier. Elle explique comment on peut envoyer à la mer les bâtiments de commerce avec si peu de monde et comment, dans les moments critiques, on obtient d'un faible équipage des choses à peine croyables. Chacun ne compte que sur soi, il fait de lui-même tout ce qu'il peut et agit comme s'il devait tout faire à lui seul. Il supporte les fatigues avec d'autant plus de courage que le danger est plus grand, la situation plus critique et le travail plus considérable. Voilà le vrai genre du marin.

VII

LE POT AU NOIR

VII

LE POT AU NOIR[1]

Jusque dans le voisinage de l'équateur, notre traversée n'offrit pas d'autre incident remarquable. Les deux alizés, qui soufflent dans l'océan Atlantique du nord-est dans le nord et du sud-est dans le sud, déplacent leurs limites de vingt à trente milles dans le courant de l'année, suivant la position du soleil. Ils ne vont pas directement l'un sur l'autre, mais à leur rencontre dans le voisinage de la *ligne*, comme les marins appellent l'équateur, ils produisent une zone de calmes.

Nous ne mîmes pas moins de vingt-trois jours à la traverser, et presque toujours avec du mauvais temps et des pluies torrentielles, dont on peut à peine se faire une idée dans nos climats.

Après les trois semaines d'existence commode et paisible que

1. On appelle ainsi la région de calmes et d'orages qui se trouve à l'équateur entre les deux zones des vents alizés.

nous avait procurées l'alizé du nord-est, nous ressentions le contraste d'une manière fort désagréable. Jusque-là, les vergues et les voiles n'avaient presque pas été touchées ; maintenant, de jour comme de nuit, on n'avait jamais fini de brasser, de carguer les voiles et de les établir de nouveau.

Nous n'eûmes pendant tout ce temps que quelques heures de calme absolu : un léger souffle de brise se levait tantôt d'un côté, tantôt de l'autre, en ridant l'eau comme des *pattes de chat*. Quelque-

Puis un nouveau grain s'élevait à l'horizon.

fois il ne durait pas plus d'un quart d'heure, et, quoique cela ne nous fît avancer que de quelques pas, il ne fallait pas le laisser souffler inutilement. Puis un nouveau grain s'élevait à l'horizon, et, comme on ne pouvait jamais savoir ce qu'il contenait, il fallait de nouveau carguer les voiles que souvent on venait à peine d'établir. Avec un faible équipage comme le nôtre, cette manœuvre se faisait assez lentement ; aussi il arrivait quelquefois que nous étions surpris par le vent, et quand nous n'avions cassé ni étai ni vergue, nous pouvions remercier Dieu d'en être quittes à si bon marché.

Une nuit entre autres, ces grains furent violents et terribles. Je me souviens encore de l'un d'eux, qui fut accompagné de toutes les horreurs qui caractérisent les orages des tropiques.

Notre quart montait sur le pont à minuit. La pluie avait cessé depuis peu, mais il faisait si sombre qu'on ne pouvait voir à deux pas devant soi et qu'il fallait se guider à tâtons comme des aveugles. Dans le quart précédent, on avait déjà, par précaution, cargué les petites voiles; les grandes, doublement alourdies par la pluie, pendaient le long des mâts et des étais. La mer était si remarquablement plate que le navire restait souvent des minutes entières sans remuer; puis deux ou trois grosses lames arrivaient en roulant, et les voiles humides fouettaient à grand bruit le long des mâts, pour devenir un instant après aussi flasques et aussi immobiles qu'auparavant. Ce calme inquiétant, joint à cette nuit noire, nous pesait comme un cauchemar; c'était comme s'il se passait dans l'air quelque chose de sinistre. Le lieutenant fit carguer les basses voiles, amener les huniers et peser les palanquins pour diminuer de moitié leur surface et être prêt à tout événement. Toute cette manœuvre fut exécutée en silence, sans être accompagnée des chants usités en pareil cas.

Le capitaine était aussi venu sur le pont; nous l'entendîmes marcher derrière, et ses pas sonnaient creux avec un bruit sourd qui nous arrivait comme si l'air épais avait rabattu le son contre le bastingage. Les cargues des deux perroquets furent mises à bloc, le capitaine donna l'ordre de les serrer. Je fus envoyé au grand mât, et un des jeunes matelots fut chargé du petit perroquet.

Je ne sais comment cela se fit, mais j'achevai ma besogne beaucoup plus vite que jamais. D'autres fois, il m'avait fallu faire de grands efforts pour me rendre maître de la voile sèche et passablement grande; cette fois, elle était mouillée, et cependant en quelques minutes je l'avais serrée et j'étais redescendu sur le pont.

Je trouvai les gens de quart réunis auprès de la cuisine et chuchotant entre eux mystérieusement, comme s'il s'était passé quelque chose d'extraordinaire. Quand je m'approchai d'eux, ils me regardèrent d'une façon si étrange que j'en fus frappé.

« L'as-tu vu, Reinhold ? » me demanda le maître d'équipage en étouffant sa voix.

C'était la première fois de tout le voyage qu'il m'appelait par mon vrai nom.

« Qui ça ? demandai-je tout surpris de ses manières solennelles et inusitées.

— Henri ! me répondit-il.

— Quel Henri ? »

Cela devenait de plus en plus incompréhensible pour moi, personne à bord ne s'appelait Henri.

« Eh bien, Henri Petersen ! Il était près de toi sur la vergue, et il t'aidait à serrer la voile. Sans lui, tu n'aurais jamais pu y arriver si vite. »

Je regardai fixement le maître, doutant de son bon sens. Henri Petersen s'était noyé dans la mer du Nord, et on disait qu'il était près de moi sur la vergue ?

« Pourquoi me regardes-tu ainsi ? C'est comme je te le dis, mais tu n'as pas besoin de t'effrayer. Il était à côté de toi, et tu n'as rien à craindre ; quand il veut emporter quelqu'un, il se met sur ses épaules. »

Je continuais à ne savoir que penser, et je regardai les autres d'un air interrogatif.

« Oui, oui, nous l'avons tous vu, me dit le voilier, et….

— Le voilà ! » cria au moment même un des matelots à demi-voix.

Tous les regards se portèrent en haut, et les miens suivirent la même direction. Involontairement, je fus saisi. Là-haut, à l'extrémité de l'étai du petit perroquet, tremblait une lumière bleuâtre en forme de boule. Tantôt elle s'élevait de quelques pieds, tantôt elle s'abaissait en sautillant. Puis elle disparut tout à fait pendant quelques secondes, pour reparaître de nouveau et continuer sa danse fantastique.

Tout d'un coup elle fit un saut de côté et alla se poser quelque temps sur la tête du jeune matelot qui serrait le petit perroquet, tandis que d'autres flammes semblables se montraient à l'extrémité de l'autre mât. Leur lueur blafarde n'éclairait que les objets les plus rapprochés; tout le reste était plongé dans une nuit profonde.

« Il appelle Jens, murmura le maître en me poussant du coude; vois comme il lui danse sur les épaules!. »

Cela me donna froid. La boule pâle semblait fixée sur la tête du jeune matelot, qui n'avait pu encore parvenir à ramasser la toile sur la vergue. Elle versait une lueur terne sur son visage, qu'elle colorait d'une teinte cadavérique; et ce qu'il y avait de plus effrayant, c'est qu'on ne pouvait distinguer aucune autre partie du corps.

Tous les regards se portèrent en haut.

Puis, la lumière disparut pendant quelques minutes pour se montrer ensuite à l'avant, au bout de la baïonnette de clinfoc et recommencer là sa danse de feu follet.

« Il descend, observa le voilier, c'est signe de vent. Ce n'est pas un mal que nous ayons cargué les voiles. »

Jens, ayant enfin serré son perroquet, redescendit sur le pont; mais personne ne lui dit un mot de ce que nous avions vu. Il n'en dit rien lui-même; il est probable qu'il n'avait pas vu la lumière là-haut, car sa contenance était aussi dégagée qu'auparavant. La flamme avait aussi à ce moment disparu de la baïonnette de clinfoc, et elle ne se montra plus.

C'était le feu Saint-Elme, qui apparaît souvent, dans l'atmosphère orageuse des tropiques, aux extrémités ferrées des mâts et des vergues et qui, dans la croyance superstitieuse des marins, passe pour l'âme d'un camarade défunt. Quand il se montre en haut, c'est signe de beau temps; mais s'il descend, il indique l'approche de la tempête. Lorsqu'il éclaire la tête d'un matelot dans la mâture, c'est un présage de sa mort prochaine.

Je voyais ce phénomène pour la première fois, et je n'en avais
jamais entendu parler auparavant. Quoique mon intelligence me dît qu'il était d'une nature électrique, je n'avais pu cependant me défendre d'une pénible sensation; l'obscurité profonde, le calme inquiétant et terrible, avaient captivé mes esprits et m'avaient rempli d'une terreur superstitieuse.

La boule versait une lueur terne sur son visage.

De larges gouttes de pluie commencèrent à tomber; il faisait si calme qu'on entendait le bruit de leur chute sur le pont. Quelques minutes après retentirent les grondements sourds du tonnerre, et les éclairs sillonnèrent l'horizon.

Dans une inquiétude mortelle, nous attendions le grain, mais il n'arrivait pas. Une rafale subite, quoique assez faible, enfla un instant les huniers, puis ils retombèrent de nouveau à plat.

Un moment plus tard, nous étions comme environnés de feu; des milliers d'éclairs se succédaient avec une lumière éblouissante. En même temps le tonnerre éclatait avec un si terrible fracas que tout l'Océan en tremblait et que nous étions saisis d'effroi; le ciel, ouvrant ses cataractes, versait sur nous de vrais torrents d'eau.

C'était un véritable cataclysme, et, bien qu'il ait duré à peine cinq minutes avec cette violence, l'eau ne pouvait plus s'écouler par les dalots et les sabords de chargement. Il y en avait un pied de haut sur le pont, qui se précipitait d'un bord à l'autre avec un bruit sourd, dans les mouvements de roulis. En y ajoutant les ténèbres épaisses, les éclairs aveuglants qui se succédaient à de courts intervalles, les éclats assourdissants de la foudre, on aurait dit vraiment la fin du monde, et nous étions comme pétrifiés par cette effrayante majesté des phénomènes de la nature.

Il ne se levait pas le plus petit souffle de brise ; ce calme surnaturel nous démoralisait complètement ; il était menaçant et ne pouvait nous présager rien de bon. La pluie cessa alors aussi subitement qu'elle était venue ; la couche épaisse de nuages se déchira en un point du ciel, et le grain attendu nous arriva enfin en mugissant.

Brr ! quelle énorme quantité de vent il apportait avec lui ! et comme il fouettait les flots sombres ! Il poussait devant lui des vagues bouillonnantes et couvertes d'écume ; de même qu'auparavant toute l'atmosphère était embrasée par le fluide électrique, l'Océan, plongé jusqu'alors

C'était un véritable cataclysme.

dans une obscurité profonde, était soulevé maintenant par la tempête et ressemblait à une mer de feu par les myriades d'êtres qui le peuplent et qui scintillaient maintenant d'un éclat phosphorique.

Lorsque le grain tomba dans les voiles, le navire, avant de se mettre en mouvement, craqua et trembla dans toutes ses jointures. Notre bonne fortune voulut que le vent vînt droit de l'arrière et que nous n'eussions dessus que les huniers au bas ris ; sans cela, nous aurions perdu nos mâts ou nous aurions chaviré. Au bout de quelques minutes, nous filions dix nœuds, plein vent arrière, ce qui diminuait d'autant la vitesse de l'ouragan et par suite sa violence. Dans des grains de cette nature, c'est toujours le premier choc qui est le plus dangereux, et nous l'avions heureusement essuyé ; aussi, quoique le temps fût encore très mauvais, le cauchemar qui nous pesait jusque-là s'évanouit. Nous savions maintenant à quoi nous en tenir; la nuit noire s'était un peu éclaircie, et notre bon navire avait échappé à la tempête. De plus, le vent venait du nord; nous filions directement au sud, et chaque mille de gagné avait pour nous la valeur de l'or.

Malheureusement le grain dura à peine une demi-heure, puis tout fut fini. Le vent mollit et cessa enfin tout à fait, l'éclaircie disparut du ciel; la pluie tomba de nouveau, quoique moins fort qu'avant le grain; le tonnerre gronda au loin, et les éclairs illuminèrent encore l'horizon. La phosphorescence de la mer s'éteignit peu à peu. Sa surface agitée s'aplanit, et bientôt une nuit profonde la couvrit de nouveau. Le géant sommeillait après le rude combat qu'il venait de soutenir, et notre navire se balançait doucement sur les vagues, qui s'élevaient et s'abaissaient avec une régulière lenteur.

Nous filions dix nœuds vent arrière.

Nous passâmes la ligne un dimanche, c'est-à-dire nous le pensions, car depuis huit jours nous n'avions vu ni soleil, ni lune, ni étoiles, et nous n'avions pu faire aucune observation. Notre point estimé, calculé d'après les routes suivies et les distances parcourues, était également très incertain, parce qu'il avait été influencé par les fréquentes et subites variations dans la direction et la force du vent.

Naturellement, je subis le baptême ordinaire, avec tous ceux qui, comme moi, n'avaient pas encore passé l'équateur; mais, comme sur tous les bâtiments de commerce, cette cérémonie se passa assez simplement et ne mérite pas une description détaillée.

On vous savonnait la figure avec un mélange de suif et de goudron, puis on était rasé avec un rasoir fait d'un cercle de barrique en fer. Le patient, les yeux bandés, était assis sur une planche posée en travers sur une barrique pleine d'eau ; quand il était rasé, on tirait la planche, et le néophyte tombait dans l'eau au fond de la barrique. C'était là toute la cérémonie, et, comme on le voit, c'était peu de chose. Nous étions déjà assez mouillés par la pluie continuelle, et le plongeon n'avait pas même l'attrait de la nouveauté. Le plus intéressant de tout ce prétendu baptême fut quelques bouteilles de rhum dont le capitaine nous fit présent à cette occasion et dont on composa un grog sérieux, auquel naturellement succédèrent les chansons.

Quelques jours après, je vis aussi pour la première fois des trombes ; il y en eut deux en même temps, une troisième se forma plus tard. Elles étaient à la distance de quelques milles et marchaient parallèlement au navire, de sorte que nous pouvions les observer sans nous préoccuper à leur sujet.

Puis on était rasé.

D'un nuage pluvieux et sombre qui paraissait très épais s'élança d'abord une pointe en forme d'entonnoir, pas tout à fait droite, mais un peu recourbée. Au bout de quelques minutes, on vit un mouvement se produire dans cette pointe ; les bords se modifièrent, l'entonnoir grossit sensiblement : il s'abaissa et se releva successivement, tantôt jusqu'à la surface de l'eau et tantôt à une grande hauteur. Puis on aperçut du mouvement sur la mer au-dessous de la pointe, comme si l'eau se gonflait en bouillonnant, et on vit très bien se former une montagne d'eau arrondie qui se détachait distinctement de la masse environnante.

Le mouvement de va-et-vient de l'entonnoir devint alors plus rapide, jusqu'à ce que, se réunissant tout à coup à la montagne liquide, il forma peu à peu une colonne d'eau oblique et un peu arquée. Au bout de vingt à trente minutes, elle se déforma de la même manière et finit par disparaître complètement.

Nous n'avons pas entendu le roulement de tonnerre dont ce phénomène est ordinairement accompagné; peut-être étions-nous trop loin. En tout cas, il est à conseiller aux petits navires de s'écarter de leur chemin; il est arrivé très souvent qu'elles ont arraché dans leur tourbillon la mâture des navires sur lesquels elles ont passé. En tirant un coup de canon à temps sur les trombes, on peut

D'un nuage pluvieux s'élança une pointe en forme d'entonnoir.

les détruire, en ébranlant par la commotion l'air calme au milieu duquel elles se sont formées.

Nous nous approchions enfin de la limite sud de cette zone désagréable de calme qui, pendant plusieurs semaines, nous avait tant tourmentés avec tous ses attributs. Nous n'y avions trouvé qu'un agrément : par ces pluies torrentielles, nous avions pu nous nettoyer à cœur joie dans l'eau douce et laver aussi tous nos vêtements. Sans doute on ne pouvait pas employer cette eau pour boire; en passant sur le gréement et sur les voiles, elle s'était imprégnée d'une saveur repoussante de goudron, mais on la recueillait avec soin pour les besoins du lavage. Toutes les pièces à eau vides, tout récipient quelconque, pourvu qu'il pût contenir de l'eau, en furent remplis, et nous eûmes ainsi une provision suffisante, pendant tout le reste de la traversée, pour nous permettre une fois par jour le luxe d'un savonnage complet.

Dans la dernière semaine, la pluie avait cessé, le soleil brillait pendant des heures entières; mais, avec les grains orageux, nous avions perdu aussi les coups de vents forts ou faibles qui nous poussaient en avant. Nous restions parfois quarante-huit heures dans un calme plat, d'autant plus contrariant que nous nous trouvions tout au plus à deux ou trois milles de la limite de l'alizé sud-est. Du sommet des mâts on croyait même apercevoir les bandes sombres que produit sur l'eau la brise qui arrive. C'était une épreuve de patience; nous avions beau siffler et gratter les mâts, le vent ne voulait pas venir.

Nous avions pu laver tous nos vêtements.

Cela me faisait un effet vraiment comique de voir le sérieux avec lequel les vieux matelots croyaient à l'efficacité de ces deux moyens[1]. Siffler est, autrement, absolument défendu à bord; une fois, pendant un quart de nuit, je m'étais mis à siffler, par désœuvrement, et l'on m'avait interrompu par une observation peu aimable, en me disant que sur un navire il ne faut pas siffler. Je comprenais maintenant la raison de cette défense : siffler donne du vent, et nous en avions alors plus qu'il ne nous en fallait.

Tous les récipients furent remplis d'eau douce.

Nous n'avions plus le souffle rafraîchissant de la brise, et, depuis

---

1. *Note du trad.* — Fouetter les mousses passait encore pour un moyen infaillible.

que le soleil avait reparu, nous éprouvions tous les désagréments de la chaleur tropicale. Le *chien-rouge*, cette maladie éruptive par laquelle doit passer tout Européen du Nord en arrivant dans les climats chauds, avait fait son apparition d'une manière fort incommode. Le visage et les mains, déjà hâlés par les intempéries, n'avaient pas trop à en souffrir ; mais toute autre partie du corps imprudemment exposée aux ardeurs du soleil enflait subitement. La chaleur amollissait tant les muscles qu'on avait de la peine à se mouvoir.

Il m'était bien dur dans ce temps-là d'être obligé de grimper sur la vergue de perroquet pour un motif quelconque, et bien des fois, quand je ne montais pas assez vite, j'ai été aiguillonné par ces paroles railleuses : « Tu n'y arriveras jamais, certainement *Jean Looï* t'a pincé! »

Nous éprouvions tous les désagréments de la chaleur tropicale.

De même que les marins personnifient la mer en lui donnant, par exemple, le nom de Rasme, pour Érasme, quand elle se fait sentir d'une manière désagréable, ils désignent par Jean Looï l'affaissement du corps produit par la chaleur[1]. Le dernier mot vient du bas allemand et signifie : indolent, paresseux. Ce reproche ironique produisait plus d'effet sur moi que tout autre moyen pour me faire surmonter l'abattement, et je me hâtais aussitôt.

1. La *flemme* chez les matelots français.

VIII

UN TERRIBLE COMBAT

VIII

UN TERRIBLE COMBAT

Le dernier jour que nous passâmes dans la zone des calmes, je fus encore témoin d'un spectacle étrange et fort curieux, qui excita chez nous tous le plus vif intérêt et que d'ailleurs on ne voit que très rarement.

Il faisait un temps clair et magnifique; pas un souffle de brise ne troublait la surface de l'eau, les rayons du soleil se baignaient en scintillant dans le sein de la mer d'un bleu profond. J'avais le quart franc, et j'étais plongé dans la lecture d'un vieil almanach qui s'était trouvé au fond du coffre du coq. Je le lisais tout haut aux camarades, quand nous fûmes tout à coup effrayés par le cri d'un matelot qui travaillait dans la mâture :

« Brisants devant, deux quarts par tribord! »

Nous nous levâmes tous, dirigeant nos regards vers l'endroit indiqué, à environ deux milles du bord. Le capitaine regarda longtemps et avec attention dans sa lunette.

« C'est incompréhensible, dit-il en secouant la tête. A cent milles à la ronde, les cartes n'indiquent aucun danger; je suis déjà passé dix fois par ici, et je n'ai rien vu ni rien entendu dire de pareil; et pourtant ce sont bien de vrais récifs que nous avons devant nous! »

Cinq ou six roches sombres s'élevaient au-dessus de l'eau, et la houle s'y brisait en soulevant des flots d'écume.

Sur ces entrefaites, le maître était monté sur le pont; il examina la chose.

« Ce ne sont ni des récifs ni des brisants, dit-il au bout d'un moment d'un ton très résolu.

Le capitaine regarda longtemps avec attention dans sa lunette.

— Qu'est-ce que cela peut donc être? demanda le capitaine d'un air assez piqué.

— Ce sont des baleines, répondit le maître. Ce que vous prenez pour des rochers, ce sont les nageoires et les queues avec lesquelles elles battent l'eau en se jouant; c'est ce qui fait l'effet de brisants. »

Cette explication ne rencontra d'abord que des sourires d'incrédulité; mais nous fûmes bientôt convaincus que le vieux harponneur, qui avait passé vingt ans à pêcher la baleine dans toutes les parties du monde, ne se trompait pas.

« C'est toute une école, » ajouta-t-il; et ce vieux loup de mer, ordinairement si calme, s'excitait peu à peu au souvenir des combats qu'il avait livrés autrefois au géant des mers. « Voyez là-bas, au milieu, cette puissante nageoire qui dépasse toutes les autres : c'est le vieux maître d'école qui passe avec toute sa classe de femelles. Quel dommage que nous n'ayons pas de ligne! Ce serait une pêche à faire; elle nous rapporterait bien une couple de milliers de thalers. Elles sont en gaieté, et l'on pourrait s'en approcher jusqu'à cinq pas sans qu'elles s'en aperçoivent. Tenez, c'est le taureau qui souffle maintenant. Quel gaillard cela doit être! Il mesure au moins ses soixante pieds! » acheva-t-il avec enthousiasme.

Un immense jet de fine vapeur d'eau monta en l'air, et le soleil y produisit un magnifique arc-en-ciel. Comme si c'eût été un signal, toute la troupe disparut instantanément de la surface; presque en même temps, huit à dix énormes queues s'élevèrent ensemble au-dessus de l'eau, et les corps gigantesques plongèrent au fond dans une direction opposée à nous.

« Elles vont remonter, dit le maître en entendant nos regrets de ne plus les voir, et nous les aurons bientôt près de nous. La baleine remonte toujours dans une direction inverse de celle où elle a plongé. Du reste, ces animaux doivent avoir été effrayés par quelque chose; ce n'est pas leur habitude d'interrompre leurs jeux si brusquement. »

Huit à dix énormes queues s'élevèrent ensemble au-dessus de l'eau.

Nous restâmes bien un quart d'heure à les attendre, puis ça souffla de nouveau, d'abord une fois et aussi fort qu'auparavant; ensuite, à de courts intervalles, parurent cinq à six jets moins puissants et moins élevés. Ainsi que l'avait prédit le maître, le troupeau reparut beaucoup plus près de nous, à moins de trois cents pas.

Comme à un commandement, nous nous élançâmes tous, le capitaine en tête, dans la mâture, pour mieux voir. Je me tenais auprès du maître, qui pouvait le mieux me donner des explications, et je m'assis avec lui sur la vergue du petit hunier.

A cette faible distance et avec la clarté transparente de l'eau, on voyait aussi distinctement les baleines que si elles avaient été tout près. Nous voyions très bien chaque partie de leur corps, leurs énormes têtes avec l'entaille colossale de leur bouche, leurs évents, leurs nageoires ; nous pouvions même apercevoir très nettement les masses de coquillages fixés sur les rugosités de leurs dos.

La nouveauté de ce spectacle me captivait au plus haut degré, et je tremblais réellement d'émotion. Le troupeau se composait de huit têtes : le taureau et sept vaches ; il n'y avait point de veau. Le taureau était une bête magnifique, plus longue encore peut-être que ne l'avait estimé le maître d'équipage. Les femelles paraissaient au contraire beaucoup plus petites et étaient à peu près de même grosseur. Elles étaient serrées très près l'une de l'autre, le taureau à l'aile gauche, un peu obliquement à l'écart, comme s'il voulait couvrir le troupeau contre quelque danger. Elles restaient à la même place, agitant d'une manière presque imperceptible les nageoires et la queue ; de temps en temps, l'une ou l'autre se penchait un peu sur le côté et nous laissait voir une partie de son ventre blanc.

« Vois ! vois ce que fait le taureau ! »

« Je te dis, Suisse, qu'il y a quelque chose qui n'est pas clair, me dit le maître ; ce n'est pas la manière des baleines de rester ainsi en place. Je n'ai jamais encore vu ça.

— Peut-être voient-elles notre navire et s'en inquiètent-elles, répondis-je.

— Oh ! à Dieu ne plaise ! elles n'ont pas peur d'un navire, j'en ai fait l'expérience dans la mer du Sud d'une façon à laquelle je pense encore en frissonnant. Non, non, il doit y avoir autre chose. Vois ! vois ce que fait le taureau ! »

L'animal, quittant sa position oblique, partit comme un trait, décrivit à peu près un quart de cercle à gauche et se porta en avant d'une cinquantaine de pas dans notre direction, de sorte que nous pouvions le voir encore mieux qu'auparavant. En même temps, les femelles, levant leurs queues en l'air, battirent l'eau avec force en produisant un bruit semblable à un feu roulant d'artillerie, et, au milieu de l'écume qu'elles avaient soulevée, elles plongèrent perpendiculairement.

« Ce n'est plus un jeu, dit le maître, c'est beaucoup plus sérieux. Il doit y avoir un ennemi terrible dans le voisinage. Ah! je ne me suis pas trompé, le voilà! des espadons! »

En suivant la direction de sa main, je vis les poissons aperçus par le maître. Il y en avait six, de quinze à seize pieds de long; ils sortaient de dessous notre navire avec une vitesse incroyable et se dirigeaient vers le taureau, qui évidemment les attendait. En ce moment, ils se divisèrent : deux seulement continuèrent leur route; les autres inclinèrent à droite, probablement pour poursuivre les vaches, qui fuyaient. Les deux premiers, écartés d'environ dix pas l'un de l'autre, nageaient vers les flancs de la baleine ; en quelques secondes ils allaient l'atteindre, elle était perdue. Tout à coup, elle fit une nouvelle évolution avec une rapidité incroyable, mais cette fois à droite, puis elle baissa la tête et donna un terrible coup de queue près de la surface de l'eau.

L'attaque des espadons avait échoué, et l'un d'eux, hors de combat, gisait sur le flanc ; il remuait bien encore les nageoires, mais il devait être fortement touché, car il ne se traînait que lentement en travers vers le fond. Le second était sain et sauf; nous le vîmes sortir de la masse d'écume produite par le coup de queue, nager vers la gauche avec la rapidité d'une flèche et disparaître.

La baleine restait immobile dans l'eau, et si près que nous l'avions presque directement au-dessous de nous. Elle souffla fortement, comme si elle voulait reprendre des forces pour continuer le combat. Cela fit comme un bruit surnaturel de trompette, et, à cette distance si courte, nous vîmes très distinctement que ce n'était pas de l'eau qu'elle lançait, mais seulement de l'air mêlé de vapeur en forme de brume; il ne retomba pas une goutte d'eau à la surface de la mer.

« Bravo! bravo! crièrent bruyamment du haut des mâts et des vergues tous les spectateurs de cet étrange combat. Hourra! la baleine a gagné. »

Comme s'il avait compris nos applaudissements, le vaillant animal tourna un peu la tête vers nous; mais il resta en place, montrant son dos énorme à quelques pieds au-dessus de l'eau.

« Hourra! la baleine a gagné. »

« Attendez, dit le maître, ce n'est pas encore fini : vous ne connaissez pas les espadons, ils n'abandonnent pas si facilement la lutte. Le vieux maître d'école le sait très bien, lui; voyez donc comme il tourne la tête et comme ses yeux veillent attentivement de tous côtés. »

Il avait à peine fini de parler que déjà se préparait une nouvelle attaque, mais évidemment cette fois d'un autre côté que celui où l'attendait la baleine.

L'espadon avait fait un demi-cercle complet et avait recruté des auxiliaires pour renouveler son assaut. Nous ne le vîmes pas lui-même, mais seulement l'effet qu'il produisit. La baleine fit un bond si prodigieux, au-dessus de l'eau que son ventre s'éleva à quelques pieds de la surface, puis elle retomba dans son élément avec un bruit de tonnerre et avec tant de force, que sa chute souleva une montagne d'écume et produisit de hautes vagues qui arrivèrent jusqu'au navire.

Au moment où elle faisait en l'air ce saut désespéré, nous vîmes trois espadons à six ou huit pieds l'un de l'autre, sortir en nageant parallèlement de dessous la baleine et disparaître aussitôt dans l'écume. Probablement elle n'avait plus eu le temps de repousser l'attaque d'un coup de queue, comme la première fois, et n'avait pu se sauver qu'en sautant rapidement au-dessus de l'eau; les espadons avaient aussi manqué leur but et étaient passés dessous.

La seconde passe de ce combat extraordinaire était terminée, et un nouveau hourra pour la baleine sortit de toutes les bouches.

La baleine fit un bond prodigieux.

« Elle est cependant perdue, dit le maître d'équipage; ils sont trois contre un; les deux autres reviendront aussi, et alors tout sera décidément fini. C'est dommage pour le bel animal! »

Tandis que nous prenions tous parti pour la baleine, il considérait, lui, la chose beaucoup moins sous un aspect chevaleresque qu'au point de vue du harponneur.

Ses prévisions ne devaient pas tarder à se réaliser; la bataille recommença avec la plus grande ardeur et le plus vif acharnement des deux côtés.

Malheureusement, la plupart des détails nous échappaient maintenant; mais nous pouvions juger du point d'effervescence où en était arrivée la lutte aux violentes évolutions de la baleine, aux vagues et à l'écume qu'elle soulevait en fouettant l'eau de sa queue, au déplacement rapide du champ de bataille, qui se trouvait tantôt tout près du navire, tantôt à cinq cents pas et plus.

Nous n'apercevions presque plus les espadons; ils nageaient beaucoup plus bas que leur adversaire, parce que leurs coups étaient toujours dirigés contre sa partie la plus vulnérable, qui se trouve sous le ventre, entre les deux nageoires.

Les bonds insensés de la baleine et les coups de queue qu'elle donnait rendaient l'eau si agitée et si peu transparente qu'à notre grand regret nous ne pouvions plus suivre leurs mouvements. Une fois seulement, l'un d'eux fit un saut hors de l'eau, évidemment pour éviter le coup de queue qui eut lieu en même temps.

Le terrible combat avait ainsi des alternatives; pendant dix longues minutes, nous en avons suivi autant que possible toutes les péripéties, puis la catastrophe finale arriva. Le son éclatant de trompette, que nous avions déjà entendu, retentit de nouveau; la baleine lança par son évent une haute colonne de vapeur; mais cette fois les rayons du soleil n'y peignirent pas un arc-en-ciel; la vapeur, teintée de rouge, était mélangée de sang. La vaillante baleine avait été frappée mortellement.

Comme affolée, elle tournait en cercle, s'élevant par moments de toute sa hauteur et battant la mer d'énormes coups de queue. Puis elle fit un nouveau bond hors de l'eau; mais à son flanc était pendu un espadon, qu'elle avait entraîné avec elle pour l'écraser dans sa chute de tout le poids de son corps et, mourante elle-même, donner encore le coup mortel à son meurtrier.

Elle lança en l'air un nouveau jet de sang, donna trois ou quatre terribles coups de queue, puis tout redevint calme, la mer s'aplatit, et l'énorme corps de la vaillante baleine flotta inanimé à la surface.

Après sa première blessure, elle s'était tellement éloignée de nous que nous ne vîmes que très imparfaitement la fin de ce combat sous-marin; cependant nous ne pûmes nous défendre d'un profond sentiment de regret de ce que le héros des abîmes eût fini par y succomber après avoir si vaillamment combattu.

Le maître d'équipage manifesta aussi ses regrets, mais seulement de ce que nous n'avions pas à bord de quoi contenir la précieuse graisse.

« Elle en a au moins ses trois cents tonnes ; c'est un maître taureau, et maintenant tout son lard va s'en aller aux requins, dit-il avec regret. Ce sont quinze cents thalers tout ronds qui s'en vont au diable, et même ce doit être un cachalot, sans quoi on pourrait en une heure gagner avec lui beaucoup d'argent.

— Comment cela ? demandai-je, n'ayant pas compris le sens de la dernière remarque du maître.

— Le cachalot n'a pas de fanons, me répondit-il, il a seulement des dents dans l'arrière-bouche, et cela lui suffit pour faire même assez de mal. J'en sais quelque chose, et je pourrais te raconter là-dessus une petite histoire ; mais maintenant il faut descendre pour demander un canot au vieux. Il faut au moins prendre un morceau de la langue, qui est très bonne à manger ; cela nous changera un peu de l'éternelle *viande de sac*. »

Dans mon ardeur à arriver plus tôt sur le pont, et aussi par une certaine vanité à montrer mon adresse au maître d'équipage, je m'affalai par les galhaubans du mât de hune au lieu de descendre par les enfléchures. Malheureusement, je m'en trouvai mal ; je glissai si vite et me brûlai si fort la paume des mains, que des lambeaux entiers en furent arrachés.

« Bravo, Suisse ! Voilà ce qui s'appelle aller rondement ! me cria le maître. Vois-tu, avec le temps on pourra encore faire de toi un solide gaillard. »

Cet éloge était chèrement acheté ; je serrai les dents de douleur, mais je ne laissai rien paraître de ma mésaventure pour n'être pas bafoué.

Le capitaine permit au maître de prendre la guigne pour aller chercher un morceau de la langue, et il fallut embarquer avec lui. J'ai rarement éprouvé une douleur pareille à celle que j'endurai dans cette occasion, où, en nageant, le bois des avirons était toujours en contact avec la chair vive de mes mains écorchées. Mais, avec un stoïcisme digne d'un Indien, je supportai cet affreux tourment, qui me servit de leçon pour l'avenir.

Nous trouvâmes la baleine couchée sur le côté et la mer rouge de sang tout autour. Elle avait plus de soixante pieds de long, et ce qui me fit le plus d'effet, ce fut sa tête énorme, qui formait presque le tiers de la longueur totale. Elle avait au ventre quatre profondes blessures, trois à peu près horizontales, et la quatrième, qui était mortelle, provenant d'un coup dirigé droit en dessous. C'était bien celle là qui avait fait faire à la baleine son dernier saut désespéré

Le capitaine permit de prendre la guigne.

en l'air, dans lequel elle avait emporté l'espadon avec elle. L'épée brisée était restée dans la blessure; mais elle était si fortement coincée entre les côtes qu'il fut impossible de l'en retirer avec les mains.

Quand nous arrivâmes à la gueule pour couper un morceau de langue, nous la trouvâmes convulsivement fermée et serrant entre les mâchoires un espadon complètement broyé. Un peu avant sa mort, elle l'avait probablement saisi tout à fait en travers et l'avait réduit littéralement en bouillie avec sa puissante rangée de quarante-huit dents coniques de six à sept pouces de long. La tête seule, encore intacte, pendait avec l'épée sur le côté de la gueule qui se trouvait en l'air, de sorte que nous pûmes la couper pour la rapporter à bord.

Mais cela ne suffisait pas au maître; il insistait pour la langue et voulait absolument l'avoir. Comme cela ne pouvait se faire qu'en amenant la baleine le long du bord, nous la prîmes à la remorque pour l'y conduire. Une fois le colosse en mouvement, il glissa facilement dans l'eau, et au bout d'une heure à peine il était amarré le long du navire.

Cependant tous les efforts pour ouvrir la gueule furent inutiles, et, au grand chagrin du maître d'équipage, comme de nous-mêmes, dont la renommée de ce beau morceau avait excité les désirs, nous fûmes obligés de nous en passer.

Après avoir retourné l'animal, au moyen de cordes, pour essayer d'avoir la langue, nous trouvâmes dans son dos trois vieux harpons rouillés; deux portaient le nom du même navire, le troisième était marqué d'un nom différent. La baleine devait donc avoir été poursuivie par deux baleiniers, auxquels elle avait échappé.

En souvenir de ce jour mémorable, on enleva les harpons et l'épée brisée, puis il fallut larguer la baleine, car il s'élevait un peu de vent, et le capitaine voulait en profiter.

Pendant cette dernière heure, toute une troupe de requins s'était rassemblée autour de la baleine morte, comme des corbeaux autour d'une charogne. D'où étaient-ils venus si vite? Dieu seul pouvait le savoir. Mais nous en comptâmes bien une douzaine de différentes grosseurs, coupant la surface de l'eau avec leur aileron triangulaire, qui entouraient le navire à la distance de vingt à trente pas et qui semblaient attendre le moment où cette riche proie leur serait abandonnée.

Quand nous laissâmes aller le cétacé, il était à peine éloigné de la longueur du navire que les requins se précipitèrent sur lui de tous côtés, enlevant avec leurs puissantes mâchoires d'énormes lambeaux de chair.

Le capitaine fit nettoyer pour lui la tête de l'espadon; le maître garda pour son compte l'épée brisée et m'en fit présent. Je l'ai conservée comme un souvenir autant du vieux marin à qui, outre tant de bienfaits, je devais encore la vie, que du terrible spectacle qu'il est rarement donné de voir, surtout à une aussi courte distance.

Ce qu'il faut le plus remarquer dans ces combats entre les espadons ou narvals et la baleine, c'est que les premiers n'attaquent pas l'autre pour la manger, mais pour le simple plaisir de la tuer. Un autre monstre vorace d'environ vingt pieds de long, appelé vivelle, et qui appartient au même genre baleine, est également un ennemi mortel de son grand frère, mais au moins il le détruit pour manger la langue, et c'est dans ce seul but qu'il l'attaque. Cependant, je n'ai jamais bien pu comprendre comment il procède, et je ne puis m'imaginer également comment il l'essaye avec le cachalot armé de dents si puissantes, après avoir vu comment avait été broyé un espadon.

IX

AUTOUR DU CAP

IX

AUTOUR DU CAP

E petit souffle de brise qui avait engagé le capitaine à laisser aller le cachalot mort, se trouva enfin être l'alizé du sud-est tant attendu. Il fraîchit successivement jusqu'à devenir une jolie brise, et, vers le soir, l'*Alma*, avec ses voiles gonflées, avait retrouvé sa légèreté habituelle et glissait à travers les lames symétriques qui déferlaient avec un léger murmure. Tous les désagréments des derniers jours furent oubliés, et nous éprouvâmes de nouveau, pendant aussi longtemps qu'au nord de la ligne, tous les agréments de la vie maritime. Ils s'augmentaient encore de ce que, courant maintenant avec le vent du travers, la pression latérale exercée par le vent sur la voilure diminuait les roulis qui nous avaient été par moments si incommodes.

L'*Alma* avait retrouvé sa légèreté habituelle.

Nous devions passer près de l'île Tristan-da-Cunha, qui est située à la hauteur du cap de Bonne-Espérance et à trois cent cinquante milles dans l'ouest.

Le capitaine voulait en prendre connaissance pour ses calculs nautiques, mais il arriva ce qui avait déjà eu lieu pour Madère. D'après notre point, nous devions en passer à un mille; il faisait un temps clair magnifique; nous la cherchâmes en vain des yeux, et personne ne put encore gagner le pantalon en toile à voiles. Nous étions donc de vingt à vingt-cinq milles en dehors de la route estimée, car, avec la limpidité extraordinaire de l'air, nous aurions dû voir le sommet élevé de la montagne conique qui surmonte l'île. Cependant, cela pouvait tout aussi bien être cent milles que vingt-cinq, et comme, évidemment, c'était le chronomètre, à l'aide duquel on calcule la longitude géographique, qui était cause de l'erreur, il fallut nous reporter à l'heure céleste, qui ne trompe jamais, et calculer les distances lunaires, qui remplacent les chronomètres.

Nous la cherchâmes en vain des yeux.

Mais l'observation des distances entre la lune et le soleil ou les étoiles et le calcul auquel elles servent de base, pour trouver la longitude, sont un des problèmes les plus difficiles que l'art de la navigation ait à résoudre. L'un et l'autre étaient alors une rude affaire, surtout pour les capitaines de la vieille roche, comme le nôtre.

Ils se montraient, en toutes choses, marins excessivement capables, sachant, comme on disait, lire et écrire avec leur navire, et pouvant tenir la tête haute en présence des difficultés et des dangers de la tempête et des temps contraires; mais sous le rapport de la navigation théorique, ils étaient très faibles, surtout ceux des îles de la Frise.

Il n'y avait pas dans ces îles d'école de navigation de l'État, et les jeunes marins, quand ils passaient un hiver au pays, étaient initiés, par de vieux capitaines invalides, au secret des calculs nautiques, qui se réduisaient au minimum. Pour les diverses méthodes de trouver la latitude, cela allait encore : ni l'observation ni le calcul n'exigeaient de cassement de tête particulier. Le calcul de la longitude chronométrique n'était pas non plus extraordinairement difficile; mais les vieux loups de mer ne s'engageaient pas dans les distances, et, jusqu'à ces derniers temps, on n'avait pas cru devoir rendre obligatoire la connaissance de ces méthodes pour les capitaines et les timoniers de la marine du commerce.

En tout cas, la chose était malaisée pour notre capitaine, et il se trouvait dans un dilemme désagréable. Nous avions bien un sextant parmi les instruments du bord; mais je suis convaincu qu'il n'avait encore jamais eu entre les mains un instrument aussi subtil, quelque habileté qu'il montrât à manier son énorme octant, si bien en main, en mesurant les hauteurs. Quant au calcul, il ne pouvait en être question pour lui, et il n'aurait fait que s'exposer à la risée de ses inférieurs, s'il s'était laissé aller à une tentative dans ce sens.

La chose était malaisée pour notre capitaine.

Et pourtant il fallait observer et calculer ces distances lunaires, car nous errions sur le grand Océan, ne connaissant notre position que d'une manière très approximative; le capitaine se renferma prudemment dans son rôle de chef et donna tout simplement à ses subordonnés l'ordre de faire les observations nécessaires. Ils avaient tous les deux suivi les cours de l'École de navigation, ils savaient au moins comment s'y prendre, et ils se mirent à la besogne.

Mais, pour mesurer une distance, il faut au moins deux observateurs et un aide qui inscrit les résultats des observations et note les heures. Le capitaine m'attribua ce troisième rôle, parce que, d'après mon contrat, on devait m'enseigner la navigation, et je fus ainsi initié aux mystères de cette science. Je saisis naturellement cette occasion avec zèle et empressement; les timoniers me montrèrent l'emploi des instruments et les règles du calcul; j'étudiais, j'observais, et je calculais dès que j'avais le temps et que la moindre occasion se présentait, et les progrès sensibles que je faisais me donnèrent une ardeur nouvelle et une plus grande application. Certainement je ne pouvais prétendre à l'intelligence scientifique des calculs, je n'apprenais que mécaniquement, mais cela suffisait.

La question principale était l'exactitude dans les observations, parce que la justesse du résultat en dépend, et, par des exercices incessants, j'étais arrivé en peu de temps à m'en tirer assez bien, sans me vanter. Même dans l'exécution du calcul, je fus bientôt plus fort que les timoniers, ce qui ne doit surprendre personne, parce que je venais de terminer mes études au gymnase, et que leur instruction élémentaire à tous les deux ne s'était faite que dans une école populaire.

Le capitaine donna à ses subordonnés l'ordre de faire des observations.

Dans le principe, je ne mordais pas très bien aux observations, et nous arrivions à des résultats fantastiques; l'un mettait le point du navire souvent à dix milles de distance de l'autre. Mais, à force de forger, on devient forgeron; petit à petit nos résultats se rapprochaient, et au bout de trois à quatre semaines nous nous accordions si bien qu'en comparant nos trois calculs nous arrivions à une exactitude convenable, c'est-à-dire à deux ou trois milles de différence, ce qui est suffisant dans la pratique. Nous pouvions affirmer que notre longitude était comprise entre telle et telle limite, et c'est avec ces résultats que nous donnâmes plus tard dans le détroit de la Sonde.

Avant d'aller à la mer, j'avais déjà souvent entendu parler de la splendeur des constellations du Sud. Je l'avais lu bien des fois, et j'en ai trouvé plus tard la même appréciation dans les récits de voyages. Cependant je n'ai jamais pu trouver cette assertion justifiée, et je suis d'avis aujourd'hui encore que notre hémisphère nord est, à ce point de vue, bien supérieur à l'hémisphère sud, et que ses constellations sont plus brillantes et plus belles.

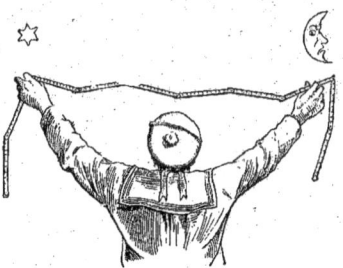

Je fus initié aux mystère de cette science.

Dans mon imagination d'enfant, la Croix du Sud, en particulier, brillait d'un éclat fabuleux; je m'en figurais les étoiles énormes et ardentes, et je fus bien désabusé. Dans des voyages postérieurs, je me suis souvent donné le plaisir de faire chercher la Croix du Sud à des camarades qui n'avaient jamais encore été dans cet hémisphère. Aucun ne pouvait la trouver, et quand je la leur montrais, ils s'écriaient en général d'un air désappointé : « Ah! c'est ça? » J'avais la satisfaction de n'être pas le seul prosaïque vis-à-vis des poétiques descriptions de voyages.

La constellation forme une croix régulière de cinq étoiles, mais une seule d'entre elles est de deuxième grandeur; les autres ne sont que de la cinquième et de la sixième ; d'où pourrait donc venir un éclat si renommé ?

L'hémisphère sud a cependant un avantage sur le nôtre, au moins dans le voisinage du cap de Bonne-Espérance : c'est la limpidité et la transparence étonnante de l'air. Très souvent, par un soleil très brillant, nous avons vu au ciel jusqu'à onze heures du matin, et puis à partir de deux heures, des planètes si distinctement que nous pouvions mesurer leur hauteur avec des instruments. On doit chercher la cause de ce phénomène particulier dans l'absence, au sud du Cap, de terres dont les vapeurs troublent l'atmosphère.

Nous arrivions à des résultats fantastiques.

Lorsque nous arrivâmes au quarantième degré de latitude sud, la période de mauvais temps recommença, et nous n'y passâmes pas moins de six semaines. Nous courions toujours, il est vrai, avec les vents favorables de l'ouest, qui forment dans ces régions le contre-courant de l'alizé sud-est ; mais nous en avions malheureusement beaucoup plus que nous ne pouvions en supporter. Rarement nous pouvions porter plus de toile que les huniers avec les deux ris, et souvent il ventait si frais que nous étions obligés de tenir le vent sous les voiles de cap.

Il y a pour le navire une certaine limite au delà de laquelle il ne peut plus faire route et où il doit mettre à la cape, c'est-à-dire venir au vent avec une petite voilure, et dériver lentement en travers. C'est moins la force du vent que la violence de la mer tourmentée qui l'oblige à cette manœuvre. Elle acquiert par les grands vents une telle vitesse qu'elle dépasse les navires qui courent dans le même sens, ou bien, si elle vient du travers, elle se brise contre eux, et, dans les deux cas, elle peut non seulement tout arracher à bord, mais aussi compromettre le navire lui-même.

Il est très probable que tel a été le sort de deux corvettes de guerre prussiennes : la *Frauenlob*[1], qui a disparu en 1860, pendant un typhon dans les mers de Chine, et l'*Amazone*, qui s'est perdue corps et biens une année plus tard, dans un ouragan de la mer du Nord, et qu'elles ont sombré par un coup de mer.

Quand on court vent arrière, le moment où l'on vient vent du travers est le plus dangereux, et il ne faut pas attendre pour cela que la mer soit devenue trop forte. C'est un phénomène particulier que, dans les tempêtes, il y ait presque toujours trois énormes lames qui se suivent à des intervalles rapprochés, et puis qu'il survienne un temps d'arrêt plus ou moins long pendant lequel la mer est relativement calme. C'est ce répit dont il faut profiter autant que possible pour venir dans le vent. Si le navire ne réussit pas à mettre le cap au vent dans cet intervalle, il court le risque d'être atteint et submergé par les trois grandes lames qui suivent. Mais, s'il a dépassé le vent du travers, il n'a en général plus rien à craindre du vent et de la mer quand il se trouve au large de toute terre. Il dérive alors en travers sous sa petite voilure de cape ; il forme avec sa carène un sillage

La Croix du Sud.

---

[1]. Bon nombre de navires de guerre de toutes nations se sont perdus ainsi. En France, on peut signaler la perte corps et biens du *Monge* dans les mers de Chine, en 1868, et, antérieurement, celle du *Berceau* dans l'océan Indien.

large et relativement plat, sur lequel se brisent et *viennent mourir* les terribles volutes des coups de mer qui arrivent.

Une des qualités nautiques qu'on demande à un navire, c'est de bien tenir la cape, c'est-à-dire que son avant se maintienne toujours à soixante ou soixante-dix degrés du lit du vent. Si cela n'a pas lieu et qu'il tombe parfois sous le vent de vingt à trente degrés en plus, il commence à prendre de la vitesse sur l'eau, parce que le vent agit alors plus de l'arrière sur les mâts, les vergues et les voiles ; il perd sa dérive protectrice et est exposé aux coups de mer.

Notre *Alma* se comportait parfaitement à la cape, et nous préfé-

Vent arrière.

rions de beaucoup cette allure à celle de courir vent arrière par les grandes brises. Sous cette dernière, avec une grosse mer, contre laquelle les voiles ne donnaient aucun point d'appui latéral, nous roulions souvent d'une manière si prodigieuse, que les bouts des basses vergues plongeaient presque dans la mer, que nous prenions l'eau des deux côtés par-dessus le bastingage, et que le pont était constamment mouillé et glissant.

C'est dans de semblables occasions qu'on peut apprécier l'utilité d'avoir le pied marin, mais à la longue cela devient cependant insupportable. Pendant des journées et des semaines entières, on ne peut faire un pas sur le pont qu'en se tenant à des cordes tendues exprès ; pendant les repas, il faut s'asseoir à plat pont, se maintenir n'importe où avec les pieds, et balancer encore avec beaucoup d'habileté son écuelle de soupe, pour ne pas être précipité, dans un coup de roulis, cul par-dessus tête, dans un coin. Dans ces conditions, la cape était pour nous un soulagement. Les énormes roulis cessèrent, le pont sécha, et nous nous sentîmes en quelque sorte redevenir des hommes.

Bien que, par une mer si extraordinairement grosse, le navire tanguât parfois si fort que la respiration nous en manquait, c'était bien moins désagréable que ces roulis d'un bord à l'autre sans interruption. Les lames que j'avais vues jusque-là, dans les mers du

Il faut se maintenir n'importe où avec les pieds.

Nord et le golfe de Gascogne, n'étaient qu'un jeu d'enfant à côté de la mer du cap de Bonne-Espérance ; je n'aurais pas cru qu'il pût s'élever de pareilles montagnes d'eau. Lorsqu'elles arrivaient isolées en roulant, elles soulevaient si haut, d'abord l'avant du navire, puis l'arrière, qu'il s'élevait ou s'abaissait de quarante-cinq degrés à l'horizon. Il fallait s'habituer à de si énormes mouvements pour ne pas s'en effrayer et avoir le vertige.

Pendant que nous étions à la cape, on ne pouvait pas beaucoup travailler ; c'est tout au plus si l'on faisait de l'étoupe ou des tresses avec du fil de caret, occupations pour lesquelles on se rassemblait dans un coin aussi abrité que possible, et on passait le temps à raconter des histoires.

Ces jours-là, le capitaine nous permettait aussi de pêcher des albatros et des pigeons du Cap, qui volaient autour de nous par centaines, et qui se battaient en poussant de grands cris toutes les fois qu'il tombait à l'eau quelque chose qu'on avait jeté de la cuisine par-dessus le bord. Ils mordaient comme des poissons à un hameçon amorcé avec un peu de lard, et nous les prenions par douzaines.

Les pigeons du Cap sont un peu plus gros que nos pigeons; les albatros atteignent un poids de quinze à vingt livres; les ailes étendues, ils mesurent de dix à douze pieds. La longueur extraordinaire de leurs ailes les empêche de s'élever d'une surface unie comme

L'on faisait des tresses avec du fil de caret.

celle du pont d'un navire, et, quand ils nagent, ils sont toujours obligés d'attendre d'être sur la crête d'une lame avant de pouvoir s'envoler. Lorsque nous les posions sur le pont, les albatros, comme les pigeons du Cap, avaient visiblement le mal de mer.

Ces deux espèces d'oiseaux n'ont aucune valeur comme nourriture, et il n'y a que la faim dévorante qui puisse forcer à les manger; on ne les prend qu'à cause de leurs plumes. Elles couvrent principalement leur poitrine, en si grande abondance, que le corps paraît de la grosseur d'un cygne; mais, une fois plumé, il n'est pas plus gros qu'un coq.

En père de famille économe, le capitaine faisait plumer soigneusement tous les oiseaux capturés, et comme, dans la durée du voyage, nous prîmes une vingtaine d'albatros, il a certainement rapporté à sa femme, en fait de plumes, de quoi faire une paire de lits complets; les plumes de la poitrine ne le cèdent pas au plus beau duvet.

Cette partie de la traversée offrit d'ailleurs peu de variété et fut assez monotone. Nous n'avions plus vu de navires depuis que nous avions passé l'équateur, c'est-à-dire depuis plusieurs mois; nous veillions attentivement aux glaces flottantes, et souvent des brumes glaciales semblaient nous indiquer leur voisinage très probable; mais nous n'en vîmes aucune. Elles peuvent être très dangereuses pour les navires, à cause de leur atmosphère embrumée, et surtout pendant la nuit. Le capitaine était sans doute très content de ne pas en avoir vu; pour moi, j'aurais très volontiers voulu voir une de ces îles flottantes en cristal, dont mon vieux maître d'équipage lui-même, si prosaïque, exaltait la beauté.

Ils mordaient comme les poissons à un hameçon.

Lorsque nous fûmes arrivés à peu près à la hauteur des îles Saint-Paul et Amsterdam, nous nous trouvâmes de nouveau enveloppés par la brume. Ces deux îles inhabitées ne sont fréquentées que par les baleiniers qui viennent y fondre la graisse de baleine, et c'est à partir de là que l'on remonte peu à peu vers le nord à la recherche de l'alizé du sud-est, avec lequel on se dirige sur le détroit de la Sonde.

L'île Saint-Paul.

Cependant[1], le fort vent du nord, qui jusque-là nous avait

---

1. Cet épisode ainsi que le chapitre suivant, supprimés dans les *Souvenirs* de l'amiral Werner,

accompagnés d'une manière fort incommode, s'était enfin un peu calmé ; la mer était tombée également, et, après plusieurs semaines de mauvais temps, nous pûmes, pour la première fois, établir de nouveau les petites voiles.

L'intensité de la brume était très variable : tantôt elle nous laissait un horizon assez dégagé, et nous voyions à un mille au moins autour de nous, puis elle devenait si épaisse que, de l'arrière, on ne pouvait plus distinguer le beaupré.

Une après-midi, le temps était assez clair, la mer était calme,

Nous aperçûmes au loin une masse sombre.

la brise régulière, et nous avions toutes voiles dessus. Nous aperçûmes au loin, sous le vent, une masse sombre, et nous restâmes longtemps sans pouvoir nous rendre compte de ce que c'était ; enfin on reconnut une embarcation.

Croyant avoir affaire à des naufragés, le capitaine donna immédiatement l'ordre de laisser porter sur eux, et en moins d'une heure nous étions auprès du canot.

Nous nous étions complètement trompés : ce n'étaient pas des naufragés, mais des pêcheurs ; l'embarcation appartenait à un

ont été publiés à part dans le journal *Daheim*, et c'est sur le conseil de l'auteur qu'ils ont été restitués à leur place dans le *Premier Voyage*. (*Note du trad.*)

baleinier américain. Depuis le matin elle poursuivait une baleine; après plusieurs heures de chasse elle l'avait approchée, et l'animal avait été harponné. Mais il avait plongé si vite et si profondément qu'on avait été obligé de couper la ligne pour empêcher le canot d'être entraîné au fond.

Pendant ce temps la brume s'était levée, puis elle était devenue si épaisse qu'on avait perdu le navire de vue et qu'on le cherchait en vain depuis une heure.

Le capitaine offrit aux Américains de mettre en panne pour attendre une éclaircie, et leur proposa même de les garder à bord jusqu'au lendemain si l'on n'avait pas aperçu leur navire avant la nuit; mais le harponneur qui commandait le canot repoussa obstinément ces propositions, disant avec assurance qu'ils retrouveraient bientôt leur navire. Il refusa même les vivres que le capitaine voulait lui donner par précaution, il n'accepta pour lui et pour ses hommes qu'un morceau de pain et de viande avec un verre de vin, et, au bout d'une demi-heure à peine, les Américains se disposèrent à se remettre en route.

Nous trouvions, naturellement, que c'était beaucoup trop tôt. Quand on a passé à la mer quatre mois entiers sans voir d'autres visages que ceux du bord, une rencontre aussi inattendue avec d'autres personnes acquiert tout de suite un immense intérêt. Les demandes et les réponses n'en finissent pas, et le plus taciturne devient curieux et même bavard dans ces occasions.

Notre vieux maître d'équipage était dans ce cas. Ce n'était pas son habitude de parler beaucoup, et, dans cette occasion, il n'était presque plus reconnaissable, tant il était devenu loquace. Comme il était lui-même un vieux baleinier, et qu'il avait autrefois navigué de longues années en qualité de harponneur sur des navires américains, les motifs ne lui manquaient pas pour avoir avec l'équipage du canot une conversation animée.

Mais le patron était pressé de partir ; nous donnâmes une chaude poignée de main aux nouveaux amis que nous nous étions faits d'une façon si extraordinaire, et ils descendirent dans leur canot. Ils se disposaient à pousser lorsqu'une nouvelle scène étrange se joua devant nos yeux. Sur les six hommes qui armaient l'embarcation, cinq étaient montés à bord, et le dernier était resté pour la défendre. Lorsque ses camarades descendirent, nous étions tous sur le bastingage pour leur dire un dernier adieu ; et lui, levant la tête, nous montra une figure qui nous frappa par son étrangeté.

C'était un jeune homme de vingt-cinq à vingt-six ans au plus, d'un air fort avenant, avec des joues colorées, offrant l'image de la force et de la santé. Mais, par une bizarrerie étonnante, ses joues rouges étaient encadrées par une barbe blanche comme la neige, et des boucles épaisses de cheveux blancs qui sortaient de dessous son sud-ouest lui donnaient une expression toute particulière.

C'était un jeune homme de vingt-cinq à vingt-six ans.

Quand il nous regarda, ses yeux se fixèrent tout à coup avec persistance sur le maître d'équipage.

« Tiens bon, tiens bon, cria-t-il, en proie à la plus vive émotion, au patron qui avait déjà donné l'ordre de pousser. Rien qu'une minute. Il faut aussi que je monte à bord. »

Avec une agilité extraordinaire, il grimpa à l'échelle de mer, sauta sur le pont et saisit vivement la main du maître.

« Vous êtes bien Peter Hinrichen ? demanda-t-il avec des tremblements dans la voix.

— Oui, répondit celui-ci étonné ; et vous ?

— Avez-vous oublié Robert Thomson, de la *Dame du Lac*, qui vous doit la vie ?

— Ah ! Bob ! mon brave garçon, c'est donc toi ! s'écria alors le maître d'équipage; et sa bonne et loyale figure rayonnait de joie. Oui, je te reconnais à présent, et de tout cœur. Que je suis heureux de te revoir! Comme c'est étrange que nous nous retrouvions, après dix ans, presque au même endroit où nous est arrivée cette aventure! Mais dis-moi, Bob, tu avais autrefois de si beaux cheveux bruns, et maintenant ils sont blancs, aussi je ne te reconnaissais pas du tout au commencement. Comment cela t'est-il venu?

— Cela vient encore de ce jour où cette histoire m'est arrivée, répondit Bob. J'étais encore beaucoup trop jeune pour savoir dominer l'angoisse et la frayeur. Quand le Hollandais nous eut recueillis, je m'aperçus déjà au bout de quelques jours que mes cheveux commençaient à grisonner, et, peu de temps après notre séparation, je suis devenu tout blanc. »

Nous écoutions avec surprise cette étonnante conversation, quand elle fut interrompue par un coup de canon qui arriva à nos oreilles avec un bruit sourd.

« Ah! Bob! C'est donc toi! »

« Viens donc, Bob, cria d'en bas le patron du canot. Nous n'avons pas le temps, notre navire tire du canon, et si nous voulons l'atteindre avant la nuit, il faut nous hâter. »

Devant ces raisons il n'y avait pas à balancer plus longtemps. Bob et le maître d'équipage se serrèrent encore une fois la main en silence, puis le premier sauta dans le canot et prit son aviron. Le vieux maître se détourna, et une larme lui tomba dans la barbe. Nous fîmes un dernier signe d'adieu au canot; sous les vigoureux efforts des rameurs, il s'éloigna en sautant d'une lame à l'autre. Un second coup de canon se fit entendre, et nous vîmes le canot changer de route pour suivre la direction d'où venait le bruit; puis il disparut à nos yeux dans la brume, qui devenait de plus en plus épaisse.

Les voiles furent brassées pour le vent, et le navire reprit sa course. Une heure après environ, la brise força de nouveau beaucoup, et le temps s'éclaircit, mais nous ne pûmes découvrir aucune trace du navire ni du canot. Dieu seul sait s'ils se sont retrouvés !

Tout ce que nous avions vu et entendu de cette étrange rencontre nous avait rendus naturellement curieux. Officiers et matelots demandaient à en savoir davantage; mais le maître était retombé dans son mutisme précédent, et il renvoyait tous les indiscrets par cette courte réponse : « Oh ! nous avons été ensemble autrefois. » Il était évident qu'il ne voulait pas en dire plus long, et on évita par suite de le questionner encore à ce sujet. Mais, comme je connaissais le vieux brave, qui s'était toujours montré bon pour moi, je crus ne voir dans sa réserve que de la modestie, parce que le matelot étranger avait dit qu'il lui devait sa vie. Me faisant fort de l'amitié qu'il me témoignait, je me promis de saisir la première occasion pour lui demander cette histoire, et elle ne se fit pas attendre longtemps.

X

EN CANOT SUR L'OCÉAN

X

EN CANOT SUR L'OCÉAN

Quelques jours après, le temps était beau, la brise légère, et, avec ses voiles faiblement gonflées, le navire se balançait doucement sur les ondulations régulières de la mer. Pendant le premier quart de nuit, les hommes s'étaient ramassés quelque part dans un coin pour dormir, et lorsque, après avoir terminé mon heure à la barre, je vins sur l'avant, je ne rencontrai que le maître, qui se promenait du côté du vent. Je n'étais pas fatigué et je me joignis à lui; je le trouvai, contre son ordinaire, assez disposé à la causerie, et j'osai lui faire ma demande, qui, en effet, ne fut pas mal accueillie.

« Vois-tu, mon garçon, commença-t-il, c'est la plus mauvaise passe que j'aie jamais traversée de ma vie, et ce que tu en as entendu dire à Bob Thomson, que ses cheveux en avaient blanchi de peur, te prouve combien elle était terrible. Aussi je n'en parle pas volontiers ; mais tu m'en as tant prié, que je vais te la raconter.

« Il y a maintenant à peu près dix ans que je fis mon premier voyage dans la mer du Sud; je partis de Boston comme harponneur sur la *Dame du Lac*, pour aller à la pêche à la baleine. A cette époque, les Anglais et les Américains n'entendaient pas encore grand' chose à cette pêche, et c'est de nos îles de la Frise qu'ils tiraient la plupart de leurs harponneurs, qui avaient grandi à la pêche à la baleine. Mais aujourd'hui tout cela est déjà bien changé, et les Américains surtout se sont bientôt passés de nous. Ils sont devenus à cette pêche des gaillards diablement forts, aussi il n'y a plus grand'chose à faire là dedans pour nous autres Allemands.

Je le trouvai assez disposé à la causerie.

« Notre navire était un trois-mâts-barque assez grand; mais il avait déjà pas mal d'années sur le dos. Certains disaient qu'il avait plus de trente ans; il n'était pas renommé pour sa marche, mais ses voyages avaient toujours été heureux, et l'équipage n'avait pas besoin de pomper. Or, à cette époque comme aujourd'hui encore, du reste, c'était déjà un bon signe. Ici même, sur notre vieille *Alma*, il nous faut bien pomper un bon coup à chaque premier quart de nuit, et cependant personne n'a songé à en dire du mal. Quant à l'âge, j'avais déjà été sur des navires plus vieux.

« Nous étions quarante hommes d'équipage; il y avait cinq baleiniers; les objets d'armement ainsi que les vivres étaient de bonne qualité; nous n'avions à nous plaindre de rien, et c'est réellement vrai, nous n'avions pas besoin de pomper, au moins à l'ordinaire. Par gros temps, le navire était bien un peu mou, mais c'est un défaut commun à beaucoup d'autres.

« Nous faisions route au sud, et nous avions eu vraiment beaucoup de bonheur. Déjà, par le travers des Açores, nous avions pris trois poissons, puis deux autres au cap de Bonne-Espérance, et plus loin encore six, de sorte qu'au bout de six mois le chargement était presque complet, et le capitaine songeait au retour.

« Nous avions déjà fondu notre graisse sur l'île Kerguelen, et nous faisions route sur Saint-Paul pour faire une seconde fois cette opération, afin de gagner de l'espace pour loger la graisse de trois à quatre autres poissons. Un matin, nous aperçûmes toute une bande de baleines qui venaient souffler tout près du navire. Le temps était

« Ici même, il nous faut bien pomper. »

beau, la mer assez calme; nos embarcations furent rapidement mises à la mer, et en moins d'une heure nous avions déjà capturé deux femelles.

« Je n'aurais pas été fâché de prendre aussi le mâle, une bête magnifique qui avait au moins ses trois cents tonnes de lard; mais je cherchai en vain pendant longtemps à l'approcher. Il semblait furieux et faisait des détours insensés; lorsque enfin je réussis à lui lancer mon harpon, il plongea avec une telle violence que la ligne, filant une demi-douzaine de tours à la fois, s'embarrassa dans l'un des bancs du canot. Je fus obligé de la couper rapidement pour que nous ne soyons pas entraînés jusqu'au fond.

« Peu de temps après, il revint à la surface, tout près d'un des autres canots, qui lui lança un second harpon; mais cette fois il ne plongea pas : il se retourna, fouetta l'eau deux fois avec sa queue et courut droit sur l'embarcation. Je sentis venir un malheur, et je criai au canot de se défier; les hommes le firent tourner rapidement et manièrent leurs avirons avec tant de force qu'ils se courbaient comme des archets; mais il était trop tard. Il me passa comme une ombre devant les yeux, et je les fermai involontairement. Quand je les rouvris, l'horrible accident avait eu lieu : dans sa rage furieuse, la baleine avait écrasé le canot et tout son équipage. Lorsque nous arrivâmes à l'endroit du sinistre, les débris du canot flottaient à la surface, mais on ne voyait plus trace des hommes qui le montaient.

« Je n'aurais pas été fâché de prendre le mâle. »

« Tu peux bien penser qu'après un pareil événement nous abandonnâmes la chasse; malheureusement, l'animal furieux, qui remontait sur l'eau tantôt d'un côté, tantôt de l'autre, n'était pas encore satisfait, et nous devions éprouver d'une tout autre façon les effets de sa rage et de sa force.

« Nous remorquâmes le long du bord, pour les dépecer, les deux poissons que nous avions pris; nous allions entreprendre cette opération, quand nous vîmes au vent la baleine souffler de nouveau, puis se précipiter de toute sa vitesse sur le flanc du navire. Il y eut un énorme choc; tout le navire en trembla; la baleine sortit la queue et presque la moitié du corps hors de l'eau, la battit violemment, soulevant une montagne d'écume qui recouvrit tout le navire, puis piqua au fond par-dessous la quille. Après cela, elle disparut, comme si elle était satisfaite de sa vengeance. Nous ne devions malheureusement connaître que trop tôt le moyen qu'elle avait employé pour se venger.

« Il y avait à peine cinq minutes que nous avions repris notre travail et commencé à dépecer un des poissons, quand il me sembla tout à coup que le navire calait plus que de coutume. Je ne sais comment cela se fit, mais il me passa par la tête comme un éclair qu'il allait arriver un malheur et qu'il s'était produit quelque chose de fâcheux par le choc de la baleine.

« Pour ne pas donner inutilement l'alarme, je pris la sonde sans rien dire et j'allai sonder la pompe. Quand je la retirai, non seulement elle était mouillée sur toute sa hauteur, mais encore une certaine longueur de la ligne. Je fus effrayé : nous avions plus de trois pieds d'eau dans la cale, et mes craintes s'étaient trouvées fondées. Le monstre devait s'être heurté contre un bordage pourri du vieux navire et l'avoir enfoncé, sans quoi il aurait été impossible que nous pussions faire tant d'eau en si peu de temps.

« La sonde était mouillée sur toute sa hauteur. »

« Dans des circonstances pareilles, il ne pouvait être question de garder le silence. J'allai trouver le capitaine et lui racontai la chose; les matelots quittèrent les embarcations; ils montèrent sur le pont, en manifestant une certaine inquiétude de voir le navire s'enfoncer si vite. Sur un navire qui va dans les mers du Sud, on ne rencontre pas toujours que des hommes d'élite pour former l'équipage.

« Nous essayâmes de glisser une voile sous la carène pour aveugler la voie d'eau, et tous ceux qui n'étaient pas occupés à ce travail furent envoyés aux pompes. Mais, au bout de peu de temps, il fallut tout abandonner. Le danger augmentait à vue d'œil, et le navire ne pouvait plus être sauvé. Il enfonçait d'une manière si visible que c'est tout au plus s'il pouvait tenir encore un quart d'heure à flot, et nous fûmes obligés de songer à notre propre salut le plus rapidement possible.

« Les quatre embarcations qui étaient encore à l'eau depuis la pêche furent démarrées, et on y embarqua en toute hâte des vivres et d'autres objets qui se trouvaient sous la main. Mais, comme cela arrive généralement en pareil cas, on prit des objets inutiles et l'on oublia des choses importantes. « Nous n'avons pas d'eau ! cria-t-on d'un canot. — Nous non plus, » dit-on dans les deux autres. Dans le mien, il y avait un baril de galère rempli d'eau de pluie que j'avais recueillie quelques jours auparavant et que j'avais conservée pour laver.

« Nous roulâmes la barrique par-dessus le bord. »

« Nous ne pouvions plus arriver aux pièces d'eau, qui étaient dans le faux pont; elles flottaient déjà, mais sur le pont il y avait encore le charnier qui contient la provision de la journée. Je sautai sur le pont avec un matelot, je coupai les saisines, et nous roulâmes la barrique par-dessus le bord. Trois ou quatre seaux se trouvaient par là, je les jetai aussi dans les canots, et je descendis ensuite dans le mien.

« Il n'était que temps; le navire commençait à faire des mouvements tout particuliers : il s'inclina rapidement une ou deux fois de chaque bord, puis il plongea de l'avant. Nous entendîmes un bruit lugubre, comme le dernier soupir d'un géant, — un mugissement sinistre, un souffle, un sifflement qui nous pénétrèrent jusque dans la moelle des os. C'était tout l'air qui restait dans le navire que l'eau refoulait par les panneaux; quelques secondes après, la *Dame du Lac* avait disparu.

« La chose s'était passée avec une telle rapidité, — je crois qu'il y avait à peine vingt minutes que j'avais sondé la pompe, — que nous restâmes d'abord complètement effarés quand le navire sombra. Il s'écoula un certain temps avant que nous soyons remis de notre stupeur et que nous puissions penser à ce que nous allions devenir.

« Notre situation paraissait assez triste. Nous nous trouvions encore à cent milles marins à peu près de la terre la plus proche, les îles Saint-Paul et Amsterdam. Nos canots étaient bons, il est vrai, et tenaient fort bien la mer; mais, dans notre précipitation, nous n'avions pas pris les voiles, et nous ne pouvions compter que sur les avirons. Si le beau temps persistait et si nous nagions constamment en nous relevant à tour de rôle, nous ne pouvions pas gagner la terre avant sept à huit jours. Mais, en nous mettant à la ration d'eau la plus stricte, nous n'en avions que pour trois à quatre jours. La pièce d'eau n'était pas tout à fait à moitié, nous étions trente-trois, et il revenait au plus deux quarts par tête.

« Nous n'étions pas mieux fournis en fait de vivres. Ce n'est qu'à grand'peine que nous avions pu tirer de la cambuse, qui était déjà sous l'eau, un peu de viande salée et du biscuit, qui ne devaient pas durer plus longtemps que l'eau douce. Les poissons attachés au navire par de fortes amarres avaient coulé avec lui; dans la précipitation, personne n'avait songé à les larguer, autrement nous aurions pu nous approvisionner avec leur graisse.

« Les hommes et les vivres furent répartis également entre les canots : nous étions huit dans chacun d'eux. Le capitaine conduisait le premier, les officiers les deux suivants, et moi le quatrième. Les canots étaient trop chargés; nous fûmes obligés de jeter à la mer bien des choses que nous avions emportées et qui ne nous étaient pas absolument indispensables. Je recueillis cependant quelques espars qui flottaient, et je les pris à la remorque, pensant qu'ils pourraient nous être utiles en cas de mauvais temps.

« Il fut convenu que les canots resteraient ensemble, parce que nous n'avions pas de compas. Le second avait sauvé une carte et un octant; nous pourrions savoir à peu près où nous étions et la direction que nous devions prendre. Nous reliâmes les canots l'un à l'autre au moyen des lignes des harpons, et nous commençâmes à nager. Quatre hommes nageaient sans s'arrêter, pendant que les quatre autres se reposaient. Le temps était beau, la brise était molle, et il y avait peu de mer; nous allions assez vite, et cela nous donnait du courage. Mon canot était le dernier; il y avait avec moi le charpentier, le coq, quatre matelots et Thomson, que tu as vu aujourd'hui.

« C'était alors un charmant jeune homme de quinze à seize ans, aimé de tout le monde à bord. C'était son premier voyage; il n'avait plus ni père ni mère. Un de ses parents l'avait amené à bord à Boston et m'avait prié de me charger de lui. J'avais accepté, et je faisais grand cas de ce garçon, qui promettait de devenir un très solide gaillard.

« Le beau temps dura encore le lendemain; d'après notre estime, nous avions fait près de soixante-dix milles dans les premières vingt-quatre heures. Si cela continuait, nous pouvions atteindre Saint-Paul en trois jours, et tout irait bien; mais tout devait bientôt changer.

« Le premier jour, nous nous étions mis d'accord, dans notre canot, pour ne pas toucher aux provisions; nous ne savions pas pendant combien de temps il nous faudrait compter sur elles. Le second jour, je fis deux distributions, chacune d'un demi-biscuit, une once de viande salée crue et un demi-verre d'eau. C'était un essai. Si la ration pouvait suffire, nous avions pour six jours de vivres. D'ici là, nous pouvions atteindre la terre ou rencontrer un navire, parce que nous n'étions pas éloignés de la route que suivent les bâtiments qui vont aux Indes.

« Vers le soir, le temps se mit à grains, et le vent se tourna au nord, de sorte que nous avions vent debout et que nous n'avancions plus que très lentement. A minuit, la brise avait tant fraîchi et la mer était devenue si dure que nous ne pouvions plus nager; nous fûmes obligés de larguer les lignes de harpon pour pouvoir tenir les canots debout à la lame.

« Pendant une heure encore, les quatre embarcations restèrent assez unies, mais il survint un grain violent avec une pluie battante qui dura assez longtemps. Lorsque le grain fut passé, nous avions perdu de vue les canots. La mer était grosse, nous embarquions beaucoup d'eau, et nous étions obligés de vider constamment l'embarcation. Je fis amarrer la ligne aux espars, et je m'en servis comme d'une ancre flottante, qui nous garantit un peu de la mer et nous empêcha de dériver aussi vite sous l'effort du vent. Nous étions tous très fatigués d'avoir constamment tenu les avirons, mais aucun de nous ne put dormir de la nuit; nos forces étaient épuisées, et, le matin, je donnai à chacun un peu de rhum. Nous en

« Je versai à chacun une gorgée dans la main. »

avions deux bouteilles; elles étaient tout à fait derrière dans le fond du canot; j'étais assis dessus, personne ne pouvait y toucher. Comme nous n'avions point de verre, je versai à chacun une gorgée dans la main.

« Quand il fit tout à fait jour, nous cherchâmes en vain les autres canots sans pouvoir les découvrir nulle part.

« Une fois, il nous sembla apercevoir un point noir derrière nous à l'horizon, mais ce pouvait tout aussi bien être un albatros. Nous n'allâmes pas nous en assurer; maintenant, c'était chacun pour soi. Ce qu'il y avait de pire, c'est que nous n'avions toujours pas de compas; je ne pouvais gouverner qu'à peu près, sur le soleil et sur les étoiles.

« Dans la matinée, nous eûmes encore un fort grain de pluie, mais il y avait tant d'eau de mer au fond du canot que nous ne pûmes utiliser l'eau douce qui s'y trouvait amassée. Nous nous mîmes à sucer nos vêtements; la pluie les avait dessalés, et cela calma assez notre soif pour me dispenser de distribuer la ration d'eau du matin.

« Après le grain, le temps s'éclaircit et devint meilleur; nous pûmes nager un peu dans l'après-midi; mais le soir le vent se leva de nouveau, et nous fûmes forcés de nous laisser encore aller en dérive.

« Cela dura deux jours, pendant lesquels il nous fut impossible de dormir. Le calme revint enfin, et nous pûmes encore aller un peu de l'avant, mais bien lentement. Les fatigues et l'exiguïté de la ration affaiblissaient visiblement nos forces. Il y avait déjà cinq jours que nous avions quitté le navire; nous n'avions plus de vivres que pour un jour, et deux pleines mains d'eau pour chacun avec quelques gouttes de rhum.

« Les hommes commençaient à prendre de mauvaises figures; leurs yeux enfoncés dans la tête brillaient comme du feu, leurs lèvres étaient bleues et sèches, et ils avaient tant maigri que leurs vêtements leur flottaient sur le corps.

« Celui qui me faisait le plus de peine à voir, c'était le pauvre jeune homme. Il ne disait rien et voulait paraître solide; mais je voyais combien il devait souffrir, et, comme je me sentais encore assez fort, je lui donnai ma ration.

« Le jour suivant, je distribuai le reste des vivres. Quand nous les eûmes consommés, je demandai à tous de se joindre à moi pour prier Dieu de nous prendre en pitié. Après cette prière, nous reprîmes les avirons; nous nageâmes pendant deux heures, puis les forces nous abandonnèrent complètement. Nous étions brûlés par un soleil ardent, et la soif nous faisait cruellement souffrir. Je conseillai aux hommes de s'allonger un peu et de tâcher de dormir pour réparer leurs forces. Quelques-uns voulaient boire de l'eau salée, et j'eus toutes les peines du monde à les en empêcher. Vers le soir, l'un d'eux ne put plus y tenir, il but de l'eau de mer ; c'était le coq. Au bout d'une demi-heure à peine, il avait le délire. Il me sauta brusquement à la gorge pour m'étrangler. Comme le charpentier voulait me débarrasser de lui, il poussa un hurlement de bête féroce. Nous voulions l'amarrer, mais il se débattit, sauta par-dessus le bord et disparut dans l'obscurité. C'était le premier.

« Tu peux te figurer l'impression que cela nous fit à tous. La nuit fut assez calme, et le canot resta assez tranquille sur l'eau. La

« Il me sauta brusquement à la gorge. »

plupart des hommes semblaient dormir ; moi, je ne le pus pas. Jusque-là je m'étais encore senti assez vigoureux, mais j'en étais maintenant d'autant plus abattu.

« J'étais assis derrière à la barre, j'avais appuyé sur mes mains ma tête alourdie, et j'avais ainsi l'air de dormir. Sur le dernier banc de l'arrière, il y avait deux hommes. Le matin, de bonne heure, l'un d'eux se leva ; ses mouvements me parurent suspects, et je l'observai à travers les doigts de la main que j'avais devant les yeux. Il faisait déjà assez clair pour que je pusse tout voir.

« L'expression de son visage était horrible ; je crus d'abord que le délire s'était emparé de lui aussi ; mais je fus bientôt détrompé : ce n'était pas encore ça ; c'était la faim et la soif qui lui donnaient cette affreuse physionomie. Il était tombé un peu d'humidité pendant la nuit, et nos vêtements en étaient imprégnés; sa langue brûlante et desséchée cherchait sur sa vareuse quelques gouttes de rosée. Au bout d'un quart d'heure, il cessa ce manège, mais il jeta alors des yeux dévorants sur l'homme qui était près de lui.

« Le délire le prenait ; il tira lentement son couteau de la gaine pour le plonger dans le cœur de son camarade endormi et étancher sa soif dans le sang.

« Malgré ma faiblesse, je bondis, comme poussé par un ressort, et lui donnai un coup de poing sur le bras. Il retomba sur le banc, le couteau lui échappa de la main et tomba à l'eau. Il me regarda un moment avec des yeux ardents et terribles, mais il ne fit aucune résistance et ne dit pas un mot.

« Il tira lentement son couteau. »

« Les autres avaient été réveillés par le bruit ; mais je ne leur dis rien de ce qui venait de se passer. Le temps changea ; à l'horizon montait un grain épais, cela nous donna un peu de courage ; nous espérions avoir de la pluie, et notre attente ne fut pas trompée. Vers midi, elle commença à tomber ; ce fut peu de chose, car nous ne pûmes pas recueillir d'eau, mais nous pûmes cependant apaiser notre soif, qui était devenue insupportable, et nous nous sentîmes si bien réconfortés que nous recommençâmes à nager.

« Nous n'allions pas vite, et cela dura à peine deux heures. Pour tromper la faim qui nous torturait, nous coupâmes quelques petits morceaux de cuir de nos souliers pour les mâcher.

« Je dis au charpentier de s'asseoir près de moi à l'arrière ; il était calme et raisonnable ; je pensais pouvoir me fier à lui et trouver un aide dans le cas où il se reproduirait un événement comme celui du matin. Nous demandâmes aux autres de nous donner leurs couteaux, ce qu'ils firent sans difficulté. Nous les jetâmes par-dessus le bord, ne conservant que les nôtres. Vers le soir, les quatre matelots se réunirent à l'avant du canot et restèrent longtemps à causer à voix basse. Puis ils vinrent sur l'arrière et demandèrent d'une voix brusque à tirer au sort.

« Je refusai ; nous devions attendre encore jusqu'au lendemain matin ; s'il n'y avait alors aucun moyen de salut, on tirerait au sort. Ils se laissèrent apaiser ; c'était fort heureux qu'ils n'eussent plus de couteaux.

« La nuit suivante, je ne pus encore fermer les yeux ; elle me parut affreusement longue. Je sentais mes forces s'affaiblir de plus en plus, et il me semblait que ma fin était proche ; le charpentier était aussi très faible ; quant aux autres, la mort était écrite sur leurs visages. Seul, Thomson semblait avoir recouvré toute sa vigueur depuis qu'il avait été rafraîchi par la pluie de la veille ; il dormit presque toute la nuit.

« Le jour se montrait à peine que les quatre matelots revinrent à moi pour me demander de nouveau à tirer au sort. Il fallut y consentir, sans quoi ils auraient usé de violence ; le sort tomba sur Bob Thomson.

« Le pauvre garçon me jeta un regard que je n'oublierai jamais, puis il se leva, croisa les bras sur sa poitrine et dit : « Je « suis prêt ! »

« L'attitude de ce pauvre enfant, pâle comme un mort, mais attendant avec le courage d'un homme son horrible destin, me remua jusqu'au fond du cœur ; je ne pus pas y consentir.

« Les quatre matelots s'approchaient peu à peu de l'arrière. — « Donnez-moi votre couteau, ce sera plus tôt fait, me dit d'une voix

« creuse celui qui était le plus proche ; et, de ses traits bouleversés
« par un atroce ricanement, il me sembla que je recevais un coup
« mortel.

« — Pas encore, répondis-je ; il faut attendre jusqu'à midi. »

« Ils ne voulaient pas d'abord, mais le charpentier était de mon avis ; nous voyant très résolus et n'ayant eux-mêmes pas d'armes, ils consentirent.

« Le charpentier et moi nous avions pris le jeune homme entre nous deux ; le courage qu'il avait montré avait été au-dessus de ses forces, il était anéanti, la frayeur semblait l'avoir paralysé. Ne pouvant plus se tenir debout, il était étendu dans le fond du canot et tenait mes pieds embrassés ; cela me serrait le cœur.

« Attendez ! m'écriai-je dans une angoisse mortelle, voici un navire. »

« Vers midi, nous eûmes de nouveau un petit grain de pluie, pas si fort que celui de la veille, mais il nous ranima pourtant un peu. Avant que la pluie commençât à tomber, j'avais cru apercevoir comme une voile à l'horizon, mais rien qu'un instant, puis la vision avait disparu. Je crus m'être trompé, parce que la faiblesse me donnait des éblouissements. Le charpentier, lui, n'avait rien vu.

« Vers midi, les matelots nous redemandèrent nos couteaux ; je vis à leurs regards que cette fois ils ne se laisseraient pas dissuader. Bob se jeta convulsivement à mes pieds. Je ne voulais pas voir, et je détournai la tête. Tout à coup, quelque chose comme une voile apparut encore devant mes yeux.

« — Attendez ! m'écriai-je dans une angoisse mortelle, voici un
« navire. »

« Tout le monde regarda ; mais personne ne vit rien, et je ne voyais plus rien non plus. J'aurais juré cependant que j'avais vu un navire.

« — Encore une heure, dis-je ; c'est le dernier délai que je réclame de vous ; si dans une heure le navire n'a pas reparu, vous l'aurez ; mais jusque-là, le premier qui y touche, je le tue ! »

« Je tirai mon couteau d'un air menaçant ; le charpentier fit de même, et cela les décida à nous obéir une fois encore, d'autant plus que celui d'entre eux qui avait porté la parole était devenu si faible qu'il ne pouvait plus se lever et que nous étions maintenant trois contre trois.

« L'heure était déjà écoulée ; j'avais cherché le prétendu navire, jusqu'à ce que mes yeux endoloris ne pussent plus rien distinguer. Une douleur cuisante voilait mes regards ; je fermai les yeux et priai Dieu de mettre un terme à nos souffrances.

« — Le temps est passé, dit un des matelots d'une voix rauque ; donnez le couteau. »

« J'étais atterré ; je rouvris les yeux, et je regardai une dernière fois l'horizon avec égarement. Je revoyais le navire ; ce ne pouvait être une illusion. Une émotion indicible me serra la gorge, et je ne pus que le montrer du doigt. Au bord du grain qui s'abaissait à l'horizon, une voile apparaissait distinctement à travers les rayons de pluie.

« — Un navire ! un navire ! » crièrent tous les autres.

« Dieu avait entendu nos prières, nous étions sauvés.

« Nous attachâmes de nos mains tremblantes un mouchoir à l'extrémité d'un aviron, et je le tins en l'air comme signal de détresse.

« Il nous fallut passer encore un quart d'heure terrible, pendant lequel nous éprouvâmes de nouveau toutes les horreurs de l'incertitude et d'une angoisse mortelle. Le navire passait au large ; nous étions déjà par son travers, lorsque enfin il nous aperçut et mit le cap sur nous.

« Mais cette dernière émotion avait été trop forte ; l'aviron s'échappa de mes mains, et je perdis connaissance.

« Lorsque je repris mes sens, je me trouvai dans une couchette, à bord d'un navire hollandais, faisant le service des Indes, et entre les mains du docteur. Le secours était arrivé trop tard pour deux des matelots ; les autres survécurent. A Batavia, je m'embarquai pour Hambourg sur un bâtiment allemand ; un navire de guerre américain recueillit les quatre autres, jusqu'à ce qu'on ait trouvé à les placer ailleurs.

« Depuis cette époque, il y a déjà plus de dix ans, je n'avais plus entendu parler de Bob Thomson, et il a fallu que je le retrouve aujourd'hui presque au même endroit où il a failli périr, bien malgré moi, sous mon propre couteau ! Les voies de Dieu sont admirables. »

C'est par ces mots que le vieux marin termina son histoire si simple et si émouvante.

« Et les trois autres canots de votre navire ? lui demandai-je.

— Ils ont disparu ; on n'en a jamais eu de nouvelles. Dieu veuille que Bob ait retrouvé aujourd'hui son navire et que le Ciel lui ait épargné une seconde navigation comme celle-là ! »

La cloche piqua huit ; l'autre quart monta sur le pont pour nous relever. Je fus longtemps à m'endormir. Quelle pénible carrière j'avais donc choisie, combien peu elle offrait de joies en échange des privations, des luttes et des horreurs dont elle était si riche ! Que de misères j'avais déjà éprouvées moi-même en si peu de temps ! combien j'en avais entendu raconter à d'autres ! et combien m'en réservait encore l'avenir !

XI

BATAVIA

XI

BATAVIA

Quelques jours plus tard, nous atteignîmes l'alizé du sud-est, qui nous permit de gouverner sur le détroit de la Sonde. Nos observations se trouvèrent exactes, et l'on peut penser que je n'étais pas peu fier d'avoir fait de tels progrès en navigation et d'avoir acquis des connaissances que l'on ne possède ordinairement que lorsqu'on navigue comme timonier.

Nous arrivâmes de nuit à l'entrée du détroit; la veille, nous n'avions pas encore vu la terre, mais son voisinage nous avait été indiqué par plusieurs oiseaux de terre qui étaient venus s'abattre sur notre navire. Il faisait très sombre; mais, avec la belle brise égale qui soufflait, il n'y avait aucun danger de s'approcher de la côte pendant la nuit. Elle s'élève à pic au-dessus de la mer sans être précédée de roches ou de bas-fonds ; son élévation est telle que nous devions la voir à un mille, et, dans tous les cas, nous pouvions toujours nous en écarter avec la brise de terre.

Vers minuit, le vent tomba, et le calme se fit pendant un moment; nous devions être tout près de la côte. Le calme de la mer, sur laquelle le navire était presque immobile, puis aussi le parfum des fleurs que nous apporta bientôt le souffle léger de la brise de terre qui se levait, nous dénonçaient son voisinage.

L'alizé cesse près des grandes terres ; il est arrêté par les brises de terre et du large, qui alternent régulièrement chaque jour et qui résultent de l'influence du soleil. Pendant le jour, ses rayons échauffent la terre beaucoup plus vite et beaucoup plus fortement que la mer environnante, dont la température n'en est qu'insensiblement affectée. Par suite, l'air se raréfie au-dessus de la terre, et celui de la mer, plus froid, souffle comme brise du large pour rétablir l'équilibre.

Pendant la nuit, au contraire, c'est l'inverse qui a lieu : par le rayonnement, la terre descend à une température plus basse que celle que garde la mer. La brise souffle alors vers le large et emporte avec elle à plusieurs milles les aromes que les fleurs et les plantes dégagent à la fraîcheur du soir.

Le lendemain, au point du jour, nous entrâmes dans le détroit. Nous avions fait une traversée assez rapide pour l'époque, cent cinq jours depuis Helvoetsluys, mais depuis cent jours c'était la première fois que nous revoyions la terre.

Il y avait si longtemps que nous étions privés de ce spectacle, que je rassasiais mes yeux de la splendide verdure des forêts. C'est avec une profusion et une magnificence dont on ne peut se faire une idée qu'elles couvrent la belle île de Java, dont nous longions la côte à mille pas à peine. A notre gauche s'élevaient les puissantes montagnes coniques des îles Cracatoa et Sumatra, flottant dans cette vapeur bleuâtre particulière aux régions australes.

Mais toute la merveilleuse beauté du paysage des tropiques ne se dévoila à mes yeux enivrés que lorsque nous jetâmes l'ancre, le jour suivant, sur la rade d'Anjer, petite ville malaise de la province de Bantam. Nous n'y restâmes que quelques heures, dans le seul but d'acheter des vivres frais. Inutile d'aller à terre pour cela ; nous

Les huttes des indigènes étaient pittoresquement dispersées dans la verdure.

étions si près du rivage que l'on pouvait tout distinguer à l'œil nu ; les huttes des indigènes étaient pittoresquement dispersées dans l'épaisse verdure de la pente, sur la colline que couronnaient des plantations de cocotiers. En bas, sur le rivage, s'élevait, au milieu d'un espace libre, un arbre immense, aux proportions gigantesques, qui semblait avoir été mis là pour témoigner de la force inépuisable et de la richesse du sol.

Plus loin, des bananiers courbaient leurs feuilles sous la brise tiède, et le vert clair de leur feuillage se détachait fortement sur la sombre verdure du fond.

J'étais enchanté par ce spectacle aussi beau que récréatif, dont l'étrangeté rehaussait encore le charme, quand mon attention fut attirée par un sujet plus rapproché. Six ou huit embarcations malai-

Six ou huit embarcations malaises arrivèrent autour du navire.

ses arrivèrent autour du navire, remplies jusqu'aux bords de produits de la zone tropicale, de fruits et d'animaux de toutes espèces, et je ne savais plus où arrêter mes regards.

Ici de magnifiques régimes de bananes dorées, là des ananas, des mangoustans, des pamplemousses, me fascinaient les yeux et excitaient ma convoitise. D'un autre côté, des centaines de petits oiseaux de l'île de Java sautillaient dans des cages, des perroquets étalaient leurs plumes brillantes; des cacatoès, éclatants de blancheur, dressaient leurs crêtes d'un rouge vif, tandis que des singes qu'on avait mis à côté d'eux cherchaient à leur arracher les plumes.

Au fond du canot, il y avait aussi de grosses tortues et de mignonnes gazelles de la grosseur d'un agneau, auprès desquelles se trouvaient encore des chats-tigres et d'autres carnassiers. Au milieu de tout cela, on voyait encore étalés des coraux et des coquillages des formes les plus diverses et des couleurs les plus variées, et les Malais au corps brun offraient leurs marchandises dans un mélange de toutes les langues possibles.

Anjer est le lieu de relâche de presque tous les navires qui entrent dans le détroit ou qui en sortent; aussi s'y est-il formé un marché très actif, où les marchands font de brillantes affaires, parce que le marin, insouciant, non seulement achète tout ce

Tandis que des singes cherchaient à leur arracher les plumes.

qu'il peut jusqu'à son dernier sou, mais encore qu'il ne marchande pas les prix.

Sur les grands navires qui rentrent au pays, il arrive souvent qu'on achète pour des centaines de francs rien que d'animaux, de sorte que, dans les premiers temps, le pont fait l'effet d'une vraie ménagerie.

Quelque nuisible au service que cela puisse être dans bien des cas, on laisse cependant aux hommes beaucoup de liberté à cet égard, parce que cela ne dure pas longtemps. L'inclémence du temps, le défaut de nourriture spéciale, le manque de soins, font bientôt le vide, et il n'y a pas la vingtième partie des animaux emportés qui arrive en réalité jusqu'en Europe.

Dans la pensée que nous relâcherions à Anjer au retour, nous nous contentâmes d'admirer toutes ces curiosités mortes ou vivantes, ne dépensant l'argent qu'on nous avait remis qu'à acheter des fruits, pour nous en régaler à plaisir.

Le capitaine acheta quatre à cinq douzaines de poules, pour donner à l'équipage la satisfaction de manger de la viande fraîche, après avoir vécu pendant quatre mois de vivres de mer. Il voulait aussi, par ce moyen, combattre les traces du scorbut qui commençait, quoique sous une forme encore très légère, à se manifester chez quelques-uns d'entre nous dans les gencives ramollies et légèrement saignantes.

Dans les premiers temps, le pont fait l'effet d'une vraie ménagerie.

Puis on leva l'ancre, et, avec la légère brise de terre qui, le soir, nous apportait du rivage les parfums de millions de fleurs, nous poursuivîmes notre route vers le but qui lui était assigné, la rade de Batavia.

Le lendemain, nous passâmes au milieu d'une multitude de petites îles, qui forment la partie est du détroit de la Sonde et parsèment au loin la mer de Java. Des centaines de ces îles se détachent sur le bleu profond de la mer comme des perles d'un vert clair enchâssées dans un anneau d'argent. Une étroite plage de sable les entoure, et les vagues produites par le léger souffle du vent viennent s'y briser avec un doux murmure et les couvrent d'une écume brillante. Un calme idyllique règne sur ces îles; mais, quoique du dehors elles offrent les beautés d'un paradis, presque aucune d'elles n'est habitée, parce qu'elles manquent encore des conditions indispensables à l'existence de l'homme. Çà et là, un Malais y a construit une fragile cabane dans laquelle il vient faire la sieste, quand les rayons brûlants du soleil le forcent d'abandonner le lieu de pêche abondante qu'il a découvert dans le voisinage.

Avec la mer calme et la douce brise qui soufflait, le passage au milieu de toutes ces îles, dont chacune porte le nom d'une ville de Hollande, était une navigation charmante. Des *praos* malais de commerce ou de pêche, des bateaux aux formes fines et couverts d'ornements, terminés à leurs extrémités par des courbes gracieuses, avec leurs voiles en écorces supportées par des mâts élancés

Des bateaux aux formes fines formaient les personnages animés de ce riant tableau.

et des vergues en bambou, formaient les personnages animés de ce riant tableau.

Le jour suivant au matin, la brise du large nous permit d'atteindre la rade de Batavia; mais elle était loin de répondre à mes espérances, accrues encore de ce que j'avais vu jusque-là. On est mouillé presque à une heure de distance de la ville, on ne la voit pas, et le paysage qui l'environne offre lui-même peu de charme à la vue. Une grande plaine uniforme, couverte de massifs d'arbres, s'élève doucement vers le sud, s'étend au loin aux regards et n'est dominée dans le lointain que par les sommets des volcans de l'intérieur de l'île. On voit sortir de leurs cratères de légers nuages de fumée qui tourbillonnent dans le ciel bleu; c'est une preuve que le feu souterrain n'est pas encore éteint et qu'il peut à tout moment éclater de nouveau et manifester sa puissance destructive[1].

Nous trouvâmes au mouillage une assez grande quantité de navires, la plupart hollandais, naturellement, mais cependant aussi quelques allemands, auprès desquels nous jetâmes l'ancre.

Il y avait également là plusieurs jonques chinoises, ces monstrueux navires qui, depuis des siècles, ont conservé leurs formes et

Il y avait là également plusieurs jonques chinoises.

sur lesquels le progrès des temps a passé sans laisser de traces, comme sur l'empire du Milieu lui-même.

A l'avant et à l'arrière s'élèvent leurs énormes châteaux-gaillards; de leurs mâts d'une seule pièce pendent de lourdes voiles en natte, construites dans le genre de nos jalousies en bois. Tout leur ensemble produit l'impression de la plus grande maladresse et du plus grossier mauvais goût, qui n'est atténué nulle part par des

---

[1]. Les prévisions de l'auteur se sont malheureusement réalisées. Dans le courant de l'année 1883, la ville d'Anjer a été détruite, et le détroit de la Sonde bouleversé par un terrible tremblement de terre. (*Note du traducteur.*)

lignes agréables à l'œil, comme on en rencontre sur les navires de toutes les autres nations.

Aller contre le vent et louvoyer, ce qui était déjà connu de nos ancêtres les Saxons, il y a plus de quinze cents ans, est encore aujourd'hui pour eux un art incompris. Ils ne peuvent naviguer qu'avec les vents favorables, et, malgré la faible distance qui sépare la Chine de Java, ils ne font pas plus d'un voyage par an. Les vents de ces contrées, les moussons, soufflent pendant six mois de l'année dans une direction, et les six autres mois dans la direction opposée; les Chinois vont dans le sud avec la mousson de l'est, et, après avoir attendu quatre à cinq mois, ils retournent chez eux avec le vent d'ouest.

Ils n'ont aucune idée de la détermination astronomique du lieu; naviguant, comme les anciens Phéniciens, le long des côtes, ils cherchent leur route de cap en cap, et croiraient ne pas pouvoir la trouver s'ils ne peignaient à l'avant de leurs jonques deux grands yeux, qui donnent à leurs massifs navires un aspect encore plus grotesque.

Comme instruments de navigation, ils ne possèdent que la boussole. On a reconnu que les Chinois l'avaient inventée déjà cinq cents ans avant que son usage ait été introduit en Europe; mais elle est aussi primitive qu'à cette époque et ne leur a pas servi à étendre leur navigation, quoique la Chine compte à elle seule autant de navires que tout le reste du monde.

Il ne faut pas donc s'étonner, lorsqu'un ouragan a éclaté subitement sur les côtes de Chine, d'entendre parler de sinistres presque incompréhensibles pour nous et d'entendre dire que six à huit cents jonques ont été englouties en un seul jour avec dix à douze mille hommes et plus d'équipage.

Peu après avoir jeté l'ancre, le capitaine se rendit à terre, et je fus envoyé dans la guigne. Avec la jolie brise du large, on put mettre à la voile, et nous arrivâmes assez vite au canal étroit qui unit la ville en traversant un terrain bas et marécageux. Là, le calme nous contraignit à nous servir des avirons, et nous mîmes encore près d'une demi-heure pour atteindre le point de débarquement, où, avec l'ardeur du soleil, nous arrivâmes trempés de sueur.

Le lieu n'était pas très engageant. Une foule d'embarcations remplies de Malais criant et gesticulant, de Chinois et de lascars, y

Une foule d'embarcations remplies de Malais y étaient rassemblées.

étaient rassemblées en masse serrée, et ce n'est qu'à grand'peine que nous pûmes nous frayer un passage. Près de là grouillaient dans l'eau bourbeuse une vingtaine de karabans ou bœufs javanais, qui s'y étaient plongés pour se garantir des mouches, ne laissant voir hors de l'eau que leurs horribles têtes. Au milieu d'eux, se baignaient aussi des Malais de tout âge et de tout sexe.

On ne voyait aux environs que de grands magasins à l'air morne, commencement de la ville construite sans aucune beauté architectonique et seulement d'après les principes de l'utilité. En face s'élevait le rempart en terre d'une fortification basse, protégé, en guise de palissade, par une haie vive de cactus, de six pieds d'épaisseur, certainement aussi efficace.

Le capitaine monta dans une des voitures de louage stationnées sur la place et attelées de vigoureux poneys, pour se rendre à Welltefreden, où habitent les Européens dans un air plus pur et au milieu d'un paysage charmant. A Batavia même se trouvent seulement les comptoirs et les magasins. Nous le suivions d'un œil d'envie; mais il nous donna l'ordre de retourner à bord, et l'heure suivante, que nous passâmes courbés sous les avirons, ne fut pas de nature à modifier dans un sens favorable ma première impression sur le séjour de Batavia.

Où étaient les rêves dont je m'étais bercé autrefois, quand mon imagination me dépeignait les contrées des tropiques, dont j'espérais savourer les délices lorsque je serais marin? — Évanouis, envolés, comme tant d'autres pendant ces cinq derniers mois.

Le marin du commerce, à moins qu'il ne soit capitaine, voit peu ou point de pays étrangers. Les nombreux travaux qui l'absorbent précisément dans le port exigent l'emploi de toutes ses forces, et quand vient le soir, épuisé de fatigue, il ne cherche que le repos. Le petit nombre d'heures de permission qu'il obtient, tout au plus une fois le dimanche, dans la journée, et d'autres circonstances, sont d'autant d'empêchements pour lui, et je ne faisais pas exception à la règle. Tout projet romanesque que j'avais formé était tombé dans l'eau; nous étions arrivés un dimanche, et j'avais en perspective quatorze jours des pénibles travaux du déchargement et du rechargement. A cause de la grande distance qui nous séparait de la terre, on n'envoyait jamais en permission que la moitié de l'équipage à la fois. D'après une vieille coutume, les tribordais, que commande le second, avaient la priorité, et j'étais bâbordais.

Heureusement, nous cessâmes de nager dans les embarcations. Les Européens deviennent trop facilement malades à ce travail.

Aussi l'on prit pour la durée du séjour des canotiers malais; ils amenaient tous les matins le capitaine, qui demeurait à terre et qui venait à bord pour donner ses ordres.

Les plaisirs matériels que nous avions se réduisaient aux beaux fruits du Sud, dont je ne manquais pas de me délecter fortement; quant aux plaisirs intellectuels, ils se bornaient à échanger le soir des visites avec nos compatriotes des navires allemands. L'arrivée inattendue d'un courrier du pays nous procura une grande distraction, qui compensa pour moi bien des tristesses. Les nouvelles avaient bien plusieurs mois de date; la poste mettait encore à cette époque huit semaines pour arriver à Java, tandis qu'il lui faut aujourd'hui à peine la moitié de ce temps; mais comme elles étaient bonnes, je les reçus toutes avec une grande joie.

L'arrivée inattendue d'un courrier du pays nous procura une grande satisfaction.

Malgré les fatigues et la chaleur de la journée, que d'heures agréables j'ai passées le soir, à genoux devant mon coffre, à la lueur d'un petit bout de chandelle que m'avait donné mon lieutenant, à répondre à ces lettres, passant d'une feuille à l'autre jusqu'à en former presque un livre! J'avais à dire et à raconter tant de choses, qui devaient intéresser mes parents! Mais, comme par le passé, je continuais à garder soigneusement pour moi seul le véritable état de mon cœur; ils ne devaient jamais apprendre de moi-même l'ardeur et les regrets avec lesquels mes pensées volaient vers eux.

La défense de boire de l'eau pure fut pour nous, dans le principe, un surcroît de désagrément fort incommode; nous ne devions boire que du thé. Chaque jour, on en faisait quelques seaux; mais, avec la chaleur, le thé ne refroidissait que très lentement, de sorte que nous n'avions que de l'eau chaude pour apaiser notre soif ardente. Cependant on s'y habituait assez vite, et on finissait même par le boire avec plaisir.

Pour le reste, la nourriture était très bonne; nous avions tous les jours des vivres frais : alternativement des poules, des tortues et du mouton, avec des patates douces et des ignames. Tous les matins arrivait à bord un marchand chinois avec des œufs et des fruits à des prix très modérés. Les bananes cuites dans le beurre

Tous les matins arrivait à bord un marchand chinois.

faisaient alors et font encore aujourd'hui pour moi un mets de prédilection, et nous n'avions pas à nous plaindre sous le rapport des vivres.

Pendant tout notre séjour, le temps était beau dans la journée; mais presque chaque nuit nous avions un orage qui commençait ordinairement vers minuit, durait deux ou trois heures et se déchargeait souvent avec une violence terrible.

En bas, dans le poste, il était impossible de fermer l'œil, à cause de la chaleur et surtout à cause des punaises. C'est une plaie fréquente à bord des vieux navires de commerce, et il n'y a aucun moyen de parvenir à s'en débarrasser. Nous étions forcés de nous réfugier sur le pont et de dormir dans des hamacs, que nous avions confectionnés nous-mêmes avec de la vieille toile à voiles, que le capitaine nous avait donnée et que nous suspendions devant, sur le gaillard, au-dessous de la tente. Tant qu'il faisait sec en haut, cela allait bien; mais quand tombait la pluie d'orage, la tente n'offrait plus qu'un abri illusoire. Nous tendions bien encore au-dessus de nos hamacs une corde sur laquelle nous mettions nos couvertures de laine en forme de tente, mais cela ne réussissait pas toujours, et nous étions souvent, malgré cela, complètement trempés, ce que nous préférions pourtant de beaucoup encore aux punaises du poste.

XII

LE DESTIN S'ACCOMPLIT

XII

LE DESTIN S'ACCOMPLIT

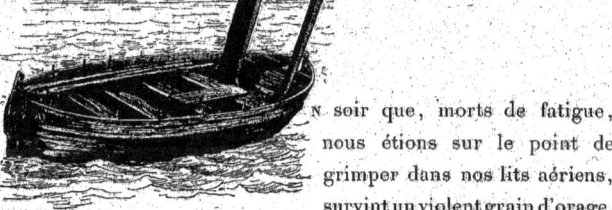

N soir que, morts de fatigue, nous étions sur le point de grimper dans nos lits aériens, survint un violent grain d'orage.
Il contenait beaucoup de vent, et, quoique venant du côté de terre, il souleva bientôt une mer très dure, et le navire tangua assez fortement sur ses ancres. Notre chaloupe était à la mer et amarrée derrière, comme c'est l'habitude sur les navires de commerce en chargement ou en déchargement, pour dégager le grand panneau de la cale, sur lequel on la place à la mer. Dans les violentes secousses que lui imprimaient les lames courtes, la bosse cassa, et la chaloupe partit en dérive. Le matelot de veille en avertit le second, qui ordonna de mettre à la mer un des canots de côté, le grand canot, et de l'armer pour aller reprendre le fugitif.

Avec le petit nombre d'hommes dont se compose l'équipage d'un bâtiment de commerce ordinaire, les canots ne peuvent pas, comme sur les navires de guerre, avoir un armement spécial; mais il est d'usage, en pareil cas, que les plus jeunes soient toujours les premiers à embarquer sans en recevoir l'ordre. Aussi je sautai dans le grand canot avec trois autres jeunes matelots et le lieutenant. Celui-ci prit la barre, et nous autres quatre nous nous mîmes aux avirons.

Mais, à peine l'embarcation était-elle amenée, que l'eau y embarqua de tous les côtés. Elle était restée suspendue sur les bossoirs aux ardeurs du soleil; tous ses bordages s'étaient desséchés, et les coutures avaient bayé. En raison des autres travaux nombreux et pressants du bord, on avait oublié, ce qui se fait ordinairement, de remplir d'eau les canots hissés, en quantité suffisante pour en couvrir le fond et les garantir de la sécheresse.

Dans l'espoir que les coutures se resserreraient bientôt dans l'eau, nous nous fîmes donner une couple de seaux pour vider le canot, et, sans nous en préoccuper davantage, nous poussâmes du bord. Cependant, malgré les efforts continus de deux d'entre nous pour épuiser l'eau, le canot emplissait à vue d'œil, et nous n'étions pas à cent pas de l'*Alma* que l'eau montait presque jusqu'aux bancs et que, avec la grosse mer, nous pouvions à peine nous servir des avirons.

Nous nous trouvions dans une situation excessivement critique. Il était impossible, dans ces conditions, de regagner le navire contre le vent et la mer, et par cette obscurité profonde, avec un vent violent et une pluie torrentielle, nous dérivions vers la pleine mer avec un canot qui s'enfonçait de plus en plus. Pour rendre notre position encore plus triste, nous voyions mouvoir autour de l'embarcation comme deux traits de feu : c'était le sillage de deux requins, qui brillait d'une lueur verdâtre. La rade de Batavia fourmille de ces bandits de la mer, et ils devaient bien flairer une proie.

Il fallait à tout prix maintenir le canot à flot; s'il enfonçait encore de quelques pouces, nous étions absolument perdus; la mer embarquerait dedans, et, de toute façon, nous trouverions une mort certaine, soit dans les flots, soit dans la gueule des requins. Nous abandonnâmes les avirons, et, nous laissant dériver au gré du vent, nous nous mîmes tous à vider le canot de toutes nos forces avec les seaux et nos sud-ouest.

Nos efforts furent heureusement couronnés de succès. L'eau diminua peu à peu; les bordages s'étaient aussi un peu resserrés, et au bout d'un quart d'heure nous étions assez maîtres de l'eau pour que deux d'entre nous fussent suffisants pour maintenir l'embarcation à flot.

Nous avions été entraînés si loin dans cet intervalle, que nous avions perdu de vue le fanal qu'on avait suspendu sur le navire pour nous faire retrouver notre route. Le grain n'avait pas cessé, les éclairs brillaient sans discontinuer, le tonnerre roulait, éclatait

Nous nous mîmes tous à vider le canot de toutes nos forces.

avec fracas, et le vent soufflait avec une telle violence, que notre canot, sans mât et sans voile, poussé par la mer et emporté par le vent, volait littéralement. Où? Personne ne le savait.

Nous n'avions pas de compas; sur la voûte sombre du ciel n'apparaissait aucune étoile pour nous orienter; nous errions dans ce désert liquide, nous doutant seulement que nous étions emportés vers Sumatra. Mais, avec quelque vitesse que le canot franchît les lames écumantes et filât en frémissant à travers l'obscurité, les requins nous suivaient pas à pas. Tantôt ils nageaient côte à côte; tantôt, se séparant, ils venaient tout près de chaque côté de l'embarcation, comme s'ils voulaient nous dire : « Vous ne nous échapperez pas. »

La tempête augmenta, au lieu de mollir comme nous l'avions espéré. Dans notre canot fragile et si peu étanche, nous ne pouvions lutter contre elle. Tout ce que nous pouvions faire, c'était de le maintenir droit dans le lit du vent pour ne pas venir en travers à la lame et être submergés par un coup de mer. Malgré cela, l'eau embarquait de temps en temps par les côtés, et nous nous mettions à la vider pour rester à flot. Mais à quoi cela servait-il ? Si le vent ne mollissait pas, nous n'avions que peu de temps à vivre. Quelques heures suffisaient pour franchir les cinq milles qui nous séparaient de la côte de Sumatra, et nous courions le danger d'être brisés sur les récifs qui précèdent le rivage de l'île.

Nous restions dans un morne silence, au milieu de cette nuit profonde, attendant notre destinée prochaine. Les éclairs sillonnaient constamment tout l'horizon ; de temps à autre, la foudre tombait avec des zigzags éblouissants et un bruit formidable ; le tonnerre roulait presque sans discontinuer, et ses éclats toujours plus forts se rapprochaient de plus en plus. La mer se creusait, les lames déferlaient avec fracas en se couvrant d'un éclat phosphorescent et arrivaient en mugissant jusqu'à notre canot, prêtes à l'engloutir à tout moment. Au milieu de ces convulsions de la nature, notre frêle embarcation, flottant à la surface sombre et impitoyable de la mer, était renvoyée comme une balle d'une lame à l'autre.

Puis ce fut comme si la masse d'électricité accumulée dans l'atmosphère voulait se décharger tout d'un coup. Le ciel se transforma subitement en une mer de feu, et, pendant un moment, il fit clair comme en plein jour.

Immédiatement après retentit un si formidable coup de tonnerre que nous en fûmes complètement étourdis. Le canot en fut si violemment ébranlé que nous crûmes au premier moment qu'il avait été atteint et démoli par la foudre.

Mais cette subite clarté avait suffi pour modifier tout d'un coup l'horreur de notre situation.

La chaloupe perdue était tout près de nous, devant, sur la droite ; nous l'avions tous vue, impossible de nous tromper. Nous avions également aperçu des îles devant ; ce ne pouvaient être que les îles du détroit de la Sonde, qui sont à quelques milles de la rade de Batavia.

Ce n'était donc pas au nord, vers Sumatra, que nous dérivions, mais à l'ouest, et le vent devait avoir un peu tourné. Cette observation nous rendit toute notre énergie. Si nous pouvions atteindre la chaloupe, nous aurions sous les pieds une embarcation solide, étanche et tenant bien la mer, avec l'espoir de pouvoir la manœuvrer de façon à parer la petite île, derrière laquelle nous trouverions un abri contre le vent et la mer.

Mais cette subite clarté avait suffi pour modifier l'horreur de notre situation.

Quand même nous ne parviendrions pas à éviter l'île, il n'y avait pas de récif au-devant, la mer jetterait la chaloupe directement à la plage, et nous pourrions nous sauver.

Dès que nos yeux furent revenus de l'aveuglement causé par le violent éclair, nous cherchâmes avidement la chaloupe, et nous ne tardâmes pas à la retrouver. Comme elle offrait moins de prise au vent que le canot monté par cinq hommes, elle dérivait plus lentement, et nous l'atteignîmes bientôt. Le lieutenant gouverna habilement pour l'élonger ; je sautai dedans avec la bosse, que j'amarrai à un banc, et nous étions sauvés.

Tout ce qui se trouvait libre dans le grand canot fut transbordé. Le jeune matelot qui était resté le dernier pour nous passer tous ces objets allait justement embarquer à son tour dans la chaloupe qui était restée accostée; il avait déjà un pied dedans, quand tout à coup une grosse lame qui arrivait en roulant passa entre les avants des deux embarcations et les écarta de quatre à cinq pieds jusqu'à la longueur de la bosse.

L'homme perdit l'équilibre et tomba à l'eau entre les deux. Nous nous précipitâmes tous pour tendre au malheureux des gaffes et des avirons; mais il ne put les saisir.

Nous nous précipitâmes tous pour secourir le malheureux.

Un cri horrible qui retentit dans l'obscurité nous pénétra la moelle des os et nous glaça presque le sang dans les veines. Les requins n'avaient pas suivi en vain la chaloupe, leurs sillages lumineux se montrèrent de nouveau dans le fond; mais entre les deux il y en avait encore un troisième. C'était la trace de notre malheureux camarade déchiré, qu'ils entraînaient dans les profondeurs.

Comme si notre vie eût été rachetée par ce triste sacrifice, la tempête commença dès lors à faiblir; sans doute les éclairs brillaient toujours, et le tonnerre grondait encore, mais l'orage s'éloignait. Le voile sombre des nuages se déchira, la pluie torrentielle cessa de tomber, le temps s'éclaircit un peu, et le vent mollit. Tout près devant nous nous voyions maintenant une île que les vagues, en roulant à la plage, environnaient d'une ceinture lumineuse. Nous réussîmes à la contourner de très près et à atteindre derrière elle, en eau calme, le rivage avec les canots, que nous attachâmes à un arbre à l'aide de la bosse. Nous étions sauvés, et nous espérions pouvoir, au jour, retourner à bord avec la brise de mer.

Tant que nous étions restés dans les embarcations en proie à une si grande contension d'esprit, nous n'avions rien ressenti de cette lassitude corporelle qui se manifesta alors dans tous nos membres. Nous mourions de soif, mais où trouver de l'eau? Sur

Nous nous étendîmes sur le sol humide pour essayer de dormir.

aucune de ces petites îles il n'y avait d'eau potable. Après ces grandes pluies, il s'était probablement formé des flaques d'eau quelque part dans l'intérieur; mais, à part la bande étroite du rivage, toute l'île était couverte de broussailles si épaisses qu'il nous fut impossible d'y pénétrer dans l'obscurité, et nous fûmes obligés de renvoyer cette recherche au lendemain.

Nous nous étendîmes avec nos vêtements mouillés sur le sol humide pour essayer de dormir. De longtemps je ne pus trouver le sommeil; je pensais toujours à notre infortuné camarade, et, lorsqu'une rafale venait siffler dans les arbres au-dessus de nos têtes, je tressaillait d'horreur, croyant entendre encore le cri déchirant de notre pauvre compagnon.

Dans l'espace de quelques mois, c'était déjà le second arraché violemment à notre petite troupe. A qui viendrait le tour suivant ?

Je n'avais jamais été très lié avec le malheureux, beaucoup moins qu'avec Henri Petersen, que la lame avait enlevé de dessus le bout-dehors de foc; mais une mort à la mer est un événement bien autrement triste et bien plus saisissant qu'à terre. Sur terre, lorsque quelqu'un vient à mourir, on y est toujours plus ou moins préparé, et même, dans le cas contraire, on possède au moins sa dépouille mortelle, on la suit jusqu'au tombeau, et une pierre en consacre la mémoire.

A la mer, plus rien ! L'infortuné est près de nous, nous entendons sa voix, nous causons, nous rions avec lui, et, tout d'un coup, il disparaît sans laisser de traces. Plein de jeunesse, de force et de santé, il est là devant nous, et le moment d'après il repose dans l'immense tombe humide. Aucun indice extérieur, aucun signe quelconque ne le rappelle à notre souvenir que sa place restée vide. C'est là son unique monument commémoratif, et ce vide qu'il laisse après lui a quelque chose de profondément triste.

Au point du jour, nous fûmes éveillés. Le temps était redevenu magnifique, le ciel était sans nuages, et la mer se montrait à nos yeux calme et unie comme un miroir. Mais notre soif était devenue ardente, et nous nous frayâmes un chemin dans les broussailles pour chercher de l'eau. Au milieu d'une clairière, l'eau s'était en effet accumulée dans un creux, mais un large cercle de vase l'entourait. Nous y enfoncions si profondément qu'il n'y avait aucune possibilité d'atteindre l'eau ; et cependant il fallait y arriver d'une manière quelconque. La vue nous avait rendu encore plus sensibles les tourments de la soif; nos langues se collaient au palais, et nous endurions le supplice de Tantale.

Enfin l'idée nous vint de jeter un pont au-dessus du marécage. Avec nos couteaux nous coupâmes des branches, nous les liâmes comme des fascines, et, après les avoir lancées dans la masse molle, nous plaçâmes dessus les avirons, les bancs démontés des canots, les gouvernails et des planches du fond. Après un pénible travail de plusieurs heures, nous pûmes ainsi, l'un après l'autre, et en rampant avec précaution sur le ventre, arriver jusqu'à l'eau. Elle était tiède, jaunâtre et recouverte d'une pellicule qu'il fallut enlever d'abord; mais celui-là seul qui a éprouvé les tourments de la soif peut comprendre l'avidité avec laquelle nous humions ce breuvage repoussant, qui pouvait nous inoculer les fièvres mortelles du climat.

Nous pûmes ainsi, en rampant sur le ventre, arriver jusqu'à l'eau.

L'île sur laquelle nous avions abordé se trouvait à environ trois milles de la rade; nous pouvions même voir au-dessus de l'horizon les mâts des navires au mouillage. Vers dix heures du matin, la molle brise de terre tomba; alors vinrent le calme et l'ardeur accablante du soleil, contre laquelle nous cherchâmes un abri dans les broussailles.

Avec une peine infinie, nous arrivâmes encore à puiser avec les mains dans la mare de quoi remplir un seau, pour ne pas souffrir de nouveau de la soif pendant le long retour que nous avions à faire. Il n'y avait rien de mangeable sur l'île, si ce n'est quelques escargots et des coquilles que la mer avait rejetées sur le rivage, mais la faim n'était pas encore assez forte cependant pour nous contraindre à les manger crus.

La brise de mer se fit longtemps attendre; ce n'est qu'un peu avant midi qu'elle se leva, et nous nous mîmes en route. Nous n'avancions que très lentement, et nous sentions nos forces s'épuiser peu à peu. Comme la brise fraîchissait beaucoup, nous essayâmes d'improviser des mâts et des voiles.

Nous n'avions pas le gréement qui convient aux embarcations; par une fausse économie si souvent pratiquée sur les bâtiments de commerce, il était ramassé quelque part à bord du navire, au lieu de se trouver toujours dans l'embarcation, comme sur les navires de guerre. Quelques avirons attachés ensemble donnèrent un mât, un autre fit une vergue; les bosses décordées fournirent les amarrages nécessaires, et la voile fut faite avec nos chemises attachées ensemble et amarrées sur la vergue avec des fils de caret provenant des bosses. Nous restâmes, avec le haut du corps nu, assis dans le canot.

C'était un gréement étrange.

C'était un gréement étrange; mais, comme nous courions droit vent arrière, il remplissait son but. Vers le soir, nous revenions à bord, de notre navigation errante, après une absence de près de vingt-quatre heures.

Le travail était fini, et tout l'équipage se tenait à l'échelle pour nous recevoir. On avait déjà vu de loin que l'un de nous manquait, et l'accueil ne fut pas bruyant. Lorsque j'arrivai sur le pont, le maître me serra la main sans rien dire; mais, malgré son silence, je lus dans son regard loyal la joie qu'il éprouvait de mon heureux retour. J'allai avec lui sur l'avant.

« Les autres pensaient que vous étiez tous perdus, dit-il après une pause. Ils disaient que le canot n'avait pas pu résister dans une mer pareille; mais je n'en croyais rien, autrement je vous aurais bien vus en rêve cette nuit. Pourtant, quand vous êtes arrivés derrière, en passant sur l'avant du trois-mâts hollandais, et que j'ai vu que vous n'étiez que quatre dans la chaloupe, je savais bien que celui qui manquait ne pouvait être un autre que Jens Jensen.

« Te souviens-tu de cette affreuse nuit d'orage sous la ligne, pendant laquelle vous étiez tous les deux à serrer les perroquets et que le feu Saint-Elme se montra d'abord près de toi au grand mât, puis qu'il s'envola sur Jens au mât de misaine? C'était Henri, car ces globes de feu bleuâtres ne se montrent que sur les navires qui ont perdu un homme par accident. Ce sont les âmes des trépassés qui sont errantes, parce qu'elles n'ont pas reçu de sépulture chrétienne, et qui ne peuvent pour cela obtenir le repos éternel.

« Nous avons tous compris que Henri l'appelait. »

« Et puis, lorsque la flamme s'est reposée sur les épaules de Jens et a éclairé son visage d'une teinte blafarde, comme s'il avait été depuis longtemps dans la tombe, nous avons compris, nous tous qui l'avons vu, que Henri l'appelait et que son tour viendrait bientôt.

« Pauvre Jens! Ce sera bien triste pour sa mère; c'était le dernier de ses quatre fils. Deux se sont perdus avec le père sur le petit shooner dont il était patron. Le bateau paraît avoir été abordé dans la Manche, et on n'en a jamais plus entendu parler. Le troisième a chaviré dans une embarcation et s'est noyé en voulant aller au secours d'un navire échoué. Mais perdre encore le dernier, c'est dur!... Pauvre mère! »

Le maître se détourna et se pencha sur le bastingage pour regarder par-dessus le bord. C'est ce qu'il faisait toujours quand il ne voulait plus rien dire; aussi je le laissai seul.

Les autres ne parlèrent pas davantage du défunt. C'est toujours ainsi à bord, sans qu'on puisse en rejeter la faute sur un manque de sensibilité. Le matelot a pour ce genre de conversation une sorte de répugnance qui peut bien tenir de la superstition. Mais, quelques jours après, nous fûmes ramenés d'une manière horrible au souvenir de ce malheureux accident.

Un navire de Brême arriva sur rade et vint mouiller à côté de nous. Le soir, tout l'équipage sauta par-dessus le bord pour se baigner, et les hommes nageaient gaiement autour du navire. Le lendemain, ils vinrent nous voir à bord, et nous les engageâmes de la manière la plus pressante à renoncer au bain. Peu de temps avant notre arrivée, un matelot anglais avait été emporté par un requin, et un timonier hollandais, assis sur le bord d'un canot, qui avait laissé pendre jusqu'à l'eau un bout de sa vareuse, avait été saisi par là par un caïman qui l'avait entraîné et dévoré.

Les hommes nageaient gaiement autour du navire.

Ils semblaient pourtant considérer nos avertissements comme des paroles en l'air, car deux jours après nous les vîmes avec effroi se baigner de nouveau tous ensemble et faire en nageant le tour d'un canot amarré sur le tangon.

L'un d'eux, qui se tenait suspendu à la bosse, cria tout à coup à ses camarades :

« Montez dans le canot, voici un requin ! Il est passé près de moi, mais il ne m'a rien fait. »

Les baigneurs grimpèrent dans l'embarcation. Celui qui les avait prévenus se tenait bien encore solidement à la bosse, mais sa tête s'inclinait de côté, et l'eau se teignait de sang autour de lui. On hala rapidement le canot vers lui et on le hissa à bord, mais il n'y avait plus que le tronc; les deux jambes étaient coupées au-dessus du genou. On n'a pas pu savoir si c'était par un caïman ou par un de ces énormes requins de quatorze à seize pieds de long, comme on en trouve dans ces parages.

Dix minutes après, le pauvre matelot avait perdu tout son sang et n'était plus qu'un cadavre. Nous avions assisté à toute la scène, et on peut penser l'impression qu'elle avait faite sur nous.

Le chargement et le déchargement avançaient assez vite. Le navire devait être expédié en Allemagne le plus tôt possible, pour pouvoir faire un nouveau voyage avant l'hiver, et, afin de hâter le travail, on avait envoyé à bord vingt coolies malais destinés à nous aider. Ils ne faisaient individuellement pas beaucoup d'ouvrage, mais par leur nombre ils arrivaient à accélérer le chargement, et notre séjour à Batavia ne se prolongerait probablement pas au delà de trois semaines.

A cause de la grande distance à laquelle nous étions mouillés de terre, les coolies passaient la nuit à bord, et je m'amusais beaucoup à observer leur genre de vie. Ils restaient constamment sur le pont, où l'on avait dressé pour eux une espèce de tente et établi un foyer provisoire pour cuire leurs aliments. Le fond de leur nourriture était invariablement du riz assaisonné de piments écrasés; quelques ignames et du poisson simplement grillé au feu composaient les accessoires. Ils n'avaient pas de viande pour eux-mêmes, mais ils prenaient volontiers ce qui en restait de nos repas. Quant aux spiritueux, ils les refusaient, comme contraires aux préceptes de leur croyance musulmane.

Leur taille était petite, leurs muscles peu développés, et leur peau avait une teinte brun clair; leur longue chevelure noire était enveloppée d'une pièce d'étoffe roulée en forme de turban. La partie inférieure de leur corps était vêtue du sarong, sorte de large robe fermée en coton bariolé que portent généralement les Malais des deux sexes, et une veste étroite de la même étoffe couvrait le reste.

Leurs pommettes saillantes et leurs lèvres épaisses rendaient peu avenante l'expression de leur visage, que les suites de l'usage du bétel font paraître encore plus repoussante.

Chiquer le bétel est une occupation usuelle qui n'est interrompue que pendant les repas. Le renouvellement de la chique, assez rapidement consommée, prend un temps considérable dans la vie journalière du Malais, et il met à cette opération un soin et une attention aussi grande que s'il s'agissait d'un acte excessivement important. Dans une feuille de bétel frottée d'une certaine quantité de chaux, il enveloppe un peu de noix d'arec concassée, du tabac et du cachou. Ces matières astringentes provoquent une salive caustique rouge, qui noircit les dents et donne à tout l'intérieur de la bouche une teinte de sang. Le Malais est en outre un fumeur passionné, et on peut obtenir beaucoup de lui avec un cigare.

Tous les soirs, les coolies se réunissaient sous leur tente.

Tous les soirs régulièrement, les coolies se réunissaient sous leur tente, éclairée par la lueur pâle et incertaine d'une lampe improvisée faite d'une noix de coco et posée sur leur fourneau. L'un d'eux soufflait dans une flûte en bambou, et un autre accompagnait l'air d'une voix de fausset, pendant que les autres, accroupis en cercle, écoutaient dans un profond recueillement cette espèce de chanson.

Ces réunions duraient chaque soir des heures entières, et leurs chants devaient avoir des motifs bien sérieux, car on ne les entendait jamais ni rire ni se livrer à une bruyante gaieté. Je pense que c'était une manière épique de célébrer la gloire de leurs héros populaires, dont les exploits s'étaient accomplis principalement dans la piraterie.

Quoique nous n'ayons jamais pu comprendre le sens de ces chansons, nous nous étions cependant bientôt approprié assez de bribes du langage des coolies pour pouvoir au besoin nous entendre avec eux. La langue malaise est en général facile à apprendre; très simple dans sa construction, elle possède peu de mots à flexion et est très riche en voyelles, ce qui la rend très sonore et très accessible à l'oreille. Tous les Hollandais établis à Java parlent malais et n'ont avec les populations indigènes de relations que dans cet idiome.

Mon dimanche de permission était près d'arriver et me promettait beaucoup plus d'agrément que je n'avais osé l'espérer jusque-là. Le vaisseau de ligne hollandais le *Kortenaar*, près duquel nous nous étions trouvés à Helvoetsluys, était arrivé depuis peu, et, à ma grande joie, mon jeune ami le fils du consul y était embarqué comme cadet. Il ne m'avait pas oublié, et, dès qu'il l'avait pu, il était venu me voir pour m'inviter à aller chez ses parents à Welltefreden; le capitaine m'avait accordé quarante-huit heures de permission.

La perspective d'aller à terre dans des conditions favorables si inespérées me comblait de joie, on peut le comprendre; malheureusement elle devait se réaliser d'une manière toute différente que mon imagination ne l'avait rêvée. Je fus envoyé à terre, mais sans connaissance et rien que pour être admis à l'hôpital.

Le samedi soir, je me sentis tout à coup très mal à mon aise; je souffrais dans tous les membres, et je fus obligé de m'étendre dans ma couchette. Mon état empira si rapidement que quelques heures après je commençai à divaguer, et une chaleur ardente anéantit mes forces. J'avais les fièvres du pays, et elles m'avaient pris avec tant de violence que le médecin du *Kortenaar,* appelé le lendemain, me fit transporter immédiatement à l'hôpital.

Comme on me l'a dit plus tard, personne à bord n'avait cru me revoir vivant. Cependant les forces de la jeunesse permirent à mon corps de résister victorieusement à ces accès, et quand je revins à moi, le troisième jour, j'étais bien mortellement épuisé, mais le plus grand danger était conjuré.

Le médecin en chef était Allemand; il me traita avec beaucoup d'amitié; l'hôpital lui-même ne laissait rien à désirer. Mon ami le cadet vint me voir plusieurs fois; à son instigation, ses parents

Le médecin du *Kortenaar* me fit transporter immédiatement à l'hôpital.

m'envoyèrent des livres, et, comme mes forces revenaient peu à peu, je retrouvai également l'élasticité de mon esprit, et je ne vis plus l'avenir aussi trouble.

Au bout de six jours, j'étais assez remis pour pouvoir me lever. C'était de nouveau un dimanche, et j'avais espéré que très certainement le vieux maître d'équipage viendrait me voir. Mais il ne vint pas; cela me fit beaucoup de peine. Des étrangers se montraient pleins d'amitié pour moi dans mon isolement, et, à bord de mon propre navire, personne ne semblait se soucier de moi. Le capitaine était venu une fois, dans les premiers temps, alors que j'étais encore sans connaissance, puis il n'était plus revenu.

Le lendemain, il parut de nouveau, mais ce n'était que pour

demander au médecin si je pourrais sortir le jour suivant, parce que le navire devait appareiller le mercredi. Le docteur y consentit, à la condition que je serais ménagé pendant longtemps encore, et la guigne me ramena à bord.

C'est alors que je sentis combien j'étais encore faible et débile; je ne pus monter seul à l'échelle de la coupée. Je trouvai le maître dans sa couchette; lui aussi avait la fièvre depuis trois jours.

« Si je n'avais été moi-même si misérablement jeté à la côte, Suisse, me dit-il d'une voix mourante comme je m'approchais de lui, très certainement je serais allé te voir. »

Je lui serrai la main en silence. Les larmes me vinrent aux yeux en voyant cet homme si robuste étendu maintenant sans vigueur. Il avait absolument refusé d'aller à l'hôpital.

Le capitaine administre les médicaments d'après les prescriptions d'un petit livre.

« Je serai paré en quelques jours, » disait-il; et en effet son état semblait s'améliorer.

En fait de soins pour les malades, dans le sens ordinaire du mot, il n'en est pas question sur les navires de commerce. L'effectif de l'équipage, calculé si juste et encore affaibli par les invalides, ne permet pas d'embarquer d'infirmier spécial. Les camarades donnent bien un coup de main par-ci, par-là; mais il n'y a souvent personne auprès du malade quand il aurait le plus besoin de quelqu'un.

Il y a à bord un coffre de médecine, le capitaine y prend les médicaments et les administre de son mieux d'après les prescriptions d'un petit livre qui les accompagne. S'il tombe juste, c'est plus ou moins l'effet d'un hasard heureux.

Il n'y a pas non plus de vivres pour les malades; pour celui qui ne peut supporter les pois et la viande salée, on cuit un peu de soupe de riz, qui convient sans doute dans beaucoup de cas; mais, pour les convalescents, c'est une nourriture peu réconfortante.

Ainsi que le docteur l'avait ordonné, je fus provisoirement exempté de tout service, et, quoique très faible, je pouvais cependant me tenir debout. Aussi c'est de bon cœur que j'employai toutes mes forces à soigner l'homme à qui je devais tant et qui, avec une sollicitude paternelle, avait toujours étendu sur moi sa main protectrice. C'était un moyen de lui témoigner ma reconnaissance.

XIII

TRISTE RETOUR

XIII

TRISTE RETOUR

Au jour fixé, on mit à la voile pour retourner en Europe. Dans d'autres circonstances, la pensée que chaque mille parcouru me rapprochait de mon pays tant regretté aurait fait battre mon cœur. Mon état avait plutôt empiré dans ces derniers jours qu'il ne s'était amélioré. J'étais sorti beaucoup trop tôt de l'hôpital, et le séjour à bord, dans l'air épais et malsain du poste, ne m'avait pas été salutaire. Je me sentais très abattu, au physique comme au moral, de sorte que même les beautés de la nature à Anjer, où nous fîmes encore une courte relâche pour prendre des vivres frais, me laissèrent indifférent.

De plus, la maladie du maître d'équipage s'aggravait sensiblement. Dans les premiers jours, il m'avait encore parlé souvent avec sa bonhomie ordinaire et son ton plaisant habituel, mais maintenant il était devenu plus taciturne. La fièvre arrivait plus forte, et souvent il restait sans connaissance ou bien il avait le délire.

Il ne prenait rien qu'un peu de vin et d'eau que je lui donnais avec une cuillère pour rafraîchir sa langue brûlante. Je voyais qu'il touchait à sa fin. J'étais saisi d'une profonde tristesse à la pensée de perdre le seul homme à bord qui s'était montré vraiment bon pour moi et de rester complètement seul.

Le quatrième jour de la traversée, au premier quart de nuit, il avait eu de nouveau un violent accès. Puis il était devenu plus calme et semblait dormir. Après avoir écouté longtemps sa respiration si paisible que j'espérais une crise favorable, je gagnai ma couchette pour prendre un peu de repos; mais quelques minutes après j'entendis prononcer mon nom, et je sautai en bas de mon lit.

« Reinhold! me dit-il d'une voix entrecoupée qui avait peine à sortir de sa gorge, c'est fait de moi, je le sens, et demain je reposerai dans le caveau de Dieu. Dis au charpentier de prendre pour le cercueil des planches de deux pouces, pour que les requins ne puissent pas entrer dedans, et de le bien lester afin qu'il coule facilement... Tout ce que je laisse est pour les pauvres..., je n'ai pas de parents; le capitaine le sait déjà. Je n'ai pas d'autre recommandation à faire; pour le reste, j'ai commencé par régler tout ça moi-même avec le bon Dieu... Adieu, mon garçon; tu m'as bien soigné, je t'en remercie. Deviens un solide gaillard, et, quand tu iras en haut, tiens-toi bien toujours aux haubans et jamais aux enfléchures; elles peuvent manquer facilement. »

Il se tut et garda ma main dans la sienne. Malgré les larmes qui obscurcissaient mes regards, je vis alors un grand changement s'opérer dans ses traits. La mort approchait, quelques sons rauques sortirent encore de sa poitrine, ses membres s'allongèrent... Tout était fini!

Comme il rendait le dernier soupir, la cloche piqua huit..., minuit! Le cri des matelots réveillant au quart retentit au panneau du poste : « Hors des quartiers, au nom de Dieu! »

Cet appel était pour les vivants, mais le mort aussi y répondit. Son âme quitta son quartier terrestre pour s'élancer : au nom de Dieu!

Je lui fermai les yeux.

Le lendemain après midi, nous le livrâmes à son immense tombe. Lorsque le cercueil, confectionné suivant ses désirs, fut apporté à la coupée, le pavillon fut brisé à mi-corne en signe de deuil, et on brassa carré au grand mât pour arrêter le navire. L'équipage se réunit autour du corps, et le capitaine récita un *Pater*. Ensuite le cercueil fut hissé sur le bastingage, et lentement on le fit glisser dans les flots bleus. Il enfonça peu à peu, ses formes devinrent de moins en moins distinctes; à la fin, on ne vit plus qu'une

Le cercueil glissa dans les flots bleus.

masse sombre, puis il disparut. Quelques bulles d'air montèrent encore à la surface pour se mêler aux perles d'écume de la lame suivante.

Repose en paix, vieux brave; je ne t'ai pas oublié et garderai toujours de toi un pieux souvenir.

Les voiles de l'arrière furent orientées, et le navire, en s'inclinant sous la brise, reprit sa route interrompue. Chacun retourna en silence à son travail; pendant quelques jours, il plana sur le navire comme une ombre de tristesse, et peu à peu tout reprit son aspect accoutumé. De temps en temps, quelques paroles de regret éveillèrent le souvenir du défunt, puis on n'en parla plus.

Frémissant doucement à travers la vague,
Le navire poursuit sa carrière uniforme.
Sur la voûte claire du ciel
S'élève brillant l'astre du jour.

Sans voile et ardent comme la pourpre,
Il émerge des flots.
Répandant mille rayons d'or,
Il monte en haut dans l'éther.

Une nouvelle existence, une nouvelle vie
Est éveillée par son éclat,
Et les flots azurés se soulèvent,
En se jouant, pour une danse matinale.

Mais à bord tout est triste et silencieux,
Malgré la lumière dorée du soleil,
Car le pavillon national, comme un voile,
Recouvre un visage de mort.

Hors de la compagnie des camarades
Dieu l'appela au repos éternel;
Après le long voyage de la vie,
Il lui ferma les yeux.

Du banc de quart retentit le commandement :
« Contrebassez les vergues de l'arrière ! »
Amené du bout de la corne,
Le pavillon reste à demi-hauteur en signe de deuil.

Dans le cercueil, à la manière des matelots
Fait de simples planches brutes,
Il est, pour son dernier voyage,
Transporté à la coupée.

Tout bonnement, par des paroles simples,
Le capitaine fait alors une prière,
Et l'on voit de tous côtés
Les yeux se mouiller de larmes.

Il se fait un petit bruit à la place
Où l'on a descendu le cercueil.
Le vent et les flots se jouent en folâtrant
Sur l'immense tombe du marin.

Je n'ai plus grand'chose à raconter de la traversée de retour, si ce n'est qu'elle se passa bien tristement pour moi. De temps à autre, je pouvais faire un peu de service pendant quelques jours; ensuite une nouvelle rechute me replongeait dans une inaction forcée.

J'éprouvais alors tous les ennuis inhérents à cette situation sur la plupart des navires de commerce, et il est souvent impossible de comprendre comment on peut y résister. Plus ma maladie se prolongeait, plus les autres y devenaient indifférents, et moins ils s'occupaient de moi.

Quand nous doublâmes le cap de Bonne-Espérance, c'était l'hiver.

Quand nous doublâmes le cap de Bonne-Espérance, c'était l'hiver, il faisait froid et le temps était mauvais. Lorsque, pendant la nuit, en proie à la fièvre, j'étais dévoré d'une soif ardente, il n'y avait là personne pour me donner à boire. J'étais obligé de me lever pour aller sur le pont puiser moi-même dans les pièces à eau; le vent me pénétrait de froid, et je retournais dans ma couchette trempé d'eau de mer par les embruns. C'est étonnant tout ce que le corps humain peut supporter quelquefois; je l'ai éprouvé par moi-même.

L'uniformité de la vie de bord, avec laquelle on finit presque par oublier les noms des jours, ne fut rompue qu'une seule fois par une relâche que nous fîmes à Sainte-Hélène pour faire de l'eau.

Cette île est directement sur la route, et presque tous les navires qui rentrent en Europe s'y arrêtent dans le même but. Ma santé s'était un peu améliorée dans ces derniers temps, et je pus me lever pour me procurer la distraction de contempler, au moins de loin, ce rocher isolé devenu si célèbre par la captivité de Napoléon.

Les restes de l'empereur avaient été transportés en France l'année précédente pour être déposés sous le dôme des Invalides. Longwood, la maison qu'il a habitée jusqu'à sa mort, est une construction à un seul étage, sans ornements, située sur un petit plateau dans l'intérieur de l'île; on la voit du mouillage.

Longwood.

Personne de l'équipage n'alla à terre; nous n'y passâmes qu'une demi-journée, et l'employé de la santé ne voulait absolument pas, d'abord, nous permettre de communiquer avec la terre, parce que nous avions eu une mort et que j'étais malade. Cependant, quand le médecin de la quarantaine m'eut examiné, il déclara que ma maladie n'était pas contagieuse, et nous accorda la libre pratique. Il ne fut pas autrement question de moi; je restai, comme auparavant, livré à moi-même; mon tempérament devait s'en tirer tout seul.

Il vint le long du bord une foule de canots avec des fruits, des curiosités et des reliques du tombeau de Napoléon. On nous offrit, entre autres choses, des petites boîtes, recouvertes de coquillages, remplies de la terre du tombeau, ainsi que des branches et des feuilles du saule pleureur qui l'ombrage. Quoique ces objets aient probablement été pris dans un autre endroit, comme la plupart des choses de ce genre, j'en achetai cependant de bonne foi, comme souvenir.

Il y avait, non loin de nous, un brick de guerre anglais qui avait amené, quelques jours avant, un négrier capturé sur la côte d'Afrique. La prise était un brick tout à fait semblable à celui qui nous avait fait autrefois tant de peur au voyage d'aller. Il avait à bord cinq cents nègres, qu'on était justement en train de débarquer. De grandes barques à fond plat avaient été accostées dans ce but, et les noirs y étaient arrimés comme des marchandises. On les faisait asseoir les jambes écartées, et le suivant était toujours fourré la tête entre les genoux de l'autre.

On nous raconta que les croiseurs anglais amenaient par an, en moyenne, deux à trois mille esclaves, qui étaient mis en liberté. Mais il y avait cependant des conditions particulières à cet affranchissement, et, avec toute leur philanthropie, les Anglais faisaient encore une bonne affaire.

L'équipage du navire de guerre recevait une livre sterling pour chaque nègre délivré; mais c'étaient ces derniers eux-mêmes qui devaient la payer en travaillant pendant dix ans comme *apprentices*, apprentis, dans les colonies anglaises de l'Inde. Ce n'est qu'au bout de ce temps qu'on les rendait complètement à la liberté, et ils ne revoyaient plus jamais leur pays.

La baie de Jamestown est excessivement poissonneuse; il y a souvent des maquereaux, qui forment la principale nourriture des classes inférieures de la population. J'avais déjà entendu dire que les bancs de harengs se présentent en masses aussi épaisses que des murs, et je n'avais jamais voulu le croire; mais ici je fus convaincu de la vérité de cette assertion. Une de ces murailles de maquereaux s'approcha du navire, et, pendant un quart d'heure à peine qu'il resta tout près du bord, nous prîmes plusieurs centaines de poissons. En jetant au milieu de la masse deux ou trois hameçons attachés ensemble, nous les retirions avec des maquereaux accrochés par n'importe quel endroit du corps. Tout ce qui ne put être être mangé frais fut salé ou fumé, et on le conserva pour les repas suivants, où il constitua pendant plusieurs jours un mets délicat et bienvenu.

Vers le soir nous avions terminé notre eau, et nous reprîmes la mer pour être de nouveau pendant deux mois isolés entre le ciel et l'eau. Il ne se passa rien d'extraordinaire, et la vie à bord devint encore plus monotone qu'elle n'avait jamais été.

Les simples marins n'ont qu'un champ de vue très étroit, et leur conversation se borne à un nombre de sujets relativement très restreint. Dans un aussi long voyage, ces sujets s'épuisent vite, et il ne reste plus qu'à *tresser la même paille,* ce qui n'était pas déjà si plaisant la première fois.

Depuis la mort du maître, je sentais plus que jamais combien peu je plaisais aux autres; il y avait des jours où j'échangeais à peine avec eux un mot indifférent, et, de leur côté, ils ne me montraient aucune prévenance.

Nos chronomètres avaient été réglés à Batavia, on n'avait plus besoin d'observer les distances lunaires, pour lesquelles j'aurais été de quelque utilité; et comme je ne pouvais que très rarement faire le quart, à cause de la fièvre, je n'étais presque plus en contact avec le capitaine et les officiers. Les quelques livres que le cadet m'avait apportés en venant me dire adieu, je les avais lus plusieurs fois depuis longtemps, et ma seule distraction était d'écrire ou de dessiner.

Les quatre mois du retour me parurent horriblement longs, d'autant plus que le sentiment de ma faiblesse physique avait aussi nécessairement son contre-coup sur le moral. Les jours marchaient avec des pieds de plomb, sans varier jamais.

Enfin nous atteignîmes les Açores, où nous trouvâmes le vent d'ouest espéré. Les îles Corvo et Flores dessinèrent leurs contours au loin à l'horizon ; huit jours après, nous arrivions sur les Sondes, grand plateau au sud-ouest de l'Angleterre, où les navires qui viennent de loin vont déterminer, par la profondeur et la nature du fond, leur position pour entrer à coup sûr dans la Manche. Le bleu foncé de l'Océan se transforma en un vert sombre qui s'éclaircit peu à peu en indiquant l'approche de la terre. Puis apparut la côte d'Angleterre, et le vent d'ouest nous conduisit rapidement à travers la Manche et la mer du Nord.

A Helgoland, nous prîmes un pilote; sans interrompre notre course rapide, nous remontâmes l'Elbe jusqu'à Gluckstadt, et le jour suivant nous étions à Hambourg.

A Helgoland, nous prîmes un pilote.

Il semblait que nous devions être dédommagés des contretemps qui nous avaient assaillis à notre départ, et qu'une force mystérieuse nous attirait vers le pays. A part quelques jours au cap de Bonne-Espérance, nous n'avions pas subi de mauvais temps, et nous avions toujours eu des vents favorables.

A la vue des tours de la vieille ville hanséatique, je fus assailli d'une foule de sentiments les plus divers. La joie et la tristesse se livraient un combat dans mon cœur et me faisaient venir des larmes aux yeux. Ma pensée se reportait d'un an en arrière dans le passé. Lorsque je vis pour la première fois cette forêt de mâts dans le port, mon cœur avait bondi à l'idée que j'allais bientôt moi-même partir avec un navire sur l'immense Océan, vers des mondes étrangers, et réaliser ainsi les rêves de mon enfance. Comme l'avenir me semblait plein d'espérances à cette époque! Comme il serait beau, pensais-je alors, après un long voyage, de revenir heureux et fier de ma carrière, pour embrasser mes parents; de voir tous mes amis d'enfance me porter envie pour tout ce que j'avais vu ou éprouvé de beau et de merveilleux!

Aujourd'hui, quelle différence! Je revenais malade et épuisé, n'ayant devant moi qu'un avenir borné et sombre!

L'ancre tomba, le maître du port fit amarrer le navire aux piliers; des canots arrivèrent, portant des amis et des connaissances de l'équipage qui venaient fêter la bienvenue. Je restai à l'écart, personne ne venait choyer mon retour; mon cœur se serra.

Un rayon de joie devait cependant l'éclairer bientôt. Le capitaine m'appela; il tenait à la main une lettre : elle était de mes parents et avait été envoyée à bord par les armateurs. Elle m'attendait depuis plusieurs semaines, mais elle contenait de si bonnes nouvelles, que ce témoignage d'affection me ranima étrangement et me donna de nouvelles forces.

Des canots arrivèrent, portant des amis et des connaissances.

Lorsque les armateurs eurent appris ma maladie, ils me firent examiner par un médecin. La fièvre n'était pas revenue depuis un mois, et je ne souffrais plus que des faiblesses qui en sont la suite. Un long séjour à terre et de bons soins, avait dit le docteur, me remettraient certainement, et je reçus une permission illimitée pour aller me rétablir dans ma famille. Probablement je ne retournerais plus sur l'*Alma*, qui devait repartir dans quatre semaines; mais je n'en éprouvais aucun regret. L'année que j'avais passée à bord contenait pour moi de trop tristes souvenirs.

Les deux jours de voyage que je fis par la poste pour retourner dans ma ville natale me fatiguèrent énormément, et j'arrivai plus misérable et plus abattu que je ne m'étais jamais senti. J'étais parti de Hambourg le lendemain de notre arrivée, je n'avais pas eu le temps d'écrire, et mes parents ne m'attendaient pas. J'avais beaucoup grandi dans l'année; ma figure avait cette teinte jaune et maladive de la fièvre, et mon costume de marin devait contribuer à me rendre encore plus méconnaissable. Aussi, dans les quelques pas que je fis dans la rue pour aller de la poste à la maison, les personnes de connaissance que je rencontrai me regardèrent avec curiosité comme un étranger.

Les personnes de connaissance me regardèrent avec curiosité.

Mon père n'était pas à la maison. Quand je frappai à la porte, ce fut ma mère qui m'ouvrit.

« Vous désirez parler à mon mari? me demanda-t-elle.

— Mère! m'écriai-je en sentant comme une pointe me traverser le cœur. Et toi aussi, tu ne me reconnais pas? »

Je tombai sans connaissance. Quand je revins à moi, j'étais au lit. Tous mes parents, réunis autour de moi, me considéraient avec une inquiète sollicitude. Devant les riantes images qui m'entouraient, le souvenir de l'année écoulée se présentait à mon esprit comme un songe pénible.

Les soins de ma mère me rendirent bientôt les forces, et au

bout de deux mois les roses de la santé fleurirent de nouveau sur mes joues.

Jusqu'alors, on ne m'avait pas dit un mot de mon avenir; mais mon père me demanda un jour :

« Veux-tu retourner à l'école ou rester marin? »

J'avais prévu la question; depuis cette première nuit que j'avais passée à bord, ma réponse était prête : « Père, je retourne à la mer! »

Quelques jours plus tard, je partis pour Hambourg, et j'embarquai bientôt après sur le trois-mâts carré *la Malwine*. Les années qui suivirent ne furent pas aussi pénibles, et je n'eus plus à souffrir de l'influence des climats tropicaux. Je fis encore six voyages dans la mer des Indes. Comme je revenais du dernier, à la fin de 1848, une flotte était née à l'Allemagne. J'y entrai comme officier, et les rêves de ma jeunesse se trouvèrent enfin accomplis.

DEUXIÈME PARTIE
IMAGES DE LA VIE MARITIME

I

SUR LE WESER

IMAGES DE LA VIE MARITIME

I

SUR LE WESER

Après avoir vaillamment tenu à la mer pendant deux ans, la première flotte de l'Allemagne resta confinée dans une morne inaction à l'embouchure du Weser, jusqu'en 1852, où elle fut dissoute. La plupart de ses navires furent cédés par un traité au royaume de Prusse.

Dans la belle saison, les navires étaient mouillés sur la rive gauche, près du village oldenbourgeois de Blexen, juste en face de Bremerhaven. En hiver, pour les mettre à l'abri des glaces, on en remisait une partie dans le cours de la Geeste, à Bremerhaven, et le reste dans le port de Brake. C'était pitié alors de les voir, à mer basse, s'enfoncer dans la vase et rester presque entièrement à sec.

Le service à bord suivait son cours habituel, mais cette immobilité des navires n'amenait aucune diversion. Nous faisions, nous officiers, le service à tour de rôle, et, tout en cherchant de notre mieux à entretenir le bon ordre, nous ne pouvions apporter aucun changement à la monotonie du train-train journalier.

Ce qu'il y avait de plus difficile dans de pareilles conditions, c'était de maintenir la discipline; dans les premières années, cela avait été bien plus aisé. Nos équipages se composaient d'hommes d'élite, tant sous le rapport des aptitudes professionnelles que sous celui des qualités morales. C'étaient tous d'habiles et braves marins de l'Oldenbourg, du Mecklembourg, du Schleswig et du Hanovre, qui se laissaient mener facilement. Les navires de guerre ont rarement un aussi bon personnel que celui que possédait alors la flotte allemande. Il s'y trouvait bien, dans le principe, un élément pernicieux, mais on parvint à s'en débarrasser au bout de peu de temps.

L'ivrognerie, les rixes sanglantes, étaient à l'ordre du jour.

Nous avions une cinquantaine de marins étrangers qui avaient servi sur des bâtiments de guerre et que nous avions engagés pour servir d'instructeurs militaires à nos hommes. On s'aperçut bientôt qu'ils étaient incapables de remplir ces fonctions, et de plus ils étaient complètement indociles. L'eau-de-vie allemande, si bon marché, avait sur eux une influence funeste : l'ivrognerie, les refus d'obéissance, les rixes sanglantes, étaient à l'ordre du jour. Heureusement qu'ils n'étaient pas engagés pour longtemps et que nous pûmes nous en défaire au bout de quelques mois, à l'exception de deux ou trois bons matelots. Le bon ordre et la discipline régnèrent dès lors à bord de nos navires, mais il n'en fut pas toujours ainsi dans la suite.

A l'expiration de leur engagement, presque tous nos bons Mecklembourgeois et nos vaillants matelots de la Frise prirent leur congé. La monotonie de cette existence calme et tranquille au mouillage ne leur allait pas du tout. Ceux qui se présentaient pour les remplacer étaient le plus souvent d'une nature douteuse, et la plupart surtout des gens qui n'avaient jamais navigué. Pour le bien du service, il fallait au moins conserver aux équipages leur force numérique, et, faute de mieux, on était forcé de ne pas se montrer trop scrupuleux dans le choix des remplaçants.

La première question adressée à ceux qui se présentaient était toujours : « Combien de temps avez-vous voyagé[1] ? » Mais nous étions obligés d'en prendre aussi qui n'avaient jamais été à la mer. Sur nos vapeurs à roue, qui restaient constamment au mouillage et qui n'avaient qu'un rudiment de mâture, les connaissances maritimes n'avaient que peu d'importance, heureusement.

Cette question stéréotype amenait quelquefois d'amusants quiproquos. Ainsi, je me souviens qu'un jour il se présenta sur notre navire un homme jeune et vigoureux, dont tout l'extérieur produisit une excellente impression.

« Combien de temps avez-vous voyagé? lui demanda le second, comme à l'ordinaire.

— Sept ans, répondit le jeune homme sur un ton décidé.

— Bien, » dit l'officier, enchanté de pouvoir, après une longue attente, mettre enfin la main sur un matelot expérimenté. Sans s'informer davantage si l'homme avait des certificats, il poursuivit :

« Si le docteur vous reconnaît propre au service, vous pourrez être admis comme matelot de première classe et devenir bientôt officier si vous vous conduisez bien. »

La visite sanitaire ayant donné un résultat favorable, l'acte d'engagement fut dressé, et l'homme habillé. Le maître d'équipage aussi ne pouvait dissimuler sa joie de cette acquisition inespérée; c'était un Mecklembourgeois, le type du vieux loup de mer.

« Dieu soit loué, disait-il; on peut donc enfin trouver encore parmi ces damnés terriens un gaillard sérieux à qui confier un travail de matelotage! »

Le lendemain, il y eut à faire un de ces travaux de gréement, et le maître en chargea Mohr, le nouvel embarqué. Mais quelle ne fut pas sa stupéfaction en voyant que Mohr ne savait par quel bout s'y

---

[1]. On demanderait en français : « Combien de temps avez-vous *navigué ?* » Nous sommes obligés de conserver le mot *voyagé*, qui produit le quiproquo de l'anecdote suivante.

prendre et qu'il n'en avait évidemment aucune idée. Celui-ci avoua même très ingénument qu'il n'y entendait absolument rien.

« Comment, animal! cria le maître tout en colère, tu ne sais pas faire ça, et tu dis avoir voyagé sept ans! Où as-tu donc voyagé?
— Sur le coche.
— Qu'est-ce que c'est que ce bâtiment-là? C'est un navire ordinaire ou une gabarre à lest?
— Ce n'est pas un navire.
— Pas un navire? hurla le maître d'équipage complètement hors de lui; mais, par le diable et ses cornes, qu'est-ce que c'est donc?
— J'ai voyagé comme cocher. »

« Comment! tu ne sais pas faire ça ? »

Le maître resta ahuri. Prenant cette réponse pour une inconvenante plaisanterie, il alla tout de suite se plaindre à l'officier en second. Mais qu'y faire? Mohr n'était pour rien dans le malentendu ; il avait autant de droit que les marins de conjuguer le verbe *voyager* avec l'auxiliaire *avoir*; il avait comme eux participé au mouvement de son véhicule, et à la question qu'on lui avait faite à ce sujet, il avait répondu avec conviction et vérité[1]. On ne pouvait lui faire autre chose que de le placer, comme apprenti marin, dans la troisième classe des matelots.

Ce n'est plus sept ans aujourd'hui, mais bien plus de vingt qu'il a senti le vent lui souffler sur le nez dans toutes les parties du monde. A la dissolution de la marine allemande, il passa au service de la Prusse, et il est devenu, avec le temps, un marin d'une habileté peu commune. Plus tard, je l'ai eu pendant trois ans comme

---

1. Le verbe allemand *fahren* exprime l'idée de changer de place dans un véhicule quelconque.

maître d'équipage, et on ne peut en souhaiter un meilleur sur un grand navire de guerre, où ce poste difficile exige tant d'expérience, de pratique et d'activité.

Mais nous ne tombions pas toujours aussi bien avec les hommes qui n'avaient pas navigué. C'étaient même le plus souvent de mauvais drôles, avec lesquels on était contraint d'employer des moyens extraordinaires pour en venir à bout et empêcher leur mauvais exemple d'avoir une influence fâcheuse sur les autres.

Il y avait à bord du *Hamburg* un de ces garnements dont on ne pouvait absolument rien tirer. Sévérité, douceur, rien ne réussissait ; on avait épuisé sur lui toute la série des punitions réglementaires sans aucun résultat. Non seulement il était voleur comme une pie, mais c'était encore un des hommes les plus indisciplinés et les plus mauvais qu'on puisse trouver.

Un garnement dont on ne pouvait rien tirer.

Un jour, le premier officier lui donna un ordre ; mais, au lieu de l'exécuter, il s'élança dans la mâture et alla s'asseoir sur les barres de perroquet. De là-haut, il se mit à proférer contre le commandant et contre le second des injures si grossières que tout le monde à bord en fut choqué au dernier point. Connaissant le caractère déplorable de cet homme, le commandant n'osait ordonner à personne d'aller le faire descendre de force, quand un sous-officier s'offrit spontanément à l'amener sur le pont. On l'y autorisa, et il grimpa dans les haubans. Le forcené s'attendait évidemment à être vigoureusement empoigné ; il se retira à l'extrémité des barres et se mit en défense.

Nous n'étions pas à notre aise en attendant ce qui allait se passer : une lutte corps à corps à cette hauteur, dans un endroit où les pieds avaient à peine la place de se poser sur deux barres de bois étroites, devait probablement se terminer par la chute de l'un des deux combattants, et peut-être même de tous les deux à la fois. Nous fûmes très étonnés cependant de voir le sous-officier passer tranquillement auprès du matelot, sans avoir l'air de s'occuper de lui, et monter jusqu'à la tête du mât, où il resta quelque temps paraissant arranger quelque chose au capelage. Puis il saisit le galhauban qui tient la tête du mât et aboutit sur le pont, et se laissa glisser en bas.

Arrivé à la hauteur du matelot, qui ne se doutait certainement pas de ce qu'il allait faire et continuait de pousser des invectives, il lâcha tout d'un coup les pieds, lança ses jambes autour du cou du matelot surpris, et, par une violente secousse, il l'arracha de dessus les barres.

L'homme s'agitait comme un serpent.

Les cheveux nous dressèrent sur la tête en voyant cette manœuvre inattendue : l'homme, suspendu par le cou dans les jambes croisées du sous-officier, s'agitait comme un serpent à plus de quatre-vingts pieds au-dessus du pont. Serrant un peu les jambes avec intention, pour empêcher son prisonnier de le gêner dans ses mouvements, le sous-officier, aussi adroit que vigoureux, se mit à descendre main sur main, le long du galhauban, avec son fardeau entre les jambes. Il arriva sur le pont et dit simplement : « Le voilà ! » en le remettant au capitaine d'armes qui l'attendait.

Le matelot se démena alors d'une manière si insensée qu'on fut obligé de le mettre aux fers avec un bâillon dans la bouche. On l'envoya à fond de cale, coucher sur le lest en gueuses de fer, parce qu'il n'y avait pas encore, à cette époque, à bord des navires, les prisons qu'on y a établies plus tard.

La punition infligée sortait peut-être des limites du règlement ; mais, avec de pareils sujets, il n'y avait pas d'autre moyen d'en venir à bout.

Dans les conditions où se trouvait alors la jeune marine allemande, les états-majors manquaient naturellement de cette homogénéité si nécessaire dans un corps d'officiers. Cette qualité désirable ne peut s'acquérir que par une pratique assez longue du service, avec l'uniformité d'instruction et des traditions communes. Il en résultait bien des inconvénients, qui n'eurent pas heureusement sur la masse toute l'influence pernicieuse à laquelle on aurait pu s'attendre. Quatre nationalités différentes étaient représentées dans le groupe des officiers de vaisseau : Allemands, Anglais, Belges et Américains ; mais au moins il y avait un Allemand à la tête du corps.

Il n'y avait que six Belges, mais nous avions fait avec eux une excellente acquisition. C'étaient des hommes d'une éducation parfaite, de manières distinguées et d'une instruction solide. Ils connaissaient à fond le service à bord des navires de guerre, et nous trouvions en eux des maîtres excellents pour ce détail de l'instruction militaire, qui nous manquait le plus. En revanche, lorsque le navire faisait un mouvement quelconque, nous nous apercevions que la pratique du métier de marin était leur côté faible ; mais ils avaient le bon esprit de se tenir à l'écart, et nous étions là, nous autres Allemands, pour les suppléer. Avec de pareilles concessions et de la bonne volonté de part et d'autre, l'organisation de la flotte ne pouvait manquer de faire des progrès étonnamment rapides.

On l'envoya coucher à fond de cale.

Dès la première année, nos bâtiments pouvaient déjà, sans la moindre exagération, être cités comme modèles au point de vue du service intérieur, des exercices, de l'ordre et de la propreté. C'est une preuve que l'Allemagne possédait tous les éléments pour constituer une marine, et qu'il n'y avait qu'à s'en occuper et à poursuivre son instruction.

Notre état-major allemand était composé des éléments les plus divers. A la création de la flotte, il s'était agi de se procurer le plus tôt possible des officiers qu'on ne pouvait recruter que dans la marine de commerce. Dans les choix faits pour remplir ces nouveaux emplois, on avait dû, par suite, s'attacher beaucoup moins aux manières qu'aux capacités pratiques, deux qualités qu'on ne trouvait pas toujours réunies chez les capitaines et les timoniers de la marine marchande. On créa deux catégories d'officiers de marine, les auxiliaires et les enseignes, ayant toutes les deux la même assimilation militaire au grade de lieutenant en second. Les auxiliaires recevaient un traitement supérieur; par contre, aucun avenir dans la marine ne leur était garanti. Le décret qui les avait institués précisait qu'un avancement pouvait bien leur être accordé à l'occasion, mais qu'il ne leur était pas dû. Dans cette classe furent compris ceux qui renonçaient d'eux-mêmes à l'avancement pour avoir une solde plus élevée, et ceux qui n'avaient pour eux que leurs capacités pratiques.

Les jeunes gens qui possédaient une instruction variée.

On institua au contraire comme enseignes, avec brevet et perspective d'avancement, les jeunes gens de bonne naissance qui, outre les connaissances maritimes, possédaient aussi une instruction variée et promettaient de devenir par la suite des officiers capables.

On comprend que, dans les circonstances irrégulières qui présidèrent à la formation de la flotte à Francfort, il y ait eu quelquefois des erreurs commises. On donna le brevet à des candidats qui n'étaient propres qu'à faire des auxiliaires; d'autres, qui étaient très capables d'être enseignes et qui se présentaient pour ces fonctions, se virent tout d'un coup classés comme auxiliaires.

Outre les officiers de marine, les états-majors des navires se composaient aussi de médecins, de commissaires, de secrétaires et, sur les navires à vapeur, d'ingénieurs-mécaniciens. Ces derniers étaient tous des Anglais, parce que l'Allemagne n'était pas encore en état de fournir un personnel de ce genre.

Les médecins, les commissaires et les secrétaires provenaient de différentes parties de l'Allemagne, et ces deux dernières classes de fonctionnaires sortaient des conditions les plus diverses.

L'enthousiasme pour la marine naissante, la perspective de rêveries romanesques en parcourant l'Océan, entraînèrent bien quelques postulants à ces emplois; mais le principal mobile qui les amenait en foule, c'était surtout l'espoir de se créer une bonne carrière ou de reconstituer une existence brisée.

Il y avait des juristes, d'anciens marchands, des agriculteurs, des pharmaciens, des bourgmestres, des gens qui

Il y avait des juristes, des agriculteurs, etc.

souvent avaient roulé le monde sans pouvoir se fixer nulle part et qui espéraient être plus heureux dans la marine. Cela n'empêche pas que, même parmi ces derniers, plusieurs ne soient devenus très capables dans leur nouvelle profession, et que leur excellent caractère ne leur ait acquis l'amitié et la considération générales.

J'ai servi pendant quelque temps sur le vaisseau le *Barbarossa*, qui portait le pavillon de l'amiral Brommy; c'était considéré comme un honneur et envié comme un privilège d'être embarqué sur son navire. L'état-major était assez nombreux; il se composait de huit enseignes ou auxiliaires, du médecin, du commissaire, du secrétaire et de l'ingénieur.

On n'allait pas beaucoup à terre. Bremerhaven offrait peu d'attraits; mais nous avions souvent des visites de camarades, et nous passions bien des heures agréables à boire et à fumer. Le commissaire nous fournissait des liqueurs et des cigares d'une qualité supérieure ; il était chef de gamelle et avait, comme tel, une réputation particulière dans la flotte. Personne ne savait comment il s'y prenait ; mais, avec nos frais de gamelle, nous avions non seulement une table remarquablement servie, mais nous pouvions encore exercer une large hospitalité.

Notre vie en commun était fort agréable, quoique, avec la diversité des caractères, il y eût quelques petits frottements. Mais ils

L'aimable intervention du commissaire.

n'amenaient aucun trouble, et nous le devions surtout à l'aimable intervention du commissaire, qui, avec une humeur charmante, coupait court à tout conflit sérieux et savait ramener les esprits surexcités dans une voie plus calme.

Le commissaire Albert était un garçon modèle, même en dehors de ses fonctions ; quoique *conseiller* de l'intérieur, il avait su, avec une rapidité étonnante, se mettre au courant de ce qui regarde les navires et qui lui était si étranger dans le principe. Il était Sud-Allemand, il avait étudié le droit et venait de passer son examen de référendaire lorsqu'on fit appel au pays pour créer une marine allemande. Ce fut pour lui comme un éclair : jusqu'à présent, il avait manqué sa vocation et adoré de faux dieux. Ce n'était pas Thémis, mais bien Neptune qui l'appelait à sa suite ; ce n'était pas la table verte, mais l'Océan bleu et houleux qui devait être l'arène sur

Il avait étudié le droit.

laquelle il devait à l'avenir combattre et vaincre. Les Pandectes volèrent dans les coins, et le héros naissant de la mer se précipita vers Francfort pour demander une place de cadet. Mais il fut désabusé de la façon la plus douloureuse lorsqu'on lui déclara qu'il était trop vieux pour la carrière d'officier de vaisseau. L'espoir de sa vie, déjà abattu par cette réponse, se releva cependant lorsqu'on ouvrit devant lui la perspective d'une place de commissaire. Il la reçut avec reconnaissance, et peu de jours après il se mit en route pour Bremerhaven.

Il saisissait toutes les occasions de se préparer à sa nouvelle carrière.

Avec un zèle ardent, il saisissait toute occasion qui se présentait à lui de se préparer à sa nouvelle carrière.

Pendant le voyage vers sa nouvelle destination, d'abord sur le vapeur du Rhin jusqu'à Cologne, puis sur le paquebot de Brême à Bremerhaven, il cherchait déjà à faire des études nautiques. Il tracassait à mort le capitaine et les matelots par des questions sur toutes les choses possibles, et se tenait des heures entières dans la cabine des deuxièmes, bondée d'émigrants de la dernière classe, pour endurcir, dans cet air méphitique, son nez aux odeurs qu'il s'attendait à trouver à bord des navires. Dès son arrivée à Bremerhaven, il se mit à boire du cognac avec de l'eau et à chiquer du

Il se mit en route pour Bremerhaven.

tabac, regardant ces deux choses comme des qualités requises pour un marin. Cependant ce n'est que dans la première qu'il parvint à une certaine habileté ; il ne put réussir à chiquer, malgré toute sa ferme volonté et les nausées que cela lui occasionnait. Il s'en consola à la fin en pensant qu'après tout un commissaire pouvait vivre sans ça. Mais un nouveau désappointement l'attendait, quand, à son entrée dans la marine, au lieu d'être embarqué sur un navire, il fut envoyé dans l'arsenal pour s'instruire dans sa nouvelle spécialité. Cependant il trouva là un camarade, le commissaire Wollweber, qui l'initia à tous les devoirs et à tous les secrets de son service.

Wollweber était un homme déjà âgé ; il est vrai qu'il ne remplissait également les fonctions de commissaire que depuis quelques semaines ; mais il avait à son aide une grande expérience de la vie. Il avait d'abord été, lui aussi, juriste de profession, et était de plus un musicien distingué. Ayant été compromis en 1831 dans l'affaire de l'université de Gottingue, il avait émigré en Amérique, où il vécut quelques années, et trouva à son retour la place de commissaire et de directeur de l'arsenal. Son talent musical, son éducation solide et sa nature bienveillante, à laquelle une vie tourmentée n'avait pas enlevé la bonne humeur native, l'avaient fait beaucoup aimer dans le cercle de tous ses camarades.

Il tracassait les matelots par ses questions.

A cette époque de la création de la flotte, l'*arsenal* ne consistait provisoirement encore qu'en quelques hangars loués, dans lesquels étaient accumulés les objets d'approvisionnement acquis de tous côtés et arrivant en affluence, particulièrement du matériel d'artillerie. La tâche des deux anciens jurisconsultes consistait à administrer ces objets hétérogènes, dont la plus grande partie leur était inconnue, et à mettre de l'ordre dans ce chaos. Wollweber avait cependant fait déjà quelques progrès dans la connaissance de ce matériel si diversifié, et il donna là-dessus à son assistant quelques leçons, dans la manière humoristique et naïve qui lui était particulière.

L'arsenal ne consistait qu'en quelques hangars.

« Pour quoi prendriez-vous bien ces objets-là, mon cher camarade? demanda-t-il à Albert, qui écoutait avec application, en lui montrant des centaines d'écuelles de diverses grandeurs empilées l'une dans l'autre dans un coin.

— Pour des crachoirs, répondit l'autre après quelques instants de réflexion.

— Parfaitement, mon cher camarade, j'admire votre perspicacité. Cela pourrait être des crachoirs, les plus grands pour les matelots, les plus petits pour les novices. Cependant, en confidence, dit-il tout bas d'un air de mystère, ils sont désignés sur le grand

« Pour quoi prendriez-vous bien ces objets-là ? »

livre sous un autre nom. Là, ils s'appellent des sabots d'obus, et, comme me l'a dit le canonnier Wassermann sous le sceau du secret, ce n'est que par occasion qu'ils trouvent leur emploi comme crachoirs. Leur destination principale est pourtant de servir comme support aux obus pour les empêcher de tomber. »

Albert s'inclina, rempli de considération, devant son supérieur.

« A propos, poursuivit celui-ci, vous avez certainement une plus belle écriture que moi, cher camarade. Ayez donc la bonté de faire une pancarte pour défendre de fumer dans l'arsenal. Nous la clouerons sur la porte, et, dès qu'elle sera en place, nous jetterons nos cigares, pour donner le bon exemple, car dans ces caisses de métal se trouvent des matières très incandescentes. Voyez donc! pour quoi prendriez-vous bien ces petits tuyaux? »

Albert n'avait aucune idée de la destination de ces objets, qui lui étaient complètemnt inconnus, qui avaient l'apparence de petits tuyaux et pouvaient bien être un accessoire des crachoirs.

« Ce sont des étoupilles royales, hanovriennes, à friction, en cuivre, chargées, modèle américain. Elles me sont antipathiques, parce que j'aime les choses courtes, et que dans le grand livre leur

« Les grands crachoirs pour les matelots, les petits pour les novices. »

désignation exige toujours trois lignes entières. D'après l'autorité de mon artilleur *ad latus* Wassermann, on s'en sert pour tirer les canons. Il m'a aussi montré comment on les fait partir, et après déjeuner nous en tirerons quelques-unes, pour compléter nos connaissances en artillerie. »

Là-dessus, Wollweber arriva à une boîte parfaitement fermée. Il l'ouvrit avec beaucoup de précautions et en sortit un objet empaqueté d'étoupe qu'elle contenait. C'était une plaque quadrangulaire en cuivre jaune, avec une graduation et un indicateur mobile.

« Qu'est-ce que c'est que ça, mon camarade? Remarquez-le bien, poursuivit-il d'un ton solennel, tandis qu'Albert, secouant la tête, gardait le silence; c'est la chose la plus importante de toute l'artillerie. C'est un *quart de cercle!* Il est vrai que jusqu'à présent ses fonctions ne sont pas encore très claires pour moi ; mais, d'après les renseignements de Wassermann, j'ai conçu une si grande considération pour cet instrument, que je porte toujours la main à ma casquette pour saluer quand le mot « quart de cercle » est prononcé en ma présence. »

« Nous clouerons la pancarte... »

Wollweber salua, Albert suivit son exemple, et tous deux convinrent qu'à l'avenir le quart de cercle ne serait montré aux visiteurs de l'arsenal, « n'appartenant pas au corps », que sous condition qu'ils se découvriraient la tête auparavant.

Quant aux questions indiscrètes qui seraient adressées sur la nature particulière d'objets remarquables, ainsi que sur d'autres choses dont l'explication exigerait plus de connaissances que n'en possédaient les deux directeurs de l'arsenal, on répondrait : « C'est un secret ! »

Il ouvrit la boîte avec précaution.

Après le quart de cercle vinrent à la file les différentes armes portatives employées sur les navires, comme sabres d'abordage, haches d'abordage et piques d'abordage. Elles n'avaient pas besoin d'autre explication ; cependant Wollweber et Albert firent quelques passes avec les premiers, et, à cette occasion, ils se convainquirent avec satisfaction que ce n'était pas tout à fait pour rien qu'ils y avaient été exercés dans les collèges allemands.

Ce mouvement un peu inaccoutumé avait excité l'appétit, et ce n'est qu'après s'être réconfortés d'un solide déjeuner et avoir tiré quelques étoupilles que l'instruction commencée fut poursuivie. Cependant, en considération des bons cigares qui se trouvaient encore dans les poches, on décida de retarder de quelques jours la pancarte pour la « défense de fumer ».

Le moment vint alors de traiter le point le plus important, l'initiation aux mystères du cabalistique grand livre dont il avait été déjà plusieurs fois question et qui, pour Albert, devait prendre dorénavant la place du *Corpus juris*.

On convint que le quart de cercle ne serait montré aux visiteurs que sous condition qu'ils se découvriraient la tête.

« La bonne tenue du grand livre, mon cher camarade, commença Wollweber, importe beaucoup plus que vous ne pensez. Si j'avais plus tôt rendu hommage à ce principe, je n'aurais pas besoin de me geler maintenant dans cet arsenal sans feu, bien que d'ailleurs je sois ici de mon plein gré. Aussi je me suis donné pour tâche de tenir réellement bien ce livre important, mais en même temps de faire cela d'une manière pratique. Comme je vous l'ai dit, ma devise est : « Simplicité et concision, » et je l'ai appliquée ici également. Voyez, poursuivit-il en ouvrant le grand livre, il peut à peine y avoir quelque chose de plus simple. Voici les recettes, tout réuni ensemble, excessivement clair !

Ce mouvement inaccoutumé avait excité leur appétit.

« En effet, très simple et très clair, constata Albert ; et les dépenses ? »

Avec une grande habileté, Wollweber lança le livre en l'air, comme une omelette cuite d'un côté, et l'ouvrit dans l'autre sens.

« Voici les dépenses ! dit-il en les montrant d'un air triomphant.

— Je vous fais mon compliment sur cette disposition pratique, dit Albert avec admiration ; c'est certainement en Amérique que vous avez appris cela.

— Pas du tout, répondit Wollweber. Il m'en a bien mal pris, au contraire, de n'avoir par tenu de grand livre en Amérique. Il y a quinze ans, j'allai en Amérique avec deux compatriotes, comme moi alors étudiants, et nous nous achetâmes une ferme dans le Wisconsin. Au commencement, tout alla parfaitement bien. Nous fûmes bientôt maîtres d'une propriété foncière presque aussi grande que les domaines de bien des petits princes en Allemagne. Cependant nous vivions très largement et nous dépensions plus que nous ne gagnions ; la magnificence eut une fin, et bientôt nous ne possédions plus autre chose que la vie toute nue.

« Voici les dépenses,... » dit-il.

« Comment cela se fit-il ? Nous n'avions pas tenu de grand livre !

« Chacun de nous tira alors de son côté. Je me fis musicien à Boston, et je trouvai largement mon existence. Mais comme, en qualité d'homme posé, j'étais continuellement en butte à des séductions pour le mariage de la part de mes élèves et que je suis un ennemi juré du joug conjugal, je renonçai à mon nouveau moyen de fortune et me rendis dans le Sud. Quoique j'eusse fait de brillantes affaires en donnant des leçons et des concerts, il ne me restait plus cependant que quelques centaines de dollars.

« Comment ça ? Je n'avais pas tenu de grand livre ! A la Nouvelle-Orléans, un Américain me proposa d'établir avec lui une fabrique de savon. Nous avions alternativement des gains et des pertes. Une nuit, nous avions précisément peu de temps auparavant fait de très bonnes affaires, la fabrique brûla avec tous ses approvisionnements. Mon compagnon accapara tout l'argent qu'il y avait et soutint que c'était sa part. Je l'accusai, mais je fus débouté de ma plainte.

« Pourquoi ? Nous n'avions pas tenu de grand livre ! A cette courte esquisse, vous devez comprendre, mon très honoré camarade, combien un pareil grand livre est important dans notre vie, et c'est pour cela que j'ai établi le nôtre d'une manière si pratique.

— Mais, malgré cela, n'avez-vous pas envie de retourner dans cette Amérique, qui pendant si longtemps était devenue pour vous une seconde patrie ? demanda Albert.

— Non, répondit-il ; je me plais beaucoup mieux en Allemagne, et ma position actuelle

« Je me fis musicien à Boston ».

me convient. Il n'y a qu'une chose qui m'afflige, continua-t-il avec un soupir d'après lequel on ne pouvait savoir s'il allait parler sérieusement ou en plaisanterie.

— Et puis-je demander ce que c'est ? demanda son assistant avec compassion.

— C'est que M. de Bismarck-Schœnhausen est arrivé jusqu'au poste d'ambassadeur, tandis qu'à Gottingue, dans la corporation des Hanovriens, il n'était cependant que mon renard. Probablement qu'il a toujours tenu un grand livre ! » ajouta-t-il pour se consoler.

Albert resta encore quelques mois dans l'arsenal, sous l'égide de Wollweber.

« Mon compagnon accapara tout l'argent qu'il y avait. »

Puis il fut trouvé propre aux fonctions de commissaire de bord, embarqué d'abord sur une des petites corvettes et ensuite sur le vaisseau amiral. Le goût et les dispositions naturelles développèrent rapidement chez lui un talent d'administrateur peu ordinaire, et, lorsque plus tard il groupait les recettes et les dépenses d'une manière un peu différente que dans le grand livre de l'arsenal, il songeait toujours avec reconnaissance à son chef, qui avait tant d'expérience du monde et des leçons duquel il avait tant profité. A bord de notre navire, il se montra toujours serviteur aussi circonspect et pratique que camarade aimable et partout bien vu.

II

LE CARRÉ

II

LE CARRÉ

La partie arrière du navire, sous le premier ou le second pont, suivant qu'il n'a de canons que sur les gaillards ou qu'il a une batterie couverte, se trouve l'habitation commune des officiers, appelée le carré des officiers, ou simplement le carré.

Dans ces premiers temps de notre marine, c'était un espace quadrangulaire, sans ornements, peint en blanc d'ordinaire et dépourvu de tout confortable. Le mobilier se composait d'une table massive et d'un nombre convenable de sièges assez solides, construits uniquement d'après les simples principes de l'utilité. Il s'y joignait aussi parfois quelques tableaux modestement encadrés dans des baguettes dorées, quand le chef de gamelle, l'officier chargé de la direction du ménage, avait bien mené sa gestion et avait réalisé quelques économies pour payer ce luxe. Mais c'était rare, et cela n'arrivait que lorsque le chef de gamelle se trouvait être un commissaire habitué à ces fonctions, dans lesquelles les officiers de marine se montraient en général peu habiles.

Malgré la soupe au lait, le poisson et la salade de choux qui, par économie, composaient souvent l'unique menu, il se trouvait fréquemment un déficit à la fin du mois. L'administrateur malhabile avait alors à supporter des observations peu aimables, et la plupart du temps il était, à l'unanimité, solennellement déchu de son poste de confiance.

L'administrateur malhabile était solennellement déchu.

Le carré reçoit la lumière du jour par en haut, parce qu'il est flanqué des deux côtés par les chambres des officiers. Ces chambres sont des espaces de deux mètres de long en moyenne et d'une profondeur un peu plus grande. Quand la construction du navire le permet, il y a des fenêtres, et, sur les navires modernes, particulièrement les cuirassés, ces fenêtres sont si grandes qu'on a suffisamment d'air et de jour, d'autant plus que sur ces derniers navires la hauteur atteint de deux mètres et demi à trois mètres.

Mais, il y a trente ans, on ne connaissait pas encore un pareil bien-être, et on devait se montrer moins exigeant. Les chambres étaient basses, sombres et mal aérées ; sur les petits navires, on ne pouvait s'y tenir que courbé; en plein midi, on ne pouvait y lire ou y écrire sans avoir de la lumière.

Le plus souvent, elles n'avaient même pas de fenêtre latérale, mais seulement un prisme de verre enchâssé dans le pont, à travers lequel tombait une lumière blafarde. Sur les corvettes et les frégates où il y avait des fenêtres, elles consistaient en une épaisse lentille ronde de verre de dix à douze centimètres, fixée dans un cadre de métal que l'on pouvait ouvrir ou fermer.

Dans le port, il était permis de les laisser ouvertes; mais dès que le navire prenait la mer, on ne pouvait les ouvrir de jour comme de nuit, même par très beau temps et mer calme, que sur une autorisation spéciale du commandant ou du premier officier. Leur position peu élevée au-dessus du niveau de la mer faisait craindre qu'avec les mouvements de roulis l'eau ne s'introduisît en abondance par ces ouvertures et ne mît le navire en danger. Aussi, sur les frégates et sur les vaisseaux, on met la plus grande attention à fermer à temps ces ouvertures, appelées hublots, ainsi que les sabords inférieurs.

Les chambres étaient basses, sombres.

Sur les navires de moyenne grandeur, il ne règne pas plus de confortable dans les chambres des officiers que dans le carré; le peu de place s'y oppose. La couchette fixe, la table à toilette, une commode, une étagère pour les livres, et peut-être, dans un coin propice, une sorte de placard pour les vêtements, plus un pliant, ne laissent tout juste au propriétaire que la place de se remuer avec peine. S'il reçoit la visite d'un camarade, l'un des deux est forcé de s'asseoir sur le lit.

Et pourtant, malgré l'exiguïté du local, la demi-obscurité et le manque d'air, combien l'officier de marine est heureux de posséder une chambre, surtout dans les longues traversées! Combien lui est chère et souvent précieuse la petite place restreinte qu'il peut appeler sienne, où il peut se retirer pendant le peu de liberté que lui laissent les exigences du service, où il peut lire, écrire une lettre ou même s'abandonner sans contrainte au cours de ses pensées!

Lorsqu'on désigne un groupe d'officiers pour embarquer sur un navire, il est le plus souvent impossible d'avoir égard aux convenances personnelles. Il peut se faire très facilement, et cela arrive très souvent dans la réalité, que les divers caractères ne s'accordent pas du tout entre eux.

On craignait que l'eau ne s'introduisît en abondance.

Dans un régiment ou dans un bataillon, ces incompatibilités ont moins d'importance. Là, chacun peut s'éviter, et, le service fini, chaque officier devient seul maître de ses actions. Il a son logement commode, la société, le théâtre, la promenade ou d'autres plaisirs qui lui offrent des compensations aux ennuis du service. Il peut ainsi se soustraire aux impressions désagréables qu'il a éprouvées et conserver l'élasticité de son esprit.

La situation de l'officier de marine est bien différente : enfermé pour des années dans le même petit espace avec des camarades qui lui sont peut-être antipathiques, il ne peut les éviter. Il est forcé de les voir presque constamment, de manger à la même table et de partager avec eux l'air, la lumière, la bonne et la mauvaise fortune. Aucune distraction ne vient détourner ses pensées, aucun événement heureux ne lui sert d'encouragement; le ciel, l'eau, les murailles du navire et les préoccupations du service sont ses compagnons éternels et son unique société.

Il est donc bien naturel que son humeur devienne de jour en jour plus sombre, que de misérables bagatelles, sur lesquelles l'homme placé dans des conditions ordinaires glisse léger et indifférent, l'irritent et lui donnent de sinistres pensées.

C'est alors dans sa chambre que l'officier embarqué cherche l'isolement et un refuge contre lui-même; c'est à elle qu'il confie l'amertume de son chagrin, et c'est là qu'il en trouve la consolation.

Dans sa chambre, il peut jeter le masque qu'il est forcé de porter dehors et donner libre carrière à ses sentiments. Ce petit espace resserré est donc un trésor dont la valeur ne peut être assez appréciée, un paradis où l'officier peut oublier les tristesses du présent et rêver à son aise : rêver au passé, dont les riants souvenirs versent un baume bienfaisant sur son cœur ulcéré; rêver à l'avenir, qui lui promet de riches compensations au milieu de ceux qu'il aime. Dans les riantes images qu'il évoque dans son âme, il puise un nouveau courage.

Il n'y a pas beaucoup de navires où la vie en commun dans le carré n'ait été troublée par des considérations de ce genre quand la campagne dure plusieurs années. Malheureusement il faut en chercher la raison dans les faiblesses mêmes de la nature humaine, et on doit considérer comme un bonheur particulier que la bonne harmonie persiste jusqu'au dernier moment.

Le commandant et le jeune officier peuvent certainement contribuer beaucoup à son maintien. Ce dernier vit dans le carré avec les autres, et, s'il est observateur, il peut reconnaître les motifs qui créent les premiers germes de discorde. Ce sont, la plupart du temps, des causes si futiles qu'une bonne parole placée à propos, une simple plaisanterie, un avertissement amical, les détruiraient sans laisser de trace. Avec des esprits surexcités, la mésintelligence en fait au contraire des sujets de plus en plus fréquents de colère et de haine.

Le premier officier est, avant tout, la personne la mieux placée pour ne pas laisser les choses aller trop loin. C'est son droit et son devoir; sa position au-dessus des partis lui permet beaucoup mieux qu'à tout autre d'intervenir en médiateur pour apaiser les querelles et arranger les différends. Avec beaucoup de tact, il peut faire de son autorité un emploi très judicieux.

Mais c'est bien plus encore du commandant que dépend la commodité de la vie dans le carré et en général dans tout le navire. Il a dans les mains tout ce qu'il faut pour rendre à tous le séjour à bord facile et agréable, et surtout les moyens d'écarter tout sujet de dissension. Le commandant peut non seulement avoir des relations amicales avec les officiers, autant que le permettent les conditions particulières du service, mais aussi leur rendre de toute façon l'existence aisée et riante.

Un paradis où l'officier peut rêver à son aise.

Malheureusement il n'en est pas toujours ainsi. Il y a des commandants qui, par une fausse interprétation de leur mandat ou par des imperfections de caractère regrettables, rendent leur navire insupportable à tous. Ils font un mauvais usage de l'énorme pouvoir qui leur est attribué, et que l'on a souvent comparé avec raison à celui d'un maître absolu, sans qu'on puisse cependant prouver qu'ils en ont outrepassé les bornes.

Personne ne peut avoir de prise sur le commandant, lorsque, invoquant une raison de service quelconque, il refuse une permission à un officier ou à un matelot ou bien qu'il ne l'accorde que dans des limites telles que cela équivaut à un refus; quand il prolonge les exercices jusqu'à en faire une torture; lorsque, sans un motif urgent, il met l'équipage à la stricte ration d'eau, si bien que les langues desséchées se collent au palais, ou qu'il trouble et empoisonne les quelques rares plaisirs que ses subordonnés rencontrent dans leur pénible métier.

Heureusement de pareils caractères sont rares[1]...

Mais tirons un voile sur ces tristes images, et jetons les yeux sur des scènes plus riantes, comme en présentait, par exemple, le carré du *Barbarossa*.

Outre que la tranquillité du navire dans le port aurait permis à chacun d'éviter des contacts désagréables, la grande différence des caractères, du genre de vie et de l'éducation, n'empêchait pas les membres de l'état-major de vivre sur un excellent pied de camaraderie, et la meilleure entente régnait à bord.

Celui qui mettait surtout le plus d'animation dans le carré était l'enseigne Mathy. Il avait des manières aisées et joignait à beau-

---

1. *Note du trad.* — Ici, l'auteur reproduit un épisode de la *Vie navale* de La Landelle. Cette sombre peinture de la vie de bord est heureusement fort exagérée par la fantaisie de l'auteur, et surtout du romancier auquel il emprunte un exemple.

coup d'esprit un grand talent de narrateur, qui ne laissait jamais tomber la conversation. Ayant assez couru le monde, il savait adapter une histoire quelconque à tout sujet de causerie; seulement on n'était jamais bien sûr si elle lui était réellement arrivée à lui-même, s'il l'avait adoptée pour son compte ou si ce n'était, en tout ou en partie, qu'un fruit de son imagination. Lorsque, parfois, on émettait quelque doute sur sa véracité, Mathy, loin de s'en fâcher, se consolait en mettant toujours les rieurs de son côté.

L'enseigne Franck était un type du même genre, au moins quant au talent de conteur; mais ses histoires, plus longues qu'intéressantes, ne roulaient en général que sur des aventures de revenants. Malheur à l'infortuné qui s'y laissait prendre! Il n'en était pas quitte de deux ou trois heures. Au milieu des nombreuses digressions, il finissait par perdre le fil de l'aventure.

Il n'y avait pas moyen d'échapper à ses histoires.

Quand on se trouvait seul avec Franck, il n'y avait pas moyen d'échapper à ses histoires, et le lieutenant W..., qui faisait le quart avec lui, avait beaucoup à en souffrir. Il n'y avait pas d'interruption qui tienne, et, lorsque les motifs en étaient écartés, Franck reprenait son récit au mot même où il l'avait coupé.

C'est dans le carré seulement que Franck parvenait rarement à garder la parole. Il était impuissant devant le verbiage de Mathy, qui l'interrompait à tout moment et le forçait, de guerre lasse, à se retirer par dépit dans sa chambre.

Il arrivait presque toujours, cependant, à y remorquer mister Roberts en l'invitant à prendre un grog. C'était l'ingénieur mécanicien anglais, son auditeur complaisant.

Mister Roberts ne comprenait pas un mot d'allemand, parce

que tout le monde lui parlait anglais ; mais cela ne l'empêchait pas de prêter une grande attention aux conversations du carré, au milieu desquelles il lançait de temps en temps cette exclamation : *How funny!* Que c'est drôle!

Comme invité de Franck, mister Roberts avait le double plaisir d'entendre les histoires de revenants en anglais, ce qui les rendait encore plus longues, et d'avoir devant lui un bon verre de grog. Reste à savoir lequel des deux lui plaisait le plus.

Une autre personnalité typique du carré, c'était le médecin-

Un bon verre de grog.

major, le docteur Altmanns. Celui-ci était du midi de l'Allemagne et avait une mobilité de vif-argent. Son grade de médecin de seconde classe le faisait hiérarchiquement le plus ancien de la table, et, dès le principe, il avait su mettre à profit cette situation.

Très fort en dialectique et doué de beaucoup d'esprit, il était, sous ce rapport, bien supérieur aux officiers de marine et avait toujours le dernier mot dans les discussions, ce qui l'avait même rendu passablement autocrate.

Son despotisme avait été cependant un jour quelque peu ébranlé, et son autorité en reçut une si rude atteinte que depuis lors il devint un peu plus réservé.

Avec un extérieur fort avenant, qui facilitait beaucoup les relations avec lui, Altmanns avait quelques faiblesses qui donnaient prise à ses camarades pour se venger des échecs qu'ils éprouvaient toujours dans les discussions.

Passablement vaniteux, non seulement de ses avantages spirituels incontestables, mais aussi de sa personne, surtout de ses mains, qu'il avait petites et fort belles et dont il prenait un soin particulier, le docteur en faisait volontiers parade, ainsi que de ses épaulettes à franges d'or, qu'il aimait assez à porter. Aussi il allait beaucoup à terre et manquait rarement un bal; il était beau cavalier, dansait bravement jusqu'au dernier quadrille et ne revenait à bord en général que fort avant dans la nuit. On lui joua même une fois à cette occasion un tour fort désagréable.

Il était beau cavalier.

En rentrant à bord par une nuit d'hiver glaciale, Altmanns vit avec effroi dans sa couchette six boulets de soixante-huit proprement arrimés en long. Avec toutes les peines du monde, il ne put réussir à s'en débarrasser; ses jolies mains, si minutieusement soignées, n'étaient pas capables de saisir les énormes projectiles; à chaque tentative ils lui glissaient obstinément des doigts. Le docteur n'osa appeler à son aide aucun des gens de quart, de peur d'être le lendemain la fable de tout le bord et l'objet de grossières plaisanteries de la part des matelots. Il ne pouvait éveiller son fidèle serviteur, ne sachant pas le numéro de son hamac dans le faux pont, et il n'eut plus d'autre ressource que de passer sur une chaise le reste de la nuit.

Les chambres n'ont pas de poêle; quand on veut s'y donner, pour un quart d'heure, l'agréable illusion d'un peu de chaleur, on fait chauffer au rouge, dans le fourneau de la cuisine, un boulet de trente-deux, que l'on met dans un seau rempli de sable; on obtient ainsi un calorifère improvisé. Mais, la nuit, le feu des cuisines est éteint; aussi la colère et le froid empêchèrent le docteur de fermer l'œil. Enfin, au branle-bas, le fidèle domestique parut et vint le délivrer de cette pénible situation.

Peu de temps après, sa vanité fut soumise à une nouvelle épreuve encore plus sensible. Un chef de gamelle remplit à bord des fonctions fort ennuyeuses; il faut qu'il ait beaucoup de patience pour que les critiques incessantes de ses administrés ne lui fassent pas perdre l'appétit; aussi a-t-il bien raison de ne pas s'en préoccu-

Il ne put réussir à s'en débarrasser.

per et de ne faire servir à table que ce qui lui plaît. Il y a pourtant des ambitieux qui recherchent ce poste si tourmenté, et Altmanns était de ce nombre.

Quand son prédécesseur lui rendit la gamelle, il se trouva, parmi les provisions qui restaient, quelques boîtes en fer-blanc qui ressemblaient à des conserves, dont l'usage commençait alors à s'introduire à bord des navires.

« Qu'y a-t-il là dedans? demanda le docteur.

— Des petits pois, lui répondit-on. Il faut les faire cuire dans la boîte pendant trois heures et n'ouvrir la boîte qu'au moment de les servir. Ils ont alors tout à fait le goût de pois fraîchement cueillis. »

Le nouveau chef de gamelle se réjouissait à l'idée d'avoir des légumes frais au milieu de l'hiver. Le dimanche suivant, on invita plusieurs camarades à dîner, et Altmanns pensait leur faire une surprise agréable avec les conserves. Il donna minutieusement ses instructions au cuisinier et lui recommanda bien de le faire prévenir à temps, parce qu'il voulait assister à l'ouverture des boîtes.

Un peu avant de servir le dîner, on vint l'avertir. Les boîtes furent ouvertes; mais qu'on se figure la colère du docteur : les petits pois s'étaient changés en fer! Les prétendues conserves étaient des boîtes de mitraille pour les petits canons de salut du *Barbarossa*.

Altmanns n'avait pas besoin de donner de sujets à la plaisanterie, il n'y en avait déjà que trop, d'autant plus que le reste du dîner fut pitoyable et que les invités sortirent de table mourants de faim.

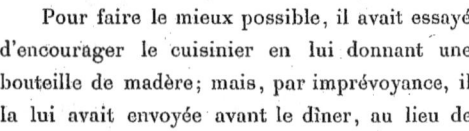

Les prétendues conserves étaient des boîtes de mitraille.

Pour faire le mieux possible, il avait essayé d'encourager le cuisinier en lui donnant une bouteille de madère; mais, par imprévoyance, il la lui avait envoyée avant le dîner, au lieu de la lui donner après seulement.

Le potage fut excellent, le madère n'avait pas encore produit son effet. Puis vint l'histoire désagréable des petits pois; s'il n'avait pas été si exaspéré lui-même, Altmanns aurait pu, lors de l'ouverture des boîtes, s'apercevoir que le cuisinier était déjà sérieusement parti; mais cela lui avait complètement échappé.

Les petits pois ayant manqué, le chef de gamelle mettait tout son espoir dans le rôti. C'était un cimier de chevreuil qu'il avait choisi lui-même; on l'avait fait mariner pendant trois jours dans de la crème aigrie; ce devait être excellent.

Après une longue attente, pendant laquelle le docteur était comme assis sur des aiguilles, le rôti parut enfin, mais, hélas!

complètement brûlé et immangeable; les invités durent se contenter de compotes et de hachards.

Altmanns était consterné. Sa réputation était en jeu, et elle était fortement ébranlée; des remarques malicieuses arrivaient de tous côtés à ses oreilles. Le pudding, qui formait le dernier service, éveillait encore en lui une faible lueur d'espoir. Mais ce pudding se faisait attendre, et pendant ce temps la conversation se traînait lentement. Enfin il arriva; c'était une pièce majestueuse, montée

Il avait voulu encourager le cuisinier en lui donnant une bouteille de madère.

sur un énorme plat. Dans ses gigantesques proportions on pouvait trouver de quoi rassasier toute la table.

Mais la joie du pauvre chef de gamelle fut courte; il pâlit en voyant de plus près ce chef-d'œuvre culinaire. C'était une composition étrange; des ornements blanchâtres de forme suspecte se montraient partout à la surface. Le premier coup de couteau expliqua tout. Altmanns en fut bouleversé.

« Prenez vingt-quatre œufs entiers, » disait la recette que le docteur avait mise sous les yeux du cuisinier. Le madère aidant, celui-ci avait vu double et avait lu quarante-huit. Puis, prenant à la lettre les mots « œufs entiers », il avait mis dans le pudding non seulement les blancs et les jaunes, mais aussi les coquilles.

C'était un rude coup pour le pauvre chef de gamelle; ses débuts étaient pitoyables. Dès le soir même, il résigna sa nouvelle fonction, qui tomba enfin en bonnes mains avec le commissaire. Pendant quelques mois, il se tint assez à l'écart, et les officiers de marine purent respirer à leur aise.

Mathy, qui était chargé du matériel d'artillerie à bord, fut très étonné que des mitrailles se fussent trouvées parmi les provisions du carré. Il fit ressouder les trois boîtes qui avaient été cuites, les fit repeindre, et, pour éviter toute nouvelle méprise, on les replaça là où elles devaient être, dans le parc à boulets autour du mât.

III

A TRAVERS LA FUMÉE DE TABAC

III

A TRAVERS LA FUMÉE DE TABAC

ENDANT les belles soirées et quand le service était fini, les officiers se réunissaient habituellement sur le pont au pied de la cheminée pour fumer en causant. Il n'était pas permis de fumer en bas dans le carré; le commandant le regardait comme une grave infraction.

Il y a ainsi à bord une foule de règlements étranges, la plupart du temps justifiés, mais dont beaucoup ne sont que des restes surannés des anciens temps, qui n'ont plus de raison d'être. Ils n'ont d'autre effet que d'imposer aux sous-officiers et aux équipages une contrainte inutile et de leur rendre l'existence plus dure.

On a judicieusement renoncé aujourd'hui à bien des petites misères de ce genre. On considère que le bien-être des équipages et la jouissance de plaisirs innocents et habituels font plus pour le maintien de la discipline et d'un bon esprit à bord que la contrainte et une étiquette sans but. Mais notre capitaine n'était pas capable d'envisager la chose à ce point de vue élevé. Le vieux brave tenait d'autant plus à la stricte observation des plus minutieux détails du règlement sur le service intérieur, qu'il en comprenait moins les dispositions générales.

Il avait servi trente ans dans la marine anglaise en qualité de *master* et se souvenait encore qu'il était défendu de fumer dans le carré ; c'était resté son dada favori.

Pendant une belle soirée d'été, les officiers étaient rassemblés dans leur fumoir. La conversation roulait sur un grand déjeuner d'apparat que le commandant de l'*Ernest-Auguste* avait donné à son bord, pour célébrer l'anniversaire de sa naissance. Il y avait invité un grand nombre de convives, entre autres plusieurs officiers du *Barbarossa*. Le déjeuner s'était passé très gaiement, et plusieurs des invités s'étaient réveillés le lendemain matin avec mal aux cheveux, comme cela arrive en pareille circonstance.

On s'était réveillé avec mal aux cheveux.

Mathy avait pris la parole comme de coutume. Les boîtes de mitraille et les boulets de soixante-huit avaient fait à l'amour-propre du docteur Altmanns des blessures qui n'étaient pas encore cicatrisées. Aussi se bornait-il au rôle d'auditeur.

L'enseigne Franck avait plusieurs fois tenté vainement de placer aussi son mot et de remplacer l'orateur. Mais il n'avait pu y parvenir. Plein d'impatience, il changeait constamment de place avec sa chaise.

« Il paraît donc qu'on s'est beaucoup amusé? dit le commissaire Albert.

— Sans doute, répondit Mathy, et vous en jugerez en pensant que le déjeuner a duré douze heures entières, depuis une heure après midi jusqu'à une heure du matin. Il a commencé à bord avec soixante convives, et s'est terminé à l'hôtel Schilling avec six des plus vigoureux champions. Quatre-vingts bouteilles de champagne consommées expliquent suffisamment ce résultat. »

Mathy s'arrêta un moment; Franck crut pouvoir saisir cette occasion favorable pour placer une de ses histoires.

« Oui, dit-il, comme pour confirmer le dire de Mathy, c'était une fête solennelle comme je n'en ai encore vu qu'une pareille dans ma vie. Oui, Messieurs, c'est une fameuse histoire qu'il faut que je vous raconte. Quand j'étais à l'école à Hambourg...

— Permettez, Franck! dit Mathy, en lui coupant la parole à ces mots par lesquels il commençait toutes ses histoires, ne m'en veuillez pas si je vous interromps. D'abord, il y a bien longtemps de cela, et puis vous avez vu si peu du déjeuner d'hier que vous ne pouvez certainement pas bien en juger.

— Comment cela? dit Franck avec une fureur comique.

— Oui, répondit Mathy en riant, après le rôti vous êtes devenu sentimental; au dessert, vous avez commencé à chanter, et, quand nous sommes sortis de table, vous avez voulu mettre le feu à l'adjudant de ce brave capitaine Kapernaum.

— Que dites-vous là? répliqua Franck, surpris au plus haut point; je n'en sais pas le plus petit mot. Quand j'étais à l'école...

— *How funny!* » s'exclama mister Roberts.

Il avait vu rire les autres et en avait conclu qu'il s'agissait de quelque chose de drôle. Cette exclamation redoubla naturellement l'hilarité, et Franck en fut un moment déconcerté.

« Précisément! poursuivit Mathy. Vous ne vous en souvenez plus; c'est la faute du champagne; c'est pourquoi je disais que vous aviez vu peu de chose de ce qui s'est passé. »

Franck parut se convaincre qu'il ne réussirait pas à placer son histoire. Il disparut dans sa chambre, entraînant avec lui le fidèle mister Roberts.

« Qu'est-ce que cette histoire de vouloir allumer le lieutenant Decker? demanda le commissaire.

— Eh bien, poursuivit Mathy, le champagne était excellent, et il produisit son effet. Au dessert, cela devint un peu corsé; on n'en finissait plus avec ces diables de toasts. La plupart parlaient à toute vapeur, et le vieux capitaine Trasser lui-même, le commandant du *Deutschland,* ordinairement si taciturne, grimpa sur la table et prononça en flamand un long discours auquel personne ne comprit rien.

« Le médecin en chef et le secrétaire de l'amiral entrèrent dans

« Le capitaine Trasser monta sur la table. »

une violente discussion au sujet de leur journal. Chacun d'eux voulait prouver par le numéro où il était arrivé qu'il y avait beaucoup plus à faire dans sa partie que dans celle de l'autre. Le docteur prétendait que le secrétaire avait commencé le sien au numéro 500, et celui-ci accusait le docteur d'inscrire sur son journal toutes les visites et toutes les invitations qu'il recevait.

« Au beau milieu de ce tapage, le vieux sourd de capitaine Kapernaum s'égosillait pour se faire entendre. Il racontait que les jeunes gens de Bremerhaven avaient allumé un immense feu de la Saint-Jean sur la lunette « Fuchs », où se trouvent emmagasinées toutes les poudres du fort Wilhelm, qu'il commande. Si l'on venait à le savoir à Hanovre, il pourrait bien se passer trois ans avant qu'il soit nommé major! Après vingt-sept ans de services irréprochables comme capitaine, cette perspective était d'autant plus triste que sa surdité, qui avait jusqu'alors nui à son avancement, diminuait de jour en jour.

« Ainsi, quelque temps auparavant, lorsque l'adjudant et les sous-officiers du fort étaient venus le féliciter à l'occasion de l'anniversaire de sa naissance, il les avait parfaitement entendus frapper à sa porte. Mais, comme me l'a raconté depuis Decker, on avait mis

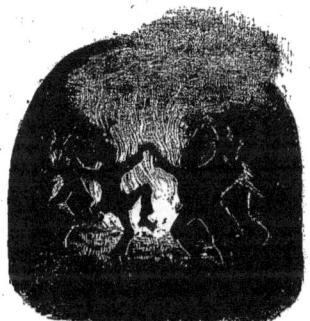

« Les jeunes gens de Bremerhaven avaient allumé un immense feu de la Saint-Jean. »

un petit canon devant la porte de sa chambre, et, quand on avait fait feu, le capitaine avait crié : *Entrez!* croyant que l'on avait frappé.

« Sur ce, on sortit de table, et les convives se répandirent sur le pont. Franck voulut aussi essayer de se promener, mais ses *épontilles* n'obéissaient plus très bien au commandement; il avait aussi un peu trop de poids dans les hauts et roulait assez. L'adjudant était dans le même état, et ils arrivèrent à se chamailler, ce qui produisit une scène du plus haut comique. Franck se retourna, il regarda un moment sans rien dire le lieutenant avec un œil perçant, puis il lui dit avec le ton solennel que vous lui connaissez :

« — Monsieur, vous avez le caractère le plus insupportable de
« tout le dix-neuvième siècle. »

« Puis il continua son chemin vers l'avant du navire en roulant
lentement.

« Le lieutenant se retourna aussi, et il lui vint un vague sentiment qu'il devait demander l'explication de ces paroles.

« — Qu'entendez-vous par là, Monsieur l'en... enseigne? »
demanda-t-il à Franck quand il fut parvenu à le rejoindre.

« Le capitaine avait crié : *Entrez*, croyant qu'on avait frappé. »

« Celui-ci le regarda de nouveau un moment, fixement en face,
comme il avait fait la première fois, puis il lui répondit sur le même
ton solennel :

« — Monsieur, il vaudrait mieux pour vous que vous ne fussiez
« jamais né. »

« Naturellement, nous ne pûmes nous empêcher de rire tout
haut, ce qui sembla irriter encore plus Decker.

« — Est-ce une in... insulte? dit-il en bégayant.

« — Une insulte? répondit Franck après un moment de réflexion,
« — et le sérieux qu'il avait gardé jusque-là se changea peu à peu
« en un sourire des plus aimables, — non! Je n'ai jamais offensé

« qu'un seul homme dans ma vie. C'était quand j'étais à l'école à
« Hambourg. Depuis lors, jamais personne, et encore moins toi,
« mon inséparable compagnon d'armes. Viens sur mon cœur, tu
« sentiras combien je t'aime ! » lui cria-t-il avec émotion.

« Il ouvrit les bras, et, à la satisfaction générale, il embrassa avec force le lieutenant déconcerté. Mais celui-ci poussa tout à coup un cri, agitant les pieds et les mains pour se délivrer de cette accolade.

« Nous nous sommes précipités pour voir ce qu'il y avait, et nous avons compris qu'il n'avait pas crié pour rien.

« Dans son épanchement, Franck avait oublié dans sa bouche son cigare allumé et l'avait appliqué sur le cou de l'adjudant, qui fut cruellement brûlé.

« Cela produisit quelque rumeur, et nous eûmes pas mal à faire pour calmer le lieutenant et lui persuader qu'un malheureux hasard était seul cause de l'accident.

« Viens sur mon cœur, tu sentiras combien je t'aime ! »

« Nous avions à peine terminé, qu'une autre scène étonnante se produisit. Nous entendîmes tout à coup crier au secours dans le faux pont, comme si l'on égorgeait quelqu'un. Je sautai avec précipitation par le panneau avant, et je trouvai là quatre ou cinq malades qui regardaient d'un air effaré deux médecins qui se trouvaient dans l'hôpital. C'étaient Ascheberg, de l'*Ernest-Auguste*, et Bell, du *Hamburg*. Depuis qu'il a servi dans la marine de guerre hollandaise, ce dernier, comme vous le savez, regarde tous les matelots comme des malades de contrebande, quand ils n'ont pas pour le moins une jambe cassée. Aussi il est très souvent en discussion avec ses collègues, qui ne veulent pas mettre nos matelots allemands au même niveau que le rebut des navires hollandais. Hier, le champagne l'avait encore plus ancré dans son opinion, et il avait plongé les malades dans la terreur en employant une nouvelle méthode curative.

« En sortant de table, il demande à Ascheberg de lui montrer ses malades, parmi lesquels devaient se trouver quelques cas intéressants.

« Ils descendirent avec assez de bonheur l'échelle et arrivèrent à l'hôpital. Par la grande chaleur qu'il faisait, les malades avaient quitté leurs hamacs et étaient assis ou étendus sur les bancs.

Ils descendirent l'échelle avec assez de bonheur.

« — Combien en as-tu aujourd'hui? « demanda Bell.

« — Trois malades et quatre exempts « de service.

« — Ah! et qu'a donc celui-ci? conti« nua Bell en montrant un homme qui « dormait étendu sur le banc.

« — *Febris intermittens*, avec une in« flammation considérable du foie.

« — Que lui as-tu donné?

« — Vingt grammes de quinine.

« — Quinine? balbutia Bell. Cela a...agit beaucoup trop lente« ment; j'ai rap...porté de Hol...lande un meilleur moyen qui « guérit immédiatement. Tu vas voir. »

« A ces mots, il lève la main en l'air et applique une énorme claque sur le dos du malade endormi. Celui-ci, qui ne s'y attendait pas, bondit comme un ressort et tombe sur ses jambes. Mais, en voyant le docteur s'apprêter à un second coup, il s'enfuit en criant au secours, et, croyant avoir affaire à un fou, il se sauve dans le faux pont avec tous les autres malades à la suite.

« — Tu vois, collègue, comme mon moyen est expéditif, dit Bell

« en riant à Ascheberg, qui restait complètement abasourdi. Tout
« est guéri d'un seul coup. J'ai appris ça en Hollande; ce sont tous
« des gaillards qui font les malades. Je sais comment il faut les
« prendre. Ah! ah! tous sont des malades de con...tre...ban... »

« Un hoquet l'empêcha de terminer le mot. Il tomba sur le banc d'où il avait expulsé le fiévreux et s'endormit d'un profond sommeil. »

Un bruyant éclat de rire permit à l'inépuisable narrateur de prendre un peu de repos.

« Il appliqua une énorme claque sur le dos du malade endormi. »

« Mais qu'a dit Ascheberg du procédé? demanda l'enseigne Neuland lorsque le calme se fut un peu rétabli.

— Il était complètement hors de lui, car vous savez quel soin il prend de ses malades; il s'est tout à fait brouillé avec Bell; d'ailleurs j'ai appris aujourd'hui que Bell est lui-même profondément affecté de sa cure d'hier. Son capitaine l'a fait appeler ce matin à ce sujet, et, en présence du premier officier, il lui a infligé huit jours d'arrêts dans sa chambre. Cela doit venir d'une lettre de l'amiral, qui a sans doute appris, lui aussi, l'étrange procédé curatif employé par le docteur. »

Le maître de quart siffla sur le bord. L'arrivée d'un officier interrompit pour un moment la conversation.

« Bonjour, Flamberg ! Comment cela va-t-il ? C'est bien à vous d'être venu nous voir ! »

Ce chaleureux accueil qu'il recevait de tous côtés montre combien le nouvel arrivant était bienvenu de tous. Il était lieutenant aux *mariniers*, comme on appelait alors les soldats de marine. C'était un garçon charmant, dont l'humeur joviale savait s'imposer dans toute conversation et animer celles auxquelles il prenait part. Ce jour-là, cependant, son visage exprimait un profond sérieux.

L'arrivée d'un officier arrêta pour un moment la conversation.

« Qu'avez-vous, Flamberg ? lui demanda le commissaire, qui était particulièrement lié avec lui. Vous avez la figure d'un jour de pluie.

— Ne faites pas attention, Messieurs, c'est un souvenir qui m'a rendu triste toute la journée. Je sens le besoin de me distraire un peu ; c'est pour cela que je suis venu. Je crois, Mathy, que vous étiez en train de raconter quelque chose. Continuez, je vous écoute, cela ne peut que me rasséréner.

— Je racontais la fête d'hier ; mais j'étais presque arrivé à la fin ; il ne me reste plus grand'chose à dire. On se rendit ensuite en masse au théâtre, où le capitaine de l'*Ernest-Auguste* avait loué toutes les places pour ses invités. Nous y jouâmes bien un peu la comédie nous-mêmes; mais le directeur, trop heureux d'avoir loué toute la salle, ne fit naturellement aucune opposition. Puis on mit le cap sur l'hôtel Schilling, où, malgré les vents contraires, arriva au moins une partie de la joyeuse société. Mais le nombre diminuait peu à peu, et finalement nous ne sommes restés que six sur le champ de bataille jusqu'à minuit. Il est vrai que ce matin, en nous réveillant, nous avions un peu mal aux cheveux.

— Vous étiez là, n'est-ce pas, Flamberg? demanda un officier. Je m'explique maintenant votre tristesse d'aujourd'hui.

— Oh non! répondit celui-ci sur un ton élégiaque. Ce n'est pas ça. Je ne suis pas abattu pour si peu; comme je vous le disais, c'est un souvenir. »

A ces mots, il lança en l'air, tout pensif, d'épais nuages de fumée.

« Eh bien, en avant, vieux camarade, lui dit Albert; vous n'avez pas l'habitude de garder pour vous vos impressions.

« Puis on mit le cap sur l'hôtel Schilling. »

— Puisque vous voulez absolument le savoir, c'est aujourd'hui l'anniversaire d'un événement qui — comment dirai-je? — a donné à toute ma vie une nouvelle consécration. »

Malgré le ton solennel sur lequel Flamberg avait prononcé cet exorde, tous ses auditeurs, qui connaissaient à fond son insouciance et sa légèreté, ne purent s'empêcher d'éclater de rire.

« Ne riez pas, Messieurs! poursuivit-il sur le même ton; c'est une histoire sérieuse. Vous savez qu'en 1848 je faisais du service en Prusse. Après de rudes combats, ma vieille et pieuse mère avait enfin consenti à me laisser engager comme volontaire. Quand je partis, elle me donna un petit livre, un Thomas A. Kempis, en me faisant promettre de le porter toujours sur moi et, toutes les fois que j'aurais le temps, d'en lire un passage. J'ai tenu ma promesse, et je porte constamment ce livre dans ma poche de côté.

« C'était à l'assaut du Dannewerck, Messieurs! Je me trouvais au premier rang. Nous nous précipitâmes en avant avec tant d'impétuosité que des prisonniers nous ont dit plus tard que les Danois croyaient, en nous voyant courir tête baissée comme des taureaux, que nous voulions les embrocher avec les pointes de nos casques. »

Hilarité générale des auditeurs.

« Oui, vraiment, c'est comme ça, dit le narrateur en insistant. Mais les Danois tiraient diablement bien derrière leurs remparts, et la mort faisait une riche moisson parmi nous. Ma compagnie souffrit particulièrement. Avec le peu qui restait, je me lançai en avant d'un élan irrésistible. J'eus le bonheur de planter le premier sur le rempart le drapeau national. Au même moment, je ressentis sur la poitrine comme un violent coup de poing lancé par un main invisible. Je chancelai un instant; mais, me remettant bien vite, je fus très étonné de me sentir intact. Le Dannewerck était pris, les Prussiens avaient gagné une de leurs plus belles victoires.

« Le soir, nous prîmes nos quartiers, et je me trouvai dans une ferme isolée. Avant de me coucher, je tirai mon Thomas A Kempis pour en lire un peu; il y avait longtemps que cela ne m'était arrivé. Jugez de ma surprise, Messieurs! le livre était percé par une balle. Le côté intérieur n'était pas traversé, de sorte que la balle devait se trouver encore dans le livre; elle y était en effet. A la première page restée entière commençait le dix-huitième chapitre du quatrième livre, et le plomb de la balle avait laissé une trace visible sur ces mots : *Il arrive souvent bien plus de choses que l'homme ne peut le comprendre.*

— Bravo, Flamberg! bien raconté, bravo! crièrent les auditeurs. Montrez-nous donc le livre, puisque vous le portez toujours sur vous.

— Le livre? Ah oui! je me rappelle, quand je suis venu à bord, j'ai changé de tunique et je l'ai laissé dans ma poche. Je l'apporterai la prochaine fois; mais la balle, je l'ai ici, vous pouvez la voir. »

Là-dessus, il tira de son porte-monnaie une vieille balle de fusil, qui ne put cependant dissiper tous les doutes qui s'élevèrent. Mais Flamberg y était habitué, et il remit avec sang-froid la balle dans sa bourse.

Naturellement, le Thomas A Kempis ne se trouva plus tard jamais sous la main quand on le demandait.

Aucun des auditeurs ne remarqua que le lieutenant avait reporté au mois de juillet l'anniversaire de l'assaut du Dannewerck, qui avait eu lieu le 23 avril; l'attention générale fut attirée en ce moment par un autre sujet.

IV

DE FIL EN AIGUILLE

IV

DE FIL EN AIGUILLE

Un trois-mâts américain remontait le Weser en louvoyant. Avec une jolie brise, il passa près de la *Hansa*[1].

Tous les regards se portèrent sur lui, car le marin s'intéresse non seulement à son propre navire, mais à tout navire étranger. Il l'examine avec un œil critique, il recherche les qualités et les défauts de la coque ou du gréement et fait tout bas ou tout haut des comparaisons avec les particularités des navires qu'il connaît.

Mais le trois-mâts en question offrait un attrait tout particulier. Son extérieur différait essentiellement des formes usuelles, et surtout de celles des bâtiments qui fréquentaient les côtes allemandes. Sa coque allongée, les formes excessivement fines de l'avant, son étrave élancée, sa mâture inclinée et en général toute sa coupe présentaient quelque chose de nouveau et de tout à fait inaccoutumé.

On voyait, au seul aspect du navire, qu'il devait aussi bien être bon marcheur à la voile que bien tenir la mer. C'était ce qu'on appelle un *clipper*, un fin voilier *par excellence*[2], un type de cons-

---
1. Frégate de la flotte allemande.
2. En français dans le texte.

truction dont on se racontait des merveilles dans les cercles maritimes.

On commençait à cette époque à se débarrasser dans les constructions navales de cette vieille routine dans laquelle on était resté encroûté depuis des siècles. L'Amérique du Nord avait la première donné l'exemple en entrant franchement dans cette nouvelle voie. Son commerce maritime florissant et la concurrence qu'il faisait déjà aux Anglais, jusqu'alors maîtres de la mer, l'excitaient à construire des navires meilleurs que ceux de l'adversaire. L'heureux résultat de ses efforts fut les clippers. C'étaient de fins voiliers ayant des vitesses considérées jusqu'alors comme impossibles à

La vieille routine des constructions navales.

atteindre, des qualités nautiques excellentes, pouvant porter de fortes cargaisons et doués en même temps de formes élégantes.

« Comme il est bien assis sur l'eau! Il ressemble à un goéland!

— Et l'avant! effilé comme un couteau! il ne fait pas la moindre écume en fendant l'eau.

— Ce sont ses mâts inclinés qui me plaisent surtout.

— Oui, et comme ses voiles sont établies! comme des planches!

— Attention! Il vire de bord à présent. Je parie qu'il porte à quatre quarts!

— En effet, le voilà viré; en vérité, il louvoie à angle droit!

— Quel splendide navire! »

Ces remarques et bien d'autres du même genre partaient de tous côtés. Elles prouvaient tout l'intérêt que ce beau navire excitait chez les hommes du métier.

Quand l'américain eut viré de bord, il montra son arrière où le nom du navire et celui du port d'armement étaient inscrits en lettres d'or.

Mathy avait pris la longue-vue pour les lire.

« Je savais bien pourtant que ce ne pouvait être que lui, s'écria-t-il. C'est bien le *Greyhound*, de la Nouvelle-Orléans, Messieurs. Je le connais. J'ai été embarqué deux ans sur son frère le *Bugbear,* et j'ai fait à bord plusieurs voyages à Arkhangel et à Saint-Pétersbourg. Oui, poursuivit-il avec enthousiasme, ce sont des navires comme on n'en fait plus. Ils ne marchent pas, ils volent. Par les plus mauvais temps, ils sont si tranquilles qu'on peut hardiment laisser les verres et les bouteilles sur les tables unies.

— Quand on les tient, » ajouta Franck avec malice en saisissant l'occasion de se venger un peu de Mathy, qui lui coupait toujours la parole, et de mettre une fois les rieurs de son côté.

« Quand on les tient, » ajouta Franck.

Il avait fini de raconter son histoire à mister Roberts et était revenu se joindre aux autres.

« Bah! s'empressa-t-il de continuer, pour profiter de l'avantage qu'il avait pris, ces clippers ne sont pourtant pas à la hauteur de la *Luise,* sur laquelle j'ai navigué. Vous savez, c'est le fameux constructeur Randow, de Stettin, qui l'avait construite, et les Américains l'ont prise pour modèle; mais ils n'ont jamais pu l'imiter complètement.

« Nous passâmes une fois dans le golfe de Gascogne avec une brise si fraîche que c'est à peine si nous pouvions porter la flèche[1]. J'étais timonier, et j'étais de quart; appuyé derrière sur le bastingage, je regardais les lames écumantes qui couraient le long du bord. Je vis tout à coup passer des quantités de moitiés de poisson : tantôt des têtes, tantôt des queues. Figurez-vous que nous étions passés au milieu d'un banc de marsouins et que, avec notre étrave

Le novice qui tenait le tour de loch était devenu très perplexe.

si effilée, nous en avions coupé une centaine. La *Luise* marchait si vite que les poissons n'avaient pu l'éviter.

« Le navire n'avait encore jamais si bien marché de tout le voyage.

« — Il faut jeter le loch, me dis-je; nous devons certaine-« ment filer de quinze à seize nœuds. »

« Je jetai donc le loch. La ligne était graduée jusqu'à quinze nœuds; mais, avant que l'ampoulette fût vidée à demi, la ligne était complètement déroulée, et le frottement rapide du tour de loch sur son axe avait produit un épais nuage de fumée. Le novice qui tenait le tour de loch était devenu très perplexe. Au lieu de tout

---

1. C'est une voile triangulaire qui se met au-dessus de la brigantine à bord des trois-mâts-barque qui n'ont pas de voiles carrées au mât d'artimon, mais par très beau temps seulement.

lâcher, il s'obstina à le retenir et faillit presque passer par-dessus le bord avec lui. Je pus à grand'peine le saisir encore par la jambe pour le sauver, mais ses deux mains étaient toutes remplies de cloches produites par l'axe devenu brûlant. La *Luise* devait donc filer au moins trente nœuds.

« Vous voyez, Messieurs, que c'était une chose merveilleuse. Mais il m'est arrivé encore une fois quelque chose de semblable. Quand j'étais à l'école à..... »

Un éclat de rire homérique interrompit le verbiage de Franck. Mister Roberts lui-même crut devoir y ajouter un *how very funny!*

Mathy seul resta sérieux. Mais, dès que la gaieté se fut un peu calmée et que Franck voulut terminer sa phrase : « ... à Hambourg, » il lui coupa la parole.

« Ce que vous racontez là des poissons arrivait journellement sur le *Bugbear*, et personne n'y faisait plus attention. Mais, pour vous prouver la supériorité de notre marche, j'ajouterai simplement que, lorsque nous fuyions devant le temps, nous étions forcés de mettre en panne toutes les heures pour attendre le vent, que nous dépassions sans cesse. Et comme, ainsi que vous le savez tous, dans une tempête le vent a au moins quarante-huit nœuds de vitesse, vous pouvez calculer vous-mêmes celle que devait avoir le *Bugbear*.

« Comment pourrait-il en être autrement, quand nous sommes allés en onze jours de la Nouvelle-Orléans à Saint-Pétersbourg[1] ?

« Justement, à notre arrivée, l'empereur de Russie visitait l'escadre à Cronstadt, et c'est là que s'est passée cette fameuse histoire avec l'amiral dont vous m'avez bien entendu parler. L'empereur vint même à bord de notre navire. Il donna au capitaine une décoration d'un ordre élevé, à moi une magnifique montre en or, qui

---

1. Le calendrier russe est en retard de douze jours sur le calendrier usuel.

malheureusement m'a été volée plus tard, et à chaque homme de l'équipage cent roubles. »

Franck ne soufflait mot. Il était épaté. En présence de pareilles preuves, il ne pouvait rien ajouter. Il entrevoyait que même les choses étranges qu'il avait vues à Hambourg étaient surpassées. Aussi renonça-t-il pour ce jour-là à continuer ses récits. Mathy triomphait.

« Qu'est-ce donc que cette histoire avec l'amiral russe? demanda Flamberg quand l'auditoire se fut un peu apaisé.

— Vous ne la connaissez pas? Elle courut alors dans tous les journaux. Eh bien, écoutez donc. J'en ai été témoin et puis vous en dire tous les détails.

« La flotte russe était rassemblée sur la rade de Cronstadt, et l'empereur voulait la visiter; mais il avait défendu de faire tous les saluts et les cérémonies d'usage. Soit que le commandant en chef eût mal interprété les ordres ou pour tout autre motif, il crut bien faire, sur le vaisseau amiral, près duquel nous étions mouillés, en mettant en scène tout le cérémonial de la réception officielle. L'empereur y vit une désobéissance à ses ordres, et, avec sa nature autocratique, il en fut fortement courroucé. Un officier inférieur, il l'aurait probablement dégradé jusqu'au rang de matelot; mais ici, il crut cependant devoir prendre quelques égards, et il envoya, en punition, le malheureux amiral dans la grand'hune jusqu'au coucher du soleil. Il était dix heures du matin, nous étions en juillet, et le soleil ne se couchait qu'à dix heures du soir.

« Au premier moment, personne n'osa naturellement intercéder et exciter encore plus la colère de l'empereur. Nous avons donc vu le vieux bonhomme monter en grande tenue dans les haubans et grimper dans la grand'hune. Cela se fit assez lentement; il ne fit pas le tour par les gambes de revers, son agilité n'était pas assez grande pour cela, mais il passa par le trou du chat.

« Il y était depuis une heure quand l'empereur se disposa à quitter le bord. Comme sa colère était un peu apaisée, son entourage se risqua à lui faire remarquer la rigueur de la punition infligée, qui n'est appliquée ordinairement qu'aux cadets, et à demander la grâce de l'amiral.

« — Je ne puis revenir sur un ordre que j'ai donné, répondit « l'empereur; il restera donc là-haut jusqu'au coucher du soleil.

« Nous avons vu le vieux bonhomme, en grande tenue, grimper dans la hune. »

« — Mais, Sire, dit un des amiraux, rien ne s'oppose plus alors « à ce que l'amiral descende.

« — Comment cela? demanda l'empereur étonné.

« — Votre Majesté n'a simplement qu'à donner l'ordre de faire « coucher le soleil maintenant, au lieu de ce soir à dix heures. On « n'aura qu'à faire le signal des couleurs. »

« L'empereur saisit cette échappatoire, qui lui permettait de réparer son étourderie sans contredire directement à l'ordre qu'il avait donné. Le signal pour rentrer les couleurs monta en tête de mât, et tous les pavillons furent rentrés à la fois dans les formes ordinaires.

« Le soleil brillait encore haut dans le ciel que pour la flotte russe il était couché officiellement.

« Lorsque l'empereur quitta le vaisseau amiral pour venir visiter notre *Bugbear*, l'amiral descendit de la hune pour prendre le commandement de la flotte.

« La visite de l'empereur était déjà pour nous un grand honneur, continua Mathy, passant à un autre de ses souvenirs sans qu'on s'en aperçût; mais elle finit par me coûter personnellement fort cher. J'y fis une grande perte, que ne pouvait compenser la magnifique montre en or, d'autant plus qu'elle m'a été volée depuis.

— Comment cela? Racontez-le donc! crièrent les auditeurs devenus curieux; et Mathy ne se fit pas prier longtemps.

— Je possédais un merveilleux perroquet que j'avais eu au Brésil d'une façon toute particulière. Il m'était excessivement précieux, non seulement comme souvenir d'un ami auquel il avait appartenu, mais encore parce qu'il parlait et chantait d'une façon si merveilleuse qu'il aurait été difficile de trouver son pareil.

« Un des jeunes grands-ducs le vit, il l'entendit chanter et en fut si émerveillé qu'il voulait absolument me l'acheter. Vous devez bien penser que je ne voulus pas y consentir, mais il ne me restait plus autre chose qu'à lui en faire présent. C'est ainsi que je perdis ce bel et rare oiseau qui m'accompagnait partout depuis un an et qui était tombé en ma possession dans des circonstances excessivement étranges, si étranges qu'elles sont à peine croyables.

— Quelles sont donc ces circonstances si étranges? demanda Albert. Racontez-les-nous donc enfin, après nous avoir si bien mis l'eau à la bouche.

— Un peu de patience! répondit Mathy, satisfait de voir son auditoire dans d'aussi bonnes dispositions; je vais y arriver. Cela se rattache aussi à une bien triste histoire. Il y a quatre ans, j'étais à Rio-Janeiro avec le *Wespe*, un brick de guerre américain. Nous y restâmes plusieurs mois, et nous fîmes plusieurs connaissances; je fis entre autres celle d'un Allemand qui s'était établi dans l'intérieur, à environ cinq milles de Rio. Nous nous sentîmes attirés l'un vers l'autre, et nous fûmes bientôt tout à fait amis. Il m'invita instamment à aller le voir dans sa propriété, et la première fois qu'il revint à la ville je partis à cheval avec lui.

« Avant d'arriver à sa maison, la route traversait un magnifique coin de forêt vierge adossé à une colline presque à pic et entourée de vigoureuses plantations de sucre et de café. Nous vîmes dans la forêt vierge plusieurs vols de superbes perroquets. Ils étaient remarquables non seulement par la beauté de leur plumage, mais encore par le son mélodieux de leur voix, ce qui est étrange, parce que cette espèce d'oiseau n'a ordinairement qu'un cri fort désagréable. En outre, ils étaient très peu sauvages et volaient sans défiance si près de nous que nous aurions pu les prendre.

« Je partis à cheval avec lui. »

« — Vous en verrez un bien beau spécimen chez moi, me dit
« mon ami. Je l'ai pris au nid il y a un an, et je l'ai élevé; il est main-
« tenant si apprivoisé qu'il me suit partout. Il fait souvent des visites
« à ses camarades dans la forêt, mais il revient toujours régulière-
« ment. Toutefois, ce qu'il y a de plus merveilleux, c'est son talent
« musical et sa voix mélodieuse. Il cherche à répéter tous les airs

« qu'il entend chanter dans la maison, ou même à les siffler, et y
« réussit parfois à ravir. Il y a surtout un quatuor que nous chantons
« quelquefois, mes enfants et moi, qu'il semble affectionner par-
« ticulièrement et qu'il répète sans la moindre faute et avec une
« grande perfection. »

« Dès que nous fûmes arrivés, je trouvai l'occasion de faire la connaissance de ce merveilleux oiseau. Sitôt qu'il aperçut son maître et qu'on l'eut délivré de la chaîne qui le tenait par la patte, il vola sur ses épaules, en exprimant par toute sorte de mouvements comiques sa joie de le revoir. Pendant les quelques jours que je restai à l'hacienda, je pus me convaincre que ses mérites n'avaient pas été exagérés ; il siffla plusieurs airs allemands dans la perfection. J'aurais bien voulu l'avoir, mais mon ami semblait tant y tenir que je n'osai le lui demander.

La sieste à l'ombre de la forêt.

« Deux ans après, je retournai à Rio avec le *Bugbear*, et, comme il était probable que nous ne resterions que peu de temps, je résolus d'aller le plus tôt possible à la plantation de mon ami. Je louai une mule et me mis en route avec un guide. Comme nous ne devions rencontrer aucune habitation tout le long du chemin et que les ardeurs du soleil nous obligeaient à ne voyager que le matin et le soir, mon guide avait eu la précaution d'emporter, outre les provisions nécessaires, deux hamacs, que nous suspendîmes pendant les heures brûlantes de la journée pour faire la sieste à l'ombre de la forêt.

« Un peu avant la nuit, nous atteignîmes le but de notre voyage. Mais qui pourra dépeindre la profonde stupéfaction dont je fus saisi lorsque, en sortant de la forêt, je ne vis qu'un monceau de ruines à la place de la maison où j'avais reçu, deux ans auparavant, une si cordiale hospitalité!

« Un tremblement de terre avait détruit la plus grande partie des constructions, le reste avait été brûlé : ce n'était partout que désert et abandon. Il devait y avoir longtemps que le malheur était arrivé, car deux vigoureuses lianes recouvraient déjà les restes calcinés. On ne pouvait découvrir nullement de traces qui annonçassent le voisinage d'une habitation humaine quelconque. Selon toute probabilité, mon ami avait été, avec toute sa famille, surpris par la catastrophe pendant la nuit, et tous avaient été ensevelis sous les décombres de la maison.

« C'est avec une profonde tristesse dans l'âme que je me disposai à retourner; mais la nuit était devenue si sombre que nous ne pouvions plus retrouver le sentier à travers la forêt. Il ne nous restait plus qu'à passer la nuit à la belle étoile. Nous mîmes des entraves à nos mules, et, après avoir pris un léger repas, nous attachâmes aux arbres les hamacs qui nous étaient devenus si utiles. Nous y passâmes une nuit délicieuse, dans une atmosphère embaumée, sous l'épais feuillage de la forêt vierge, qui aurait pu au besoin nous garantir de la pluie.

« Je fus réveillé le lendemain par les accords d'un chant lointain. Dans les dernières torpeurs d'un demi-sommeil, je ne pus d'abord m'orienter complètement; mais quand je fus tout à fait éveillé, je distinguai l'air d'un motif bien connu. C'était un quatuor, mais il était d'une telle plénitude que chaque partie devait être chantée au moins par dix voix.

« Je cherchai en vain les chanteurs, je ne pus découvrir personne. Cela devenait inquiétant. Comment un chœur de chanteurs allemands pouvait-il se trouver au milieu d'une forêt vierge du Brésil? En prêtant plus attentivement l'oreille, je m'aperçus que les voix venaient d'en haut. Cela devenait de plus en plus énigmatique!

« J'éveillai mon guide ; il fut, lui aussi, saisi d'étonnement, et pensa qu'il y avait là de la sorcellerie. Puis le chant cessa tout d'un coup, et des battements d'ailes se firent entendre par milliers dans les cimes des arbres gigantesques au-dessus de nos têtes.

« Un vol innombrable de perroquets sortit du sombre feuillage et s'abattit sur les branches tout près de nous. Un des plus beaux de la troupe se posa à dix pas à peine de moi.

« Avec une admirable précision, les autres perroquets chantèrent. »

« Je prenais plaisir à admirer ce bel oiseau, quand... il ouvrit le bec et entonna un chant.

« Avec une admirable précision, les autres perroquets chantèrent à quatre voix, et le second vers de la chanson résonna avec une beauté et une plénitude de sons que je n'ai jamais entendues. J'étais profondément impressionné ; mon guide croyait à de la magie, il tomba à genoux et récita un *Ave Maria*. Les mulets eux-mêmes étaient comme ahuris. Ils pointaient les oreilles et soufflaient fortement des naseaux. Puis, au bout d'un certain temps, l'un d'eux se mit à braire, et sa voix retentit comme le son de la trompette à travers la forêt.

« Les perroquets en furent si effrayés qu'ils interrompirent subitement leur chant et s'envolèrent en troupe serrée.

« Un seul resta : c'est celui qui avait entonné ; mais ce n'est pas volontairement qu'il était resté. Visiblement saisi d'effroi, il s'agitait violemment sur la branche où il s'était posé. Je sautai sur lui et trouvai alors le mot de l'énigme. C'était le perroquet de mon malheureux ami. Il avait encore la chaîne à la patte ; il l'avait si bien enchevêtrée dans les branches qu'il n'avait pu se débarrasser, et je m'emparai de lui.

« Il avait probablement échappé au tremblement de terre, et après la mort de son maître il s'était réfugié dans la forêt, où il avait appris à ses camarades à chanter ce morceau à quatre voix qu'il affectionnait.

« Vous avouerez, Messieurs, que, pour un oiseau, cela semble impossible, et, si je n'avais pas vu tout cela de mes propres yeux, j'aurais peine à le croire moi-même. Vous pouvez vous figurer aussi la peine que j'ai eue de me séparer de lui.

— Vous vous êtes surpassé aujourd'hui, Mathy, lui dit un des enseignes, tandis que tous les autres auditeurs manifestaient bruyamment leur hilarité. C'est bien plus fort que le Thomas A Kempis.

— Et que la manière de fuir devant le temps, ajouta le commissaire.

— *Very funny indeed!* » appuya mister Roberts.

Franck se contenta de hocher la tête sans rien dire ; il finissait par se convaincre qu'il ne pouvait lutter avec un pareil rival dans l'art de raconter des histoires.

« Oui, Messieurs, ajouta Mathy d'un air indifférent, quand on a, comme moi, tant couru le monde, on a vu bien des choses dont la plupart paraissent invraisemblables au premier moment, mais qui n'en sont pas moins vraies. Pensez au livre de Flamberg : « Il arrive souvent bien plus de choses que l'homme ne peut le comprendre. »

Jean, le maître d'hôtel, vint annoncer que le dîner était servi. Les officiers se séparèrent momentanément pour se retrouver de nouveau à table. Les heures de causerie étaient finies pour ce jour-là, mais la provision d'aventures de Mathy était loin d'être épuisée. Nous l'avons souvent entendu depuis, et jamais sans rire.

V

LES ÉLÈVES DE MARINE

V

LES ÉLÈVES DE MARINE

A LA fondation de la flotte allemande, les élèves de marine, les *seejunkers*, comme on appelait les cadets, d'après leur titre officiel, furent répartis sur les différents navires. Ceux que les circonstances faisaient embarquer sur les bâtiments à vapeur, pourvus d'une mâture réduite, ne pouvaient apprendre que peu de chose au point de vue de la pratique; aussi furent-ils pour la plupart mis à bord du *Deutschland*.

Ce navire, avec sa mâture complète de frégate, donnait au moins la possibilité d'apprendre les exercices de voiles sur les grands navires de guerre et tout ce qui y a rapport. Le grand espace qu'il y avait à bord permettait aussi de recevoir de vingt-cinq à trente jeunes gens et d'établir un cours régulier d'instruction théorique.

Les professeurs étaient soit des officiers, soit des civils, et sous ce rapport on ne négligea rien pour préparer les élèves et les instruire aussi bien que possible dans leur métier. Cette considération avait aussi présidé au choix du poste des élèves. Il ne se trouvait pas, à bord du *Deutschland,* dans le faux pont, comme sur les autres frégates, mais dans la batterie, bien éclairée. Les élèves n'avaient pas besoin de lampe pour travailler.

Le commandant du navire, que l'on avait chargé du soin d'instruire les jeunes gens, était un Belge. C'était un homme d'un âge déjà avancé : il faisait de son mieux pour remplir la tâche qui lui avait été confiée; mais ce n'était pas toujours facile. Les bouillants pupilles dépassaient quelquefois les bornes, d'autant plus que, lors

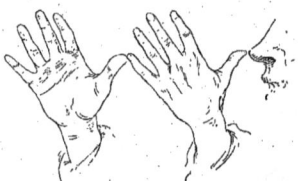

Les bouillants pupilles dépassaient quelquefois les bornes.

de leur institution, on n'avait pas mis à les choisir autant de soin qu'on aurait pu le faire si la flotte avait été mieux organisée.

Cela explique comment il se trouvait dans le corps quelques individus qui n'en faisaient pas l'ornement.

Ils rendaient la vie très dure au commandant et ne donnaient pas un bon exemple à leurs camarades. Mais, avec le temps, ils s'amendaient, ou, dégoûtés du service, ils se retiraient d'eux-mêmes.

Les autres étaient, en général, des jeunes gens bien élevés, qui seraient certainement devenus des officiers capables, si le destin eût donné à la flotte allemande une plus longue durée.

La plupart d'entre eux se sont frayé plus tard une honorable carrière.

Sous le rapport de l'âge, les élèves avaient de quinze à dix-huit ans; mais il y avait aussi dans le nombre un jeune homme de vingt ans. Avec le physique et le moral de son âge, il ne pouvait manquer d'avoir sur ses camarades un ascendant marqué en toutes choses.

Il s'appelait Fahrenholz; il dessinait parfaitement et exerçait son talent surtout à la caricature. Le sujet en était le plus souvent le capitaine, dont les particularités et l'allemand fortement mélangé de flamand fournissaient une riche matière à de pareils dessins. Quand les élèves s'en étaient suffisamment amusés, ils devenaient de véritables *feuilles volantes*[1]. Poussés par un vent mystérieux quelconque, ils étaient emportés si loin à travers le navire, qu'ils finissaient par tomber entre les mains du premier officier ou du commandant lui-même. Celui-ci était, par nature, excessivement bienveillant; il semblait, de plus, n'avoir pas encore oublié sa propre jeunesse, car, loin de se mettre en colère, il s'amusait au contraire de ces caricatures, qui dénotaient en général un grand talent.

Ils devenaient de véritables *feuilles volantes*.

Au moins l'auteur n'en fut-il jamais recherché.

L'*alter ego* du capitaine était un prévôt qu'il avait fait venir lui-même de Belgique. Le prévôt est, à bord d'un navire de guerre, l'homme qui est partout et nulle part[2]. Il exerce la police, il est chargé de veiller à l'exécution de mille prescriptions ou consignes, qui règlent le mécanisme si compliqué du service intérieur et extérieur. C'est un personnage très redouté à bord, mais aussi très tourmenté. Il doit veiller à l'ordre et à la propreté des postes de l'équi-

---

1. L'auteur fait allusion ici à un journal satirique illustré très en vogue en Allemagne et intitulé *les Feuilles volantes*. (*Note du traducteur.*)
2. On l'appelle en France le capitaine d'armes.

page, surveiller les feux et les lumières, et les officiers eux-mêmes doivent se soumettre à son autorité lorsque, à dix heures du soir, il paraît dans le carré ou dans les chambres pour faire observer que l'heure d'éteindre les feux est arrivée.

Dans la ronde du soir que le premier officier fait dans tout le navire, le prévôt est un des principaux personnages, et toutes les quatre heures, à chaque changement de quart, il doit se lever pour veiller à ce que les hommes sautent rapidement de leurs hamacs. Il doit assister aux distributions de vivres et de spiritueux, prendre soin des hommes punis, contrôler les permissionnaires, aller chercher à terre les hommes qui y sont restés, et, à leur retour, les visiter, eux et l'embarcation qui les ramène, pour s'assurer qu'on n'introduit pas en fraude des boissons défendues. Dans le rapport des punitions journalières, il nomme, comme un accusateur public, tous les infortunés qui, dans les dernières vingt-quatre heures, se sont rendus coupables d'un délit quelconque, ne serait-ce que d'avoir fait une tache de graisse sur le pont proprement frotté, ou d'être restés une minute de plus dans leur hamac après que les sifflets des seconds maîtres de manœuvre ont donné le signal du changement de quart. Bref, la place de capitaine d'armes n'est pas du tout digne d'envie.

L'heure d'éteindre les feux est arrivée.

A bord du *Deutschland,* sa surveillance avait aussi à s'exercer particulièrement sur les élèves. C'était le compagnon inséparable et l'ombre du commandant dans toutes les parties quelconques du navire où celui-ci apparaissait en service. Aussi ne manquait-il jamais de paraître sur les feuilles volantes où le capitaine lui-même était représenté.

Tous les matins, avant le commencement des cours, le capitaine inspectait lui-même les élèves, et il s'attachait minutieusement à ce que leur tenue soit irréprochable. Une couture béante, un effet mal brossé ou un *puton manguant* (bouton manquant) étaient irrévocablement punis de vingt-quatre heures d'arrêts ou plus, selon les circonstances. Cette inspection avait été aussi le sujet de dessins très réussis.

Les élèves, très ressemblants et placés par rang de taille, étaient rangés dans la batterie; le capitaine, vêtu d'un manteau à capuchon français qu'il portait régulièrement par mauvais temps, était arrivé au plus petit et semblait lui avoir fait de sérieuses remontrances. Le capitaine d'armes se tenait près de lui et notait sur son volumineux calepin la peine encourue. Comme légende, les paroles suivantes du capitaine : « Cheune hômme, il mangue une toigt : inscrit bour drois chours t'arrêt; et si cela arrife engore, che temanterai fotre renfoi. » (Jeune homme, il vous manque un doigt : inscrit pour trois jours d'arrêt, et si cela arrive encore, je demanderai votre renvoi.) Il manquait en effet une phalange à l'un des doigts de celui auquel il s'adressait.

Le capitaine d'armes était l'ombre du capitaine.

Pendant les heures de repos, on laissait assez de liberté aux jeunes gens; aussi était-on parfois très bruyant et très gai dans le poste. La pétulance de la jeunesse avait besoin de détente et se manifestait parfois par de vives explosions. Mais jetons nous-mêmes un regard dans le poste pour nous faire une idée de la vie qu'on y mène.

Comme le carré des officiers, c'est un espace quadrangulaire, sans ornements, mais clair et aéré, parce que la lumière ne vient pas seulement d'en haut, mais aussi de côté par deux sabords de la batterie. Les murailles sont peintes à la chaux, en partie au point de vue de la salubrité (la chaux purifie l'air, dont les qualités laissent beaucoup à désirer, à cause de l'eau qui s'accumule à fond de cale et qui sent souvent mauvais), mais en partie aussi par économie, parce que la chaux est énormément meilleur marché que la peinture, et que le samedi, après le lavage général du navire, on peut aisément réparer les endroits salis.

Le milieu est occupé par une lourde table, autour de laquelle courent des bancs aussi massifs. C'est en même temps la salle d'études, la salle à manger et le dortoir. En haut, sur les baux, sont

Le capitaine d'armes notait la peine encourue.

vissés des crocs numérotés, où les hamacs sont suspendus le soir. Sur les murailles se trouvent quelques étagères sur lesquelles, dans le plus original désordre, sont rassemblés les objets les plus disparates : livres, miroirs, fleurets, guitares, boîtes à cigares, etc. Une infinité de fois, le capitaine d'armes a fait son rapport à ce sujet; une infinité de fois, ces étagères ont été vidées sur l'ordre du premier officier, et aussi souvent ce chaos a valu aux intéressés du peloton des consignes et même des arrêts, mais toujours sans résultat durable. Au bout de peu de temps, les étagères se retrouvent dans le même état, et il faut certainement y mettre un peu d'indulgence.

A bord des navires de guerre, qui ont un équipage nombreux et tous les approvisionnements nécessaires pour le tenir constamment prêt au combat, c'est surtout la place qui manque.

Chacun est donc obligé de se contenter du plus petit espace possible nécessaire à son existence. C'est pour cela qu'il ne peut être question, pour les cadets, de chambres comme celles des officiers, que les plus jeunes n'ont même pas toujours. Les hamacs, avec un mince matelas, un oreiller encore plus mince et une couverture de laine, composent la literie; pour contenir tout ce qui lui appar-

Les objets les plus disparates se trouvaient sur les étagères.

tient, il n'était accordé à l'élève qu'une caisse en bois, appelée coffre de mer, de trois pieds et demi de long avec une largeur et une hauteur un peu moindres, dans lequel devaient être ramassés même ses ustensiles de toilette en fer battu. Ce coffre était en bas, dans le faux pont sombre; en plus de cela, chacun n'avait droit, en haut dans le poste, qu'à un bout d'étagère de deux pieds de long. C'était assurément peu de chose, et cela expliquait le pêle-mêle. Maintenant les cadets sont un peu mieux, ils n'ont plus besoin de se laver dans leur coffre ou dessus, et chacun d'eux a une armoire, où il peut au moins placer ses vêtements et ses ustensiles de toilette; les nouveaux navires, ayant de plus grandes dimensions, permettent ce luxe. En dehors des heures d'études, le quart des vingt élèves était toujours de service sur le pont, soit pour s'instruire dans la pratique du service, soit pour faire place aux autres dans le poste, toujours trop petit pour un aussi grand nombre d'habitants.

Il est environ cinq heures du soir, et les leçons du jour sont terminées. Herr Freise, le professeur de trigonométrie sphérique, est une forte tête en mathématiques, mais dans la vie ordinaire il est complètement stupide. Ses élèves l'appellent *Cosinus asinus*.

Il s'est donné beaucoup de mal pour ouvrir aux élèves l'intelligence de quelques formules difficiles. La tension des esprits a été

Les coffres se trouvent en bas dans le faux pont sombre.

assez grande, une détente est devenue nécessaire. On a déjà pris le café et fait disparaître jusqu'aux miettes un gigantesque *topfkuchen*[1], confectionné par le maître d'hôtel Jean, pâtissier de son état.

Dans la marine allemande, tous les maîtres d'hôtel s'appellent Jean.

Quand les appétits matériels sont satisfaits, l'esprit réclame aussi son tour. On entonne une chanson, dont le bruit se fait entendre au loin. C'est un air tout nouveau ; il ne semble pas convenir parfaitement au sujet, que l'on reconnaît à quelques mots entendus à distance. Il a certainement été composé à bord. De plus près, on

1. Sorte de gâteau cuit dans un pot.

distingue enfin les paroles : c'est la ballade si connue de Schiller, le *Chevalier Toggemburg*. Les derniers vers sont repris en chœur :

> *Et ainsi, il s'assit un cadavre, un cadavre*
> *Un matin là, laïtou,*
> *Un matin là,*
> *Près de la fenêtre encore le pâle, encore le pâle*
> *Et calme visage il vit là, laïtou,*
> *Et calme visage il vit là.*

Hilarité générale !

L'air paraît avoir plu, et l'on se dispose à recommencer la chanson, quand un : Silence ! proféré d'une voix de stentor, interrompt les chants et produit comme par magie un calme profond. C'est le plus ancien, Fahrenholz, qui a demandé le silence, et personne n'ose résister à son autorité. Il tient en l'air une « feuille volante » à laquelle il vient de donner les derniers coups de crayon, et toutes les têtes se pressent autour de l'artiste pour admirer son œuvre nouvelle.

« Fameux ! magnifique ! superbe ! » Ces marques d'approbation retentissent de tous côtés. Et elles sont bien justifiées ; le dessin retrace dans une exécution parfaite un des épisodes du voyage de la noble frégate *le Deutschland*.

Sur l'Helgoland, il y a une vache ; et comme elle est le seul représentant de son espèce sur l'île, on l'appelle : la vache. Par analogie, les élèves de marine disent seulement : le voyage, parce que c'est le seul que la frégate ait fait, comme bâtiment-école, sous le pavillon noir, rouge et or. La traversée se borna, il est vrai, à aller seulement de l'Elbe au Weser, mais elle fut riche en événements nautiques intéressants. Dans l'existence calme qui avait régné jusque-là, elle fit époque, se fixa par suite dans la mémoire des élèves de marine dans ses plus petits détails, et donna toujours de nouveaux sujets de conversation et de discussions techniques.

C'est depuis lors que les jeunes gens portaient avec une certaine justification leur nom d'élèves de marine, car ils avaient réellement vu la mer, quoique pendant quelques heures seulement. On avait même perdu la côte de vue pendant quelque temps, et plusieurs d'entre eux avaient été sur le point d'avoir le mal de mer, bien qu'on ait trouvé, malheureusement, un temps superbe. Que de souvenirs intéressants se rattachaient à cette promenade! que de choses nou-

Des chiens de mer, avec des yeux étonnés, avaient regardé...

velles s'étaient offertes aux regards étonnés! On était passé près d'un bateau-feu peint en rouge, des dauphins avaient joué le long du navire, et en dehors, aux embouchures de l'Elbe et du Weser, des chiens de mer vivants, avec des yeux étonnés, avaient regardé tout surpris ce grand navire qui passait à une proximité suspecte des bancs de sable où ils voulaient faire leur sieste. Et quels dangers on avait courus malgré le beau temps! Tandis que, avec un vent favorable et une mer calme, on fait aisément cette traversée en une demi-journée, elle avait duré cette fois trois fois vingt-quatre heures avec un temps superbe.

Le navire ne s'était pas échoué moins de trois fois, et on avait rompu trois énormes câbles en essayant de le remettre à flot. Une vive controverse s'était élevée à bord pour décider qui devait être responsable de l'échouage. Quelques-uns rejetaient la faute sur le commandant, qui avait commandé lui-même toutes les manœuvres; d'autres sur le pilote. Quant au capitaine lui-même, il avait pris la chose très tranquillement. Le *Deutschland* était construit en bon et solide bois de tek; ses différents échouages ne lui avaient pas causé d'avarie sérieuse, si ce n'est tout au plus quelques feuilles de cuivre arrachées dans les fonds. Le commandant n'avait ainsi considéré

Il avait représenté le *Deutschland* sous un angle de 45 degrés.

l'accident qu'au point de vue pédagogique ; il disait en souriant que les élèves de marine avaient tiré beaucoup de profit de leur voyage et appris comment on relevait un navire échoué. En cela, il avait certes bien raison ; cependant les élèves ne devaient pas en conclure que c'est dans ce but qu'on met si souvent des navires de guerre au plein.

Fahrenholz avait reproduit cet épisode dans un dessin quelque peu plus agrémenté. Il avait représenté le *Deutschland* sous un angle de 45°, s'efforçant de grimper sur l'île Helgoland. L'équipage du navire échoué semblait s'être sauvé déjà, car on ne voyait plus que deux hommes à bord : le capitaine et son ombre, le capitaine d'armes. Ce dernier, à l'avant sur le gaillard, était occupé à repousser avec une gaffe la frégate des rochers entre lesquels elle était retenue. Le commandant, lui, se trouvait à l'arrière ; le capuchon de son manteau rabattu sur les yeux, il tendait les bras vers le ciel, et de sa bouche sortait son exclamation favorite : « Jésus, Maria ! » Tous les élèves étaient descendus à terre et faisaient à la frégate échouée un pied de nez très respectueux.

« Prenez garde, Fahrenholz, lui dit Rosenstock, si le vieux le voit, cela peut lui échauffer la bile, et vous ne vous en tirerez pas à moins de huit jours de fosse aux câbles. »

Fahrenholz, comme une personne respectable, se faisait dire vous, tandis qu'il tutoyait au contraire tous ses camarades.

Le petit Meyer se sauva sur le pont.

« Ah bah ! répondit avec négligence le dessinateur, il n'y a rien à craindre, quoique j'irais bien de nouveau entendre volontiers le vieux Foelsch débiter son long chapelet nautique. Mais je sais que mes feuilles volantes amusent le commandant, et son domestique m'a dit qu'il avait fait faire un album tout exprès pour elles.

— Fahrenholz, n'illustrerez-vous pas bientôt la célèbre nuit blanche de Meyer ? » demanda Koppen.

A ces mots, le petit Meyer devint rouge comme le feu et sembla vouloir sauter à la figure de Koppen, tandis que tous les autres éclataient de rire.

« Allons, petit chevalier servant, ne sois pas méchant, dit Koppen, d'un ton railleur, je ne le raconterai pas à ta future ; mais tu dois nécessairement prendre place dans l'album du commandant. »

Meyer chercha vainement protection autour de lui ; il ne vit partout que des visages moqueurs. Il choisit alors le parti le plus prudent, et, pour se soustraire par la fuite à de plus longues railleries, il monta sur le pont.

« Qu'est-ce donc que cette histoire ? demanda Fahrenholz. Si je dois la dessiner, il faut que j'en connaisse bien les détails. Rosenstock, tu y étais ; raconte-nous ça.

— Eh bien, commença celui-ci, vous savez que, dans les derniers temps que nous avons passés à Glückstadt avant le voyage, Meyer était devenu si pieux qu'il demandait tous les dimanches la permission de se rendre à terre pour aller, disait-il, à l'église. Le vieux était très content de voir ce jeune homme aller au prêche si volontiers ; mais moi, je connaissais ma sainte-nitouche, et je me défiais de sa piété. Un dimanche que j'avais été envoyé à terre pour porter des lettres, je profitai de l'occasion et j'allai voir chez le vieux Iversen, à l'*Ancre-Bleue*. Je traversai la salle d'auberge et entrai dans la pièce voisine. Juste ! c'était ce que j'avais pensé. Notre petit était auprès d'Annette, et lui faisait deux doigts de cour. Il fut d'abord terriblement déconcerté en me voyant ; puis il me

« Notre petit faisait deux doigts de cour à Annette. »

pria avec instance de ne pas le trahir, et en récompense il m'invita à une promenade en canot à Krautsand qu'il avait projetée avec Annette pour l'après-midi. Le vieil Iversen y avait même déjà donné son consentement, à condition qu'on serait de retour le soir.

« Naturellement, j'acceptai l'invitation ; nous demandâmes la yole au premier officier pour faire une promenade à la voile pendant l'après-midi, et nous prîmes Annette vers deux heures. Pour ne pas être gênés, nous laissâmes les canotiers à terre, pensant bien être revenus vers six heures à Glückstadt. Tout alla parfaitement, la demoiselle fut très aimable, nous nous amusâmes énormément, nous prîmes le café à Krautsand chez la tante d'Annette, et vers cinq heures nous repartions très satisfaits.

« Mais il survint une malheureuse brume si épaisse qu'on ne pouvait voir devant soi à une longueur de canot. Puis la brise tomba si bien qu'il n'y eut plus moyen de songer à aller à la voile, et nous fûmes obligés de prendre les avirons. Nous nageâmes tant que nous pûmes ; mais, comme nous n'avions pas emporté de compas, cela allait mal, et, au bout d'une heure environ, nous nous mîmes au

Nous nous amusâmes énormément.

plein avec la yole si profondément qu'il nous fut impossible de la dégager. Pour alléger l'embarcation et l'arracher du fond, nous sautâmes à l'eau ; mais nous enfoncions jusqu'à la poitrine et nous fûmes obligés de sauter rapidement dans le canot pour ne pas disparaître complètement dans le bourbier.

« Annette pleurait, et nous deux, trempés et noirs presque jusqu'au cou, nous nous assîmes sur les bancs, essayant de la consoler. Mais les dents nous claquaient à la pensée d'être obligés de passer toute la nuit dans cet équipage. C'était vers sept heures que nous nous étions envasés ; il y avait jusant depuis une heure, nous n'avions donc aucun espoir, même si le brouillard se dissipait, de nous remettre à flot avant la pleine mer du lendemain matin.

« C'était là une belle histoire, mais nous ne pouvions rien y faire. Il nous fallait subir tranquillement notre destin et laisser sécher sur nous nos effets mouillés. Je faisais tout mon possible pour tranquilliser Annette, et, une fois même, je pris sa main dans ce but. Il vous eût fallu voir le petit Meyer! Il me lança un regard comme s'il voulait me tuer; aussi je lui abandonnai à lui tout seul le soin de consoler Annette. Cependant, vers minuit, Annette avait assez pleuré, elle se laissa persuader de dormir un peu. Nous lui

Nous enfoncions dans la vase jusqu'à la poitrine.

fîmes tant bien que mal à l'arrière un lit avec les coussins de l'embarcation, et nous la recouvrîmes avec la grand'voile.

« Je pris le foc pour me coucher à l'avant, et je voulus engager Meyer à se reposer aussi; mais il s'y refusa obstinément et déclara que, malgré tout, il voulait rester éveillé.

« Je le laissai faire à sa guise, je m'enveloppai dans le foc et je m'endormis bientôt. Cependant les angles vifs de la membrure du canot n'étaient pas précisément très agréables, et vers deux heures à peine je me réveillai aussi moulu que si j'avais été sur une claie. Mais, malgré ma souffrance, je ne pus m'empêcher d'éclater de rire. Meyer ressemblait vraiment à l'ange Gabriel devant le paradis; il était posté, le sabre à la main, sur le banc du milieu et veillait sur Annette.

« Je voulus le remplacer, mais il refusa résolument.

« — J'ai obtenu du père d'Annette la permission pour ce
« voyage, me dit-il d'un ton solennel ; c'est mon devoir de lui rendre
« la jeune fille comme je l'ai reçue, et personne ne me fera manquer
« à ce devoir. »

« Je le laissai alors à sa faction ; je choisis la planche la plus
flexible et essayai de dormir encore un peu. Enfin le jour se fit, le
brouillard était tombé, et nous vîmes où nous étions. Le jusant nous
avait complètement dévoyés ; au lieu d'être sur la rive nord, nous
étions échoués sur celle du sud, tout près
de Freiburg. Vers six heures du matin,
à la pleine mer, nous fûmes dégagés,
et avec le vent favorable d'ouest nous
arrivâmes à Glückstadt à huit heures.

— Et comment avez-vous été reçus ?
demanda un des élèves.

— Vous pouvez bien vous imaginer
la figure que faisait le vieil Iversen et la
peine que nous eûmes à lui démontrer
que nous n'étions pas coupables de ce
retard. Il voulait tout de suite aller à la
police et nous faire arrêter pour avoir enlevé sa fille. Ce n'est qu'en
voyant la vase sèche qui recouvrait nos pantalons d'une couche
d'un pouce d'épaisseur qu'il voulut nous croire. Je lui racontai
que Meyer avait passé toute la nuit à veiller sur sa fille, le sabre
à la main, et Meyer lui-même lui dit d'un ton pathétique : « Mon-
« sieur Iversen, votre fille était confiée à des hommes d'honneur ;
« elle est revenue pure comme un ange. »

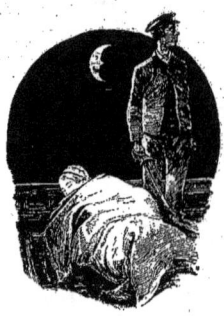

« Meyer ressemblait à l'ange Gabriel. »

« Quoique nous fussions tous les deux d'une saleté qui nous
faisait ressembler à des démons, le vieux, complètement rassuré, fit
mettre aussitôt la table pour le déjeuner, afin de nous réconforter
avec un bon bifteck et de nous réchauffer avec du vin chaud.

« Quand nous rentrâmes à bord, il y avait déjà, comme vous savez, vingt-quatre heure de fosse aux câbles pour avoir laissé à terre les canotiers, qui étaient allés courir pendant la nuit. Mais cela m'allait; je pus dormir tout à mon aise, parce que le vieux Foelsch me procura en cachette un matelas. Je crois bien aussi que, malgré ses tendres sentiments pour Annette, Meyer ne fut pas fâché de n'avoir pas à jouer une nuit de plus le rôle de l'ange Gabriel sur le banc du canot.

— Bien parlé, Rosenstock, dit Fahrenholz au milieu de l'hilarité générale; la chose est digne d'être immortalisée par mes pinceaux, et ce sera fait. Mais, jusque-là, je prends Meyer sous ma protection spéciale. Rosenstock lui a promis de garder le silence sur l'aventure, et, s'il a parlé, ce n'est que sur mon commandement. Aussi, jusqu'à nouvel ordre, faites comme si vous n'en saviez rien, et je veux croire que vous respecterez ma décision. Celui qui taquinera Meyer avec cette histoire aura affaire à moi. C'est compris! »

« La figure que faisait le vieil Iversen. »

Les élèves se souviennent de la manière dont Fahrenholz punit ceux qui désobéissent à ses ordres, et tous acquiescent d'un signe. Celui qui n'obéit pas est tourmenté non seulement pendant le jour, mais aussi pendant la nuit. Au milieu des rêves les plus agréables, l'infortuné se sent cruellement ramené à la réalité. Tout à coup, la corde qui soutient son hamac du côté des pieds s'échappe du croc, et le malheureux endormi passe, par un mouvement fort désagréable, de la position horizontale à la position verticale.

D'autres fois, la conversation prend une autre tournure.

Il y a à Bremerhaven un escamoteur qui donne des représentations auxquelles ont assisté depuis peu une partie des élèves, et ce sont ses tours que l'on discute. Ils ont produit sur Boehrs une impression extraordinaire. D'autres, au contraire, en sont beaucoup moins émerveillés, et Fahrenholz, qui excelle lui-même dans cette spécialité, les déprécie beaucoup.

Boehrs est un très bon garçon; il a l'intelligence paresseuse, ce qui le faisait servir très souvent de plastron aux plaisanteries des autres. Son enthousiasme pour le prestidigitateur donne l'idée à Fahrenholz d'amuser la société à ses dépens.

« Tu es en admiration devant cet homme, dit-il en se tournant vers Boehrs, je te montrerai que ce n'est qu'un farceur. Je ferai devant vous tous ses tours de cartes, et je paye une tournée si je ne le laisse pas bien loin derrière moi. »

Fahrenholz exécute en effet tous les tours avec beaucoup d'élégance; il récolte de tous côtés les murmures approbateurs, et Boehrs considère l'artiste avec une véritable stupéfaction. Celui-ci a, dans l'intervalle, donné à voix basse un ordre au domestique Jean.

« Mais à présent, dit-il ensuite, vous allez voir quelque chose que vous n'avez jamais vu encore chez aucun prestidigitateur. Dans quelques instants, je vais escamoter un œuf dans une bouteille. »

Étonnement général et gestes d'incrédulité.

« Vous en doutez? Eh bien, je vais vous en donner la preuve, Jean, une bouteille de champagne vide et un œuf! »

L'esprit familier apparaît avec les objets demandés.

« Maintenant, sortez tous pour cinq minutes; quand ce sera fini, je vous appellerai, » commande Fahrenholz.

Quand cet ordre est exécuté, il dépouille de sa coquille l'œuf, qui a été cuit pas tout à fait dur. Puis il verse au fond de la bouteille un peu d'esprit-de-vin, qu'il allume au moyen d'un chiffon trempé dans la térébenthine et attaché au bout d'un fil. Le vide se produit dans la bouteille. Fahrenholz place alors sur le goulot, le petit bout en dessous, l'œuf dépouillé et frotté d'un peu d'huile. La pression extérieure le fait glisser jusque dans l'intérieur, où, par son élasticité, il reprend sa forme primitive. Les coquilles sont enlevées avec soin, et l'assistance est rappelée. Fahrenholz triomphant montre la bouteille ; en effet, l'œuf entier est bien dedans. Personne ne s'aperçoit qu'il n'a plus de coquille.

L'étonnement de Boehrs est à son comble :

« Comment est-il possible, Fahrenholz, que vous y soyez parvenu ? C'est absolument incroyable !

— Bah ! c'est une bagatelle ; je mettrai avec la même facilité dans la bouteille la première chose venue, toi par exemple ; il suffira pour cela de quelques minutes de plus ! »

Boehrs reste la bouche ouverte.

« Moi ? demande-t-il enfin ; c'est une plaisanterie sans doute ?

— Pas du tout, je parle très sérieusement. Veux-tu parier une bouteille de champagne ? »

L'assurance avec laquelle Fahrenholz fait sa proposition déconcerte sans doute Boehrs, mais il doute encore s'il doit accepter le pari. Les autres s'aperçoivent qu'il y a quelque mauvaise plaisanterie en jeu. Ils ne savent pas encore bien où Farhenholz veut en venir, mais ils considèrent comme de leur devoir de l'appuyer.

« Parie donc, Boehrs, lui crie-t-on de tous côtés ! tu gagneras. Il est impossible qu'il te mette dans la bouteille, tu es bien trop gros pour ça. »

Boehrs hésite encore un instant, mais cette dernière raison le décide, et il accepte la gageure.

« Alors déshabille-toi : ça ne peut pas aller avec les vêtements, » dit Fahrenholz, qui a gardé le plus grand sérieux et promène sur les autres un regard menaçant pour réprimer leur envie de rire.

Boehrs se déshabille peu à peu.

« Tu peux garder les vêtements de dessous ; ils sont si minces que cela ne fait rien. Seulement ôte tes bas. Jean ! demande un peu de suif à la cale ! »

Jean sort et revient au bout d'un moment avec un pot de suif à graisser les manœuvres.

« Bien! tu peux sortir, Jean; si j'ai besoin de toi, je t'appellerai. »

Jean disparaît en détournant vivement la tête pour ne pas laisser voir son envie de rire.

« Allons, Boehrs, lui dit Fahrenholz en se tournant vers lui, maintenant graisse-toi les pieds jusqu'aux genoux pour pouvoir bien glisser, et puis nous allons faire l'affaire. »

« Eh bien, alors, entre là dedans. »

Boehrs fait ce qu'on lui dit, mais il sourit d'un air incrédule. Il reste encore fermement convaincu qu'il a gagné la bouteille de champagne. Les autres se mordent les lèvres presque jusqu'au sang pour pouvoir garder un semblant de sérieux.

« Es-tu prêt? — Oui! » Fahrenholz met la bouteille sur le pont près de lui et dit d'un ton bref : « Eh bien, alors, entre là dedans. »

A ce moment tout le reste de l'assistance ne peut plus se tenir et part d'un éclat de rire inextinguible. Boehrs, inquiet, regarde autour de lui. Il commence à se douter qu'il est le jouet d'une mystification. Mais, avec la lenteur de sa perception, il ne sait pas bien encore comment il doit le prendre, lorsque plusieurs voix se font entendre derrière la porte du poste.

« Chut! » commande Fahrenholz; et tout le monde se tait pour écouter. On distingue aussi des voix de femmes, et l'une d'elles demande :

« C'est donc là que demeurent les élèves de marine? Est-il permis d'entrer?

— Certainement, répond la voix du petit Meyer; ce sera même un grand honneur pour nous de vous recevoir dans notre poste.

— Ciel! s'écrie Rosenstock, voici une visite de dames, c'est Meyer qui les conduit; que faire? »

Le malheureux Boehrs déshabillé, et les jambes pleines de suif, voudrait pouvoir rentrer sous terre, et il jette sur tous ses camarades des regards désespérés.

En ce moment, on frappe à la porte.

« Sous la table, sous la table! » commande Fahrenholz.

C'est la seule place où Boehrs puisse se cacher, et il obéit instinctivement. On lui jette ses vêtements et on tire un peu plus sur lui, comme un rideau protecteur, la nappe, qui est encore restée en place depuis le déjeuner.

Au mot de : « Entrez! » qui a été répondu dans cet intervalle, la porte s'ouvre, et le petit Meyer introduit dans le poste, avec beaucoup de salutations, toute la société qui l'accompagne. Ce sont des connaissances de Bremerhaven, parmi lesquelles plusieurs charmantes jeunes dames avec qui les élèves ont dansé au dernier bal. Meyer les invite poliment à s'asseoir, sans prendre garde aux coups de coude qu'il reçoit pour cela de quelques-uns de ses camarades.

« Sous la table, sous la table, » commande Fahrenholz.

« M. Boehrs n'est pas à bord? demande une des jeunes dames; il était mon danseur de cotillon au dernier bal, et j'ai eu avec lui une charmante conversation.

— Il regrettera beaucoup, ma chère demoiselle, de n'avoir pu se présenter devant vous, répond Fahrenholz, qui prend la parole; mais pour le moment il est un peu incommodé.

— Quel dommage! Mais qu'a-t-il donc?

— Oh! rien de bien grave. Il n'avait qu'un peu de rhumastisme aux pieds; un peu avant votre arrivée, on lui a ordonné une friction, et il a dû s'allonger pour quelque temps. »

La visite dure bien une demi-heure, et on peut se figurer la torture du pauvre Boehrs sous la table. Comme la conversation roulait sur lui, il s'est risqué à passer au moins son pantalon, et il y est parvenu.

A peine la porte du poste s'est-elle refermée sur les visiteurs qu'il sort de sa cachette, rouge de fureur; mais que peut-il y faire? Il est accueilli par une nouvelle explosion de rires, et on se moque de lui.

Que lui sert de jurer qu'il ne s'y laissera plus prendre? A la première occasion, il payera encore les frais. Plein de rancune, il descend en grommelant dans le faux pont à son coffre pour se laver les pieds de la graisse à manœuvres.

Pendant ce temps, on rappelle à l'exercice du canon du soir. A ce signal du tambour, les élèves se hâtent de rejoindre leurs postes, mais le pauvre Boehrs arrive en retard, et la punition qu'il encourt met le comble à sa douleur.

VI

LE VIEUX FOELSCH

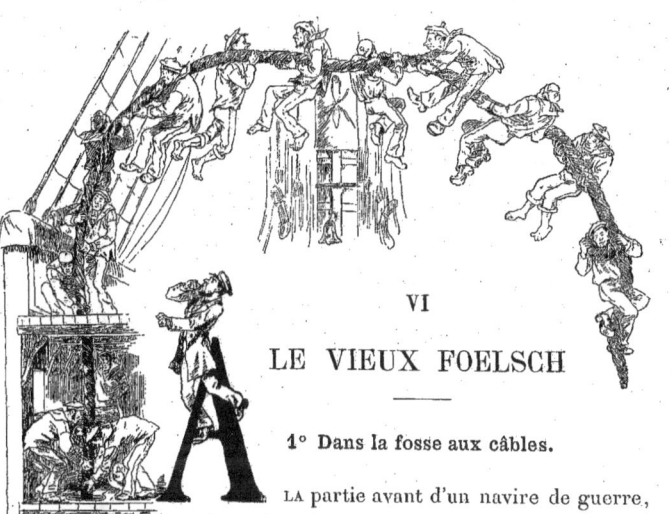

VI

LE VIEUX FOELSCH

1° Dans la fosse aux câbles.

La partie avant d'un navire de guerre, et sur le plus bas des ponts, se trouvent plusieurs réduits obscurs où l'on emmagasine les approvisionnements en matière de rechange ou de consommation. Un navire, qui n'a si souvent à compter qu'avec lui-même et qui doit pouvoir remplacer une chose quelconque qui se perd, doit emporter avec lui tout ce matériel, qui comprend des milliers de choses, car un navire est un véritable petit monde. Parmi ces réduits, plusieurs sont destinés aux objets appartenant aux détails des officiers mariniers : maître de manœuvre, maître canonnier, charpentier, etc., et ils portent le nom de soutes.

Situées au-dessous de la flottaison, ces soutes n'ont pas de fenêtres, et il fait déjà si sombre dans le faux pont qui est au-dessus qu'on est obligé nuit et jour de les éclairer par des lanternes.

Il y a trente ans et plus, c'est-à-dire à l'époque où se passent les faits que j'ai à raconter, cet éclairage était encore tout à fait pitoyable. On avait à bord des navires une peur excessive du feu; on croyait que le verre pouvait éclater, et, par précaution, on ne garnissait les lanternes que de vitres en corne. Aujourd'hui c'est bien différent, et l'on commence même à brûler du pétrole au lieu de l'huile, qui était autrefois le seul combustible autorisé. Il est vrai que depuis lors les moyens d'éteindre le feu et les pompes à incendie ont été beaucoup perfectionnés sur les navires et que, sur les vapeurs actuels, on est à même de projeter en quelques minutes des masses d'eau colossales sur les foyers d'incendie.

La soute destinée au maître de manœuvre était la plus grande, et sur les anciens bâtiments de guerre à voiles on l'appelait la fosse aux câbles.

Là étaient emmagasinés tous les objets de rechange qui concernaient le gréement, tous les gros cordages destinés à amarrer ou à touer le navire, généralement désignés sous le nom d'amarres, et le câble *par excellence*[1].

Ce dernier faisait autrefois l'office des chaînes d'ancres actuelles; sur les grands navires, il avait une circonférence de soixante à quatre-vingts centimètres et était extraordinairement difficile à manier. Les marins conservateurs l'ont cependant remorqué avec eux pendant trente à quarante ans encore après l'adoption des chaînes, parce qu'ils n'avaient pas entièrement confiance en celles-ci, et ce n'est que depuis une vingtaine d'années que l'on a pu, sur les navires de guerre, prendre sur soi de les laisser dans le port.

Comme la sécurité du navire au mouillage dépendait beaucoup de la solidité du câble, on le conservait, naturellement, avec le plus grand soin. On le nettoyait de la vase et des coquilles, on le montait

---

1. Ces mots en français dans le texte.

souvent sur le pont pour l'aérer et le sécher, et, après l'avoir aspergé d'eau de mer, on l'arrimait de nouveau à sa place. Mais, comme les jours de semaine il y avait ordinairement beaucoup d'autres choses plus importantes à faire, on avait pris peu à peu l'habitude d'exécuter ce travail le dimanche, ce qui rendait le câble encore plus odieux aux marins.

> *On travaille très dur ses six jours par semaine,*
> *Et le septième enfin c'est le câble qu'on traîne,*

chantaient les matelots en rageant en dedans lorsqu'on les réunissait pour cette occupation désagréable, qui leur prenait plusieurs heures. Quoique sur les navires de guerre il fût défendu de chanter en travaillant, on les laissait faire à cette occasion, parce que le chant était un dérivatif à leur mauvaise humeur.

Pour surveiller et maintenir en ordre tous les objets conservés dans cette fosse aux câbles, on instituait ordinairement comme gardien un sous-officier de manœuvre ou un vieux matelot expérimenté, que l'on appelait le *calier*.

Sur la frégate *le Deutschland*, l'orgueil de la première flotte allemande, on avait choisi pour ce poste de confiance un vieux quartier-maître de manœuvre qui avait déjà un demi-siècle sur les épaules et dont les traits durcis par la tempête accusaient une vie très agitée.

On montait souvent le câble sur le pont.

Dès sa plus tendre jeunesse, il avait parcouru le monde sur tous les navires possibles de commerce ou de guerre, s'était fait bercer par les lames de toutes les mers, avait essuyé des centaines de tempêtes, et il y avait peu de ports qu'il n'eût pas visités.

A la fin cependant, l'envie de revoir le pays lui était venue tout à coup; il n'avait plus eu de repos à l'étranger, et il était retourné en Allemagne. Mais ce n'avait été que pour y acquérir la conviction que là aussi il n'avait plus de patrie. Pendant son absence, qui avait duré plus de trente ans, sa famille s'était complètement éteinte, et, dans son village même, on se souvenait encore à peine de son nom.

Il se sentait donc complètement isolé dans son pays également et était sur le point de retourner à l'étranger, lorsque je le dénichai par hasard à Hambourg. J'avais été envoyé dans ce port au commencement de 1849 pour racoler des matelots pour la flotte allemande, à laquelle j'appartenais depuis peu comme officier, et cette mission était mon premier début dans ma nouvelle charge.

Le vieux Foelsch, c'est le nom de celui qui fut plus tard calier, cherchait un navire; mais, à cause de la pénurie des armements qu'empêchait le blocus des Danois, il avait attendu en vain un embarquement pendant plusieurs semaines. Il était assez à sec, et je n'eus pas beaucoup de peine à le décider à s'enrôler. Dans l'intérêt de la marine, j'étais très content d'avoir mis la main sur un homme qui avait servi longtemps sur les navires de guerre, parce que c'était précisément ce qui nous manquait. Dès qu'il eut reçu sa prime, je lui confiai tout de suite les fonctions de sous-officier, afin d'avoir un aide de confiance pour surveiller les quatre-vingts hommes que j'avais recrutés.

Je devais les amener de Hambourg à Bremerhaven dans des omnibus, et ce n'était pas une petite affaire, avec des matelots indisciplinés, qui avaient en outre dans la poche quelques thalers que je leur avais donnés à compte. Foelsch m'avait inspiré une grande confiance; il parlait avec tant de bon sens, il paraissait si sérieux et si raisonnable et savait si bien prendre les hommes, que je me félicitais d'une façon toute particulière de l'avoir choisi. Je lui savais gré surtout de son influence sur les recrues, ce qui m'avait permis, dans un temps relativement court, d'arrimer dans les six omnibus mes hommes à demi sauvages sans qu'ils eussent bouleversé les voitures, brisé les portes et les fenêtres ou livré bataille aux passants, choses auxquelles je m'étais attendu.

Quand tout le monde fut embarqué, je montai dans la première voiture pour prendre la direction de la colonne, tandis que Foelsch, excessivement digne et d'un air d'autorité, embarqua dans la quatrième. Le train se mit alors en marche, au milieu des hourras frénétiques et des chansons maritimes de tous les voyageurs. Tout alla

Le train se mit alors en marche.

bien jusqu'à Harburg; mais là ma perspicacité et ma confiance reçurent un rude échec, et j'éprouvai une amère déception. Dans la quatrième voiture, on criait plus haut que de raison; je descendis et appelai Foelsch, mais personne ne répondit. Foelsch semblait s'être évanoui, et aucun des matelots, fortement surexcités, qui se trouvaient dans la voiture, ne prétendait l'avoir vu. Mes yeux tombèrent tout à fait par hasard au fond de l'omnibus, où je vis mon nouveau sous-officier, fraîchement émoulu, totalement ivre et servant de marchepied à ses subordonnés.

Comment avait-il pu, en moins d'une demi-heure, s'enivrer si complètement, c'est resté son secret; je lui avais parlé peu de temps auparavant, et je l'avais trouvé tout à fait raisonnable. J'avais maintenant la triste conviction qu'il ne reprendrait pas son bon sens avant l'arrivée à Bremerhaven, et que, pendant ce voyage de douze heures, j'avais seul à veiller sur mes hommes.

Cette difficulté arriva à son plus haut point dans un village situé à mi-chemin entre Harburg et Bremerhaven, où l'on fit halte devant un cabaret pour changer de chevaux. On n'y était pas pré-

Ceux-ci, en proie à un appétit féroce, demandèrent à manger.

paré à l'arrivée de tant de monde, et surtout aux besoins de tant de matelots nouvellement enrôlés. Ceux-ci, en proie à un appétit féroce et à une soif encore plus grande, demandèrent à manger et à boire avec des hurlements qui formèrent un assez sauvage chaos. L'hôte, l'hôtesse et la servante étaient au désespoir, et je ne parvins à les calmer un peu qu'en les assurant que je les indemniserais de tous les dégâts qui pourraient être commis. Cependant, quand je fus parvenu à réembarquer tous mes sauvages, j'en remerciai le Ciel; mais je ne respirai librement que le lendemain matin, lorsque je fus heureusement arrivé à destination avec le nombre complet.

Foelsch fut embarqué sur le *Deutschland*, où on le fit calier.

Il se montra entièrement propre à ces fonctions et s'acquit bientôt de ce fait une certaine considération auprès du premier officier. L'ordre le plus parfait régnait toujours dans son département. Il s'entendait à fond à gratter et à fourbir à blanc les centaines d'objets ou d'instruments appartenant au détail du maître de manœuvre, tels qu'épissoirs, mailloches, ridoirs, harpons, burins et Dieu sait quoi encore. Il savait en orner les murailles de la fosse aux câbles en les assemblant sous la forme de toute espèce de figures possibles ou impossibles, comme ancres, soleils, cœurs, etc.

Tout le filin qu'il avait sous sa garde était arrimé en glènes très propres; le pont de sa soute était entretenu dans une telle blancheur de neige qu'on aurait pu y manger sans nappe, et malheur au matelot qui serait entré dans ce sanctuaire sans ôter ses souliers! Il aurait infailliblement goûté du bout de corde orné de nœuds artistement tressés qui pendait dans ce but derrière la porte

Malheur au matelot qui serait entré dans ce sanctuaire sans ôter ses souliers!

Les sous-officiers eux-mêmes avaient un certain respect pour la fosse aux câbles et n'avaient pas une mince considération pour le vieux calier, qui avait toute sorte de secrets pour la peinture et autres choses de ce genre. Les maîtres de manœuvre des autres navires cherchaient en vain la recette à l'aide de laquelle il peignait les murs de sa soute avec de la chaux, qui brillait comme le plus beau blanc de céruse et ne s'en allait pas par le frottement.

Foelsch était donc un calier modèle et n'avait qu'un défaut : on ne pouvait l'envoyer à terre, parce que, invariablement, il ne revenait jamais à bord de lui-même; il fallait toujours l'envoyer chercher par le capitaine d'armes et le laisser dormir quarante-huit heures pour le dégriser. La troisième fois que cela lui arriva, malgré toute la considération qu'il avait pour lui, le premier officier trouva que c'était trop fort, et, comme les punitions infligées ne servaient de rien, le calier fut consigné à perpétuité.

A la première inspection du dimanche, le premier officier lui signifia la sentence. C'était à peu près le seul moment où Foelsch, sortant du sombre domaine qu'il habitait dans les profondeurs, paraissait à la lumière du jour.

« Vous êtes un bon diable, Foelsch, lui dit-il, et vous savez que je fais beaucoup de cas de vous; mais ce qui est trop fort est de trop. Vous ne retournerez plus à terre maintenant que quand le grand mât quittera le bord. »

Quoiqu'il n'eût plus désormais que peu de chance d'obtenir la permission, le calier sembla pourtant trouver la chose parfaitement régulière. Il répondit : « A vos ordres, lieutenant! » en soulevant son chapeau pour saluer, fit un : par le flanc gauche, comme si ce mouvement lui avait été enseigné par le meilleur caporal prussien, et, du maintien le plus raide, il retourna dans son trou pour continuer son service d'une façon exemplaire.

Il resta six mois entiers à bord sans jamais demander de permission, et la terre semblait avoir perdu tout intérêt pour lui. Un jour, il fallut raidir les haubans, ces cordages qui tiennent les mâts par côté, et, dans cette manœuvre, on fit par inadvertance craquer la tête du grand mât. On fut obligé de l'enlever pour le remplacer par un nouveau. Cette opération exigeait un grand et pénible travail de la part de tout le monde à bord, et personne n'était content d'avoir à faire cette *manœuvre de force*[1]. Foelsch seul montrait un visage excessivement satisfait et fredonnait en dedans, dans sa soute, un joyeux refrain de matelot.

---

1. En français dans le texte.

Dans l'après-midi, une embarcation devait remorquer le vieux mât à terre; lorsqu'on siffla le canot, Foelsch apparut sur le pont en tenue complète des dimanches. Les boutons de sa veste bleue brillaient comme de l'or; son chapeau de paille, incliné sur l'arrière de la tête, laissait flotter joyeusement le ruban, et sa figure ravagée était très propre et rasée de près. Sa longue chevelure, l'orgueil des matelots, était bien brossée et luisante de graisse, et le col de sa chemise, rayé de blanc et de bleu, tombant très bas sur la veste, n'était retenu que par la cravate de soie nouée très lâche, de sorte que le vieux brave paraissait tout à fait bien et semblait rajeuni de dix ans.

D'un pas mesuré, il marcha sur l'arrière vers le premier officier, qui le voyait venir d'un air étonné, fit le salut militaire et dit de l'air le plus sérieux :

« Lieutenant, le grand mât quitte le bord; je vous prie de me donner vingt-quatre heures de permission. »

« Lieutenant, je vous prie de me donner vingt-quatre heures de permission. »

Le premier officier, pris au mot, accorda la demande en riant et donna même trois jours. Foelsch accepta le surplus, certainement avec beaucoup de reconnaissance; mais l'espoir qu'avait eu son supérieur ne fut pas réalisé pour cela. Le calier ne rentra pas plus qu'avant, et il fallut encore le faire ramener de nouveau par le capitaine d'armes. Il était assez remarquable qu'à bord il ne levait jamais trop le coude, tandis qu'à terre il s'enivrait toujours complètement.

Malgré cette petite faiblesse, Foelsch était tenu en haute estime dans tout l'équipage, comme un vieux navigateur qui avait déjà passé une douzaine de fois le cap Horn, parce que le matelot respecte profondément celui de ses pareils qui a une expérience plus grande que la sienne. Mais il jouissait d'une considération toute spéciale auprès des élèves de marine, dont il était l'oracle en matière maritime. Les pauvres jeunes gens ne pouvaient acquérir par eux-mêmes aucune expérience dans leur métier, car le pavillon noir, rouge et or, qui n'était même pas reconnu dans son propre pays, ne pouvait se montrer sur mer. L'orgueilleuse frégate *le Deutschland*, navire-école des élèves, resta en calme dans les eaux sales et jaunes du fleuve pendant la courte durée de ce rêve d'unité et de marine allemandes. Dans toute son existence maritime, elle ne fit qu'une traversée furtive de l'Elbe au Weser, pendant laquelle les élèves avaient vu l'eau à peine verte et encore moins devenir bleue.

Il était donc tout naturel pour ces jeunes gens de regarder avec une certaine admiration un homme qui avait passé plus d'une vie humaine sur l'eau bleue, qui possédait un si riche trésor de souvenirs maritimes et d'aventures et qui n'avait pas son pareil dans toute la flotte. Aussi profitaient-ils de toutes les circonstances pour se trouver avec le vieux Foelsch, pour lui demander conseil, pour s'instruire, et surtout pour se faire raconter quelque chose.

Cette occasion se présentait même assez souvent pour chacun des élèves, parce qu'il se passait rarement de jour où l'un ou l'autre d'entre eux n'eût à faire à la fosse aux câbles une visite plus ou moins longue, qui se prolongeait quelquefois jusqu'à vingt-quatre heures. Outre les appropriations techniques mentionnées plus haut, cette soute avait encore une destination particulière : elle servait de lieu d'arrêts aux élèves, et, sous ce rapport, elle était rarement inoccupée. L'existence tranquille à laquelle était condamnée la flotte entraînait assez souvent la bouillante ardeur juvénile des apprentis amiraux à commettre des sottises qu'il fallait réprimer par quelques jours de *Foelsch*.

Foelsch remplissait ses fonctions accessoires de geôlier avec une conscience scrupuleuse, et il avait repoussé avec la plus grande indignation toutes les tentatives de corruption qu'avaient faites au commencement ses prisonniers pour pouvoir s'esquiver le soir quelques heures à terre.

« Comment ces jeunes messieurs, avait-il dit, pouvaient-ils songer à faire si peu de cas de la dignité d'un vieux sous-officier, qui avait passé vingt-quatre fois la ligne, en croyant l'acheter avec une bouteille de rhum ! Du reste, il ne buvait point de spiritueux, tout au plus une petite goutte le soir avant de se coucher. Mais pour

Que restait-il à faire, au pauvre élève, de sa bouteille de rhum ?

cela il avait *son rhum* à lui, là, dans l'armoire, où étaient arrimés le bitord et le lusin. »

A ces mots, il était monté en grommelant et n'était redescendu que longtemps après. Devant une pareille rebuffade, que restait-il au pauvre élève à faire de sa bouteille de rhum, qu'il portait cachée sous sa veste, pour ne pas la laisser tomber entre les mains de l'officier de ronde, si ce n'est de la mettre dans l'armoire indiquée, où le calier avait dit qu'il tenait son rhum spécial ?

Depuis lors, cela s'était toujours passé ainsi, et les sentiments de dignité de Foelsch n'avaient plus été blessés. Mais il se montrait reconnaissant de cette attention, et, quoiqu'il ne permît pas aux détenus d'aller à terre le soir, il n'y avait rien dans ses instructions qui lui défendît nettement de laisser venir les autres élèves dans la fosse aux câbles. Par conséquent, il ne s'opposait pas à ce qu'un prisonnier y reçût la visite de ses camarades et ne tenait rigoureusement qu'à une seule chose : c'est que tout le monde fût parti à neuf heures du soir, au moment de la ronde; il fallait que tous les invités eussent vidé les lieux dix minutes avant, et qu'il ne restât nulle part de bouteilles de bière vides délatrices. Les visites faisaient rarement défaut, car Foelsch savait débiter de très longs chapelets nautiques, qui avaient toujours un grand attrait pour les élèves.

C'était un lundi; l'inspection de la veille et quelques retards à rentrer des permissions accordées pour l'après-midi du dimanche avaient été cause que la fosse aux câbles ne possédait pas moins de quatre hôtes, aux arrêts pour vingt-quatre heures. Pendant l'inspection aux postes de combat, à cinq heures, le rigide premier officier avait passé son inspection; il avait trouvé tout en ordre, les prisonniers très contrits et Foelsch solide à son poste. Il était donc probable qu'on n'aurait plus de dérangement à craindre de la soirée jusqu'à la ronde-major, et bientôt, par tous les chemins détournés possibles, arrivèrent encore trois ou quatre cadets, qui venaient tenir compagnie à leurs camarades et entendre de leur vieil ami le récit d'une histoire qu'il leur promettait depuis longtemps. Celui-ci était également très bien disposé ce jour-là, car, en ouvrant par hasard l'armoire en question, il avait vu que les jeunes gens avaient songé au rhum nécessaire à la petite goutte du soir.

Il disposa quelques glènes de filin, plaça dessus des matelas de hamacs de rechange, ce qui fit un divan commode pour faire asseoir les auditeurs. Ensuite il barricada soigneusement la porte et ouvrit le panneau du coqueron, cet espace situé au-dessous de la fosse aux câbles à la partie la plus basse du navire, pour s'assurer contre une surprise et donner aux invités les moyens de disparaître instantanément en cas d'alerte.

Après avoir pris toutes ces mesures de précaution, Foelsch s'assit également sur une glène, plaça une grosse chique toute fraîche derrière la dernière molaire à tribord et se trouva ainsi en *branlebas de combat*.

2° Vendu.

E vieux calier commença ainsi son histoire :

Il y a bien aujourd'hui une paire de douzaines d'années, et j'étais alors un jeune gaillard, que je me trouvais à Norfolk, en Virginie. Je revenais d'une campagne de deux ans dans la station du Brésil, avec la corvette américaine *le Jamestown;* on nous avait congédiés, et j'avais dans ma poche toute une somme d'argent.

Lorsqu'on vient de passer deux ans ainsi sur un navire de guerre et qu'on n'a obtenu tous les six mois qu'une permission de vingt-quatre heures pour aller à terre se dérouiller les jambes, chacun veut se donner au moins un peu de plaisir. Aussi j'allai, avec quelques joyeux camarades de plat, jeter l'ancre dans une auberge sur le port. L'hôte et l'hôtesse nous plaisaient beaucoup, et la servante encore plus. Ils faisaient tout leur possible pour prévenir nos désirs; nous mangions et nous buvions admirablement, et nous nous sentions comme dans le sein d'Abraham. L'hôte fut assez aimable pour nous garder notre argent et nous en donner à mesure de nos besoins.

Le second soir, il avait organisé un bal. L'orchestre se composait de trois musiciens nègres, et une bande de charmantes danseuses vint nous tenir compagnie. Afin que nous n'ayons pas à souffrir de la soif, par la grande chaleur qui régnait, on avait préparé un bol de punch grand comme une baille à lavage et fort comme un hunier avec deux ris pris.

J'étais jeune alors, et je pouvais beaucoup mieux porter la toile, quoique à présent, comme vous le savez, je ne touche plus à la boisson; cependant, dès le quatrième verre, je fus, par extraordinaire, complètement désorienté. Mes jambes n'obéissaient plus à la barre; quand je voulais abattre sur tribord, je lofais à bâbord, et finalement je laissai porter en grand. La chambre, avec les nègres et les jeunes filles, tournait devant mes yeux comme un cabestan, et je finis par m'endormir.

L'orchestre se composait de trois musiciens nègres.

Lorsque je me réveillai, je sentis un mouvement de balançoire, mais tout tournait encore dans ma tête comme une roue de moulin. Il faisait noir comme dans un four autour de moi, et il se passa un certain temps avant que je pusse me rendre compte que j'étais à la mer à bord d'un navire et couché dans un hamac. Partout régnait un profond silence, et, au-dessus de ma tête seulement, j'entendais le pas régulier des gens de quart. Ce devait être la nuit, et, afin de ne pas me rompre les jambes et le cou dans un lieu inconnu, je résolus de rester couché jusqu'au jour. Je commençai à comprendre très bien que mon digne hôte de Norfolk était un marchand d'hommes; il avait gardé l'argent que je lui avais confié, m'avait soûlé et m'avait transporté à bord d'un navire.

Cela ne me semblait pas fort agréable après deux jours seulement passés à m'amuser à terre; mais qu'y faire? Je ne pouvais m'échapper; restait à savoir seulement si mon navire était en quelque sorte supportable. Une frégate anglaise avait mouillé à Norfolk, et, au commencement, je supposai qu'on m'avait joué le tour de la *presse;* mais je remarquai bientôt, aux mouvements courts et précipités du navire, qu'il devait être considérablement plus petit qu'une frégate. Enfin on changea de quart; j'entendis quelques jurons espagnols; les panneaux furent ouverts, et un jour clair pénétra dans l'intérieur du navire. Je sautai de mon hamac, et je reconnus d'un coup d'œil que je me trouvais dans l'entrepont d'un petit navire de commerce dont l'équipage était cependant très nombreux et composé de toutes les nationalités possibles. Je n'avais encore vu de ma vie, rassemblés en tas, une pareille bande de gaillards à l'aspect aussi canaille. Il y avait là des Américains, des Espagnols, des mulâtres et même une couple de nègres, et j'eus la chair de poule sur tout le corps quand ils me regardèrent.

« Foelsch, me dis-je, te voici tombé dans l'eau chaude. Je veux n'avoir de ma vie jamais tenu un épissoir dans la main si ce sont là d'honnêtes marins. Il s'agit de bien veiller et de ne pas donner de faux coups de barre afin de rester dans le chenal. »

Sur le pont, derrière, se tenaient deux de ces gaillards; au bout d'un moment, l'un des deux, qui tenait une longue-vue à la main, me fit un signe; comme je l'avais supposé, c'était le capitaine. Nom de nom! je n'ai jamais vu une pareille figure! Savez-vous, jeunes gens, quand j'étais jeune, j'étais un gaillard assez effronté, je n'avais pas peur de regarder un homme en face, et je ne perdais pas facilement la boule quand une coque venait faire tête à la poulie; mais, quand je fus devant ce capitaine et qu'il se mit à m'examiner sans rien dire du haut en bas, ce fut comme si j'avais avalé de l'eau de mer.

Il était de haute stature, avec une tête carrée sur les épaules et une grande balafre rouge comme le sang sur la figure. Le coup d'où elle provenait devait avoir été terrible, car non seulement la joue était fendue, mais l'œil même en était parti, et il ressemblait au diable lui-même. De son autre œil, il me perçait si complètement à jour que j'avais peine à soutenir son regard. Cependant je le supportai, pensant qu'il serait bon pour moi de ne pas me laisser intimider.

Au bout d'un moment, il m'adressa la parole en anglais. A sa tournure, je l'avais pris d'abord pour un Espagnol; il avait le teint jaune, et sa chevelure noire et bouclée encadrait, épaisse et inculte, sa grosse tête. Mais lorsque j'entendis ses paroles lui sortir du nez comme un réat de poulie mal graissé, je reconnus le Yankee.

« Tu t'es fait engager sur mon navire, mon garçon, commença-t-il; maintenant j'espère que tu feras ton devoir... *Habla usted español* (parlez-vous espagnol?) » dit-il tout à coup en s'interrompant et en arrêtant sur moi son œil scrutateur.

« Tu t'es fait engager sur mon navire, mon garçon. »

J'allais justement répondre : *Si señor*, lorsque j'entendis comme murmurer à mon oreille ces mots en allemand : « Dis que non. » Je me retournai, mais je ne vis personne que l'homme de barre, qui était à quelques pas de moi, les yeux cloués sur le compas et manœuvrant sa roue. Cependant cela m'avait laissé le temps de me remettre, et je regardai le capitaine en lui demandant d'un air naïf, en anglais : « Que dites-vous, Monsieur ? » comme si je croyais qu'il avait parlé à l'homme de barre.

« Oh! je te demandais seulement si tu comprenais l'espagnol. Mais cela ne fait rien, continua-t-il sur ma réponse négative; tout le monde à bord comprend l'anglais! La paye est de cinquante dollars par mois, peut-être plus, si les affaires marchent bien, et tu resteras pendant tout le voyage. Sa durée dépend des circonstances. On m'a dit que tu avais déjà navigué comme chef de pièce sur un bâtiment américain. Est-ce vrai, et es-tu bon tireur ?

— On le disait à bord du *Jamestow*, répondis-je. Au dernier tir à la mer, à quinze cents pas, j'ai abattu deux fois le pavillon de la tonne avec un canon long de vingt-quatre.

— Eh bien, si tu tires aussi bien ici, je te promets un mois de solde pour chaque coup touché.

— Merci, capitaine, je ferai tout mon possible, ajoutai-je, bien que cela me parût fort extraordinaire, parce que je n'avais vu de canon nulle part sur le brick.

— Tu peux t'en aller maintenant ; ton coffre est dans l'entrepont, dit le capitaine ; mais attends, encore un mot. Tu verras et tu entendras peut-être à bord bien des choses que tu ne connais pas encore. Il faudra que tu t'y habitues, et il ne s'agit pas ici de reculer ou d'hésiter ; nous n'avons que faire à bord des poltrons et des mollasses. Si tu tiens à ta peau, guide-toi là-dessus. »

En disant cela, il dardait son œil sur moi comme pour me transpercer.

C'était clair maintenant, et je pensai en moi-même : « Foelsch, mon ami, veille au grain et tiens-toi paré aux drisses des huniers ! » Il me semblait que quelqu'un me serrait la gorge avec un étrésillon ; mais je réussis pourtant à me faire un visage satisfait, et c'est le sourire aux lèvres que je répondis :

« Vous serez content de moi, capitaine ! »

J'allai ensuite sur l'avant ; je trouvai en effet mon coffre. Le marchand d'hommes de Norfolk avait bien gardé mon argent, mais au moins il m'avait laissé mes effets. Cependant je n'abandonnai point l'espoir de le rattraper quelque jour avec les intérêts. Pour le moment, il me fallait bien hurler avec les loups, si je tenais à ma peau, comme avait dit le capitaine, et attendre qu'une occasion se présentât de filer mes chaînes par le bout.

J'examinai alors le bâtiment avec plus d'attention, et je dois dire que ce diable de brick, avec ses formes allongées, ses mâts démesurément longs inclinés sur l'arrière, ses vergues immenses et son énorme beaupré, me plut infiniment. On voyait au premier coup d'œil que ce devait être un fin voilier. Seulement il avait l'air d'être très mal tenu : les voiles étaient vieilles et toutes rapiécées; le gréement n'était pas soigné le moins du monde, et sur le pont cela n'allait pas mieux, comme si le navire avait pris la mer en pagaye. Il y avait sur l'avant un monceau de voiles et d'autres objets entassés, quoiqu'il y eût dans l'entrepont assez de place pour les loger, et les hommes étaient tout autour, debout ou assis, à ne rien faire. Il n'y en avait que deux véritablement occupés : l'homme de barre et l'homme de vigie à la tête du petit mât de perroquet, ce qui n'est pas l'habitude sur les bâtiments de commerce.

On me mit dans le quart du timonier Diego, et je fis superficiellement connaissance avec quelques matelots, qui cependant s'occupaient peu de moi. Je m'aperçus que l'homme que j'avais vu à la barre me regardait souvent avec attention, et il me semblait de plus en plus que je l'avais déjà rencontré quelque part; mais je ne pus m'en assurer, car il m'évitait toujours.

Nous faisions route au sud, presque vent arrière. Dans l'après-midi, la vigie signala une voile derrière nous, par bâbord. Le capitaine monta dans la hune et examina longtemps le navire étranger dans la longue-vue. Puis la route fut changée de quelques quarts; mais l'étranger grandissait très rapidement au-dessus de l'eau, et bientôt du pont même nous pûmes voir ses huniers. Il devait avoir une brise beaucoup plus fraîche que nous; autrement il aurait été impossible de nous gagner si rapidement.

Quand la coque parut au-dessus de l'eau, il n'y avait plus de doute que nous avions affaire à un navire de guerre. C'était un brick-goélette qui nous donnait la chasse à force de voiles. Evidemment, il arrivait sur nous avec beaucoup de vent, car ses voiles étaient pleines à se rompre, tandis que les nôtres s'arrondissaient à peine. Le capitaine et le timonier allaient et venaient sur l'arrière et paraissaient assez inquiets, comme des gens qui n'ont pas une bonne conscience.

Au coucher du soleil, l'étranger s'était approché jusqu'à un demi-mille ; mais il ne gagnait plus aussi vite, parce que la brise fraîchissait maintenant aussi pour nous et que notre navire commençait également à allonger fortement les jambes. Il hissa un pavillon anglais, et nous montrâmes un pavillon espagnol. Nous apercevions déjà l'écume à son avant, quand un nuage de fumée blanche s'éleva devant lui, et, peu de temps après, le vent apporta le bruit sourd d'un coup de canon. C'était un ordre pour nous de mettre en panne ; mais le capitaine n'en tint pas compte. Il prit seulement un octant pour mesurer la distance, puis il continua à se promener sur l'arrière avec Diego.

Le capitaine et le timonier allaient et venaient sur l'arrière.

Quelques minutes après, un éclair brilla de nouveau au sabord de chasse de l'anglais ; un boulet vint en sifflant au-dessus de l'eau, mais il tomba cinq cents pas trop court. Le capitaine se mit à rire d'un air sarcastique et donna l'ordre d'établir les bonnettes. Ces voiles réussirent à nous donner une telle vitesse que nous marchions presque aussi vite que le brick-goélette et que celui-ci ne nous approchait plus que très lentement. Nous nous en apercevions aux boulets qu'il nous envoyait toutes les deux minutes ; l'un d'eux nous frappa à l'arrière et resta fixé à mi-bois dans les bordages. Les Anglais tiraient rudement bien, et, si la chasse avait duré encore une heure, ils nous auraient pris certainement.

Le soleil était couché déjà depuis une demi-heure, la nuit se faisait à vue d'œil, la lune ne se levait qu'à minuit, et le capitaine devait avoir réglé son point là-dessus, car il causait maintenant avec le timonier d'un air aussi calme que s'il n'y avait pas eu là cet anglais, dont les contours devenaient de moins en moins distincts. Un boulet siffla bien encore dans le gréement en faisant un trou à travers les deux huniers, mais le tir cessa ensuite. On devait ne pouvoir plus nous voir, et le brick-goélette ne nous paraissait plus à nous-mêmes que comme une tache sombre. Nos hommes, appuyés sur le bastingage, examinaient la poursuite ; ils devaient avoir une grande confiance dans leur capitaine, car aucun d'eux n'avait l'air de croire à un danger quelconque. Ils plaisantaient et riaient entre eux comme s'il s'était agi d'un simple amusement.

Nos hommes, appuyés sur le bastingage, examinaient la poursuite.

Un commandement retentit à l'arrière, et, à voir la rapidité avec laquelle les hommes se précipitèrent à leurs postes, je compris quelle discipline sévère devait régner à bord.

« A rentrer les bonnettes ! aux bras de tribord partout ! Rentrez ! Brassez ! » commanda le capitaine.

Les bonnettes disparurent en un clin d'œil, et, avec la même rapidité, les vergues volèrent dans le vent ; la plus grande partie au moins de l'équipage devait se composer de damnés rudes gaillards qui savaient se débrouiller avec un navire.

« La barre dessous ! » cria en même temps le capitaine à l'homme de barre ; et le brick tourna, comme sur une assiette, de huit quarts sur bâbord. Il évoluait comme un canot ; auparavant, nous courions presque vent arrière, et maintenant nous étions au plus près serré. Nous ressentions toute la fraîcheur de la brise, et le navire en était tellement chargé que le bastingage sous le vent labourait l'eau. Ses mâts élancés et ses longues vergues se courbaient comme des archets de violon, les haubans s'allongeaient en craquant, et le brick se tordait en gémissant à travers les lames, dont l'écume montait jusqu'au-dessus de la vergue de misaine. Je croyais à chaque instant que tout allait venir en bas ou que les huniers allaient être emportés, parce que le dernier boulet des

Nos vergues, fortement orientées, se présentaient à lui en pointe.

Anglais les avait déjà percés d'un trou; mais tout tint bon, et le brick continua de courir comme ça.

Le but de cette manœuvre était de glisser entre les doigts de l'anglais. Après avoir lofé, nos vergues fortement orientées se présentaient à lui en pointe et non plus en travers, et, si jusqu'alors il avait conservé une lueur de notre présence, nous devions avoir maintenant tout à fait disparu à ses regards.

Après la manœuvre venait mon tour de barre. Le capitaine tint longtemps la longue-vue dirigée sur un point, puis il frappa violemment du pied sur le pont et poussa tout haut un formidable : *Carajo!* Quelque adroite et rapide qu'eût été la manœuvre exécutée, le stratagème n'avait pas réussi. On devait avoir rudement bien veillé sur le brick-goélette, car il était aussi venu au lof et se trouvait à présent au vent devant nous; il pouvait porter plus plein, et par suite nous gagner plus vite qu'auparavant.

Quel que pût être d'ailleurs le capitaine, c'était sûrement un marin remarquable, et il n'était pas embarrassé pour trouver une autre ruse.

« Tout le monde à la manœuvre! commanda-t-il aussitôt. Carguez les basses voiles! »

La misaine et la grand'voile, ramassées par leurs cargues, disparurent au-dessous des vergues. Avec la même rapidité, toutes les autres voiles furent carguées et serrées, et, en quelques minutes, notre navire, à sec de toile, flottait sur l'eau en dérivant lentement.

« Bas les feux partout! » commanda ensuite le capitaine, et lui-même couvrit d'un pavillon l'habitacle du compas, afin qu'il ne se projetât sur les murailles aucune lueur traîtresse.

« Au plus près du vent, » me dit-il; il gouverne aussi bien sans voiles. Et en effet, le brick nageait comme un canard et obéissait à la barre comme une embarcation.

Pendant ce temps, l'anglais s'était encore rapproché; nous le voyions à l'œil nu se détacher comme une ombre à l'horizon. Sur notre pont, on n'entendait pas un souffle; tous les yeux étaient dirigés vers notre chasseur. S'il nous apercevait encore et s'il laissait porter sur nous, en moins d'un quart d'heure nous étions sous ses canons.

Le capitaine ne quittait pas la longue-vue des yeux; au bout d'un moment, je l'entendis dire à Diego d'un air triomphant : *Gañado* (gagné!). Le brick-goélette avait été trompé par notre manœuvre. Nous ayant perdus de vue, il avait cru que nous avions changé d'amures, et il avait aussi viré de bord. Nous attendîmes encore à peu près vingt minutes, puis on commanda de l'arrière : « A larguer les voiles! » En un moment, le navire fut couvert de toile; nous laissâmes porter, reprenant notre ancienne route vent arrière, et chaque heure écoulée nous écartait de plusieurs milles de l'anglais. Nous nous étions heureusement esquivés, et notre brick dansait joyeusement sur la lame, comme s'il eût été heureux lui-même d'avoir échappé à un danger imminent.

Eh bien, s'il faut dire la vérité, je dois avouer, jeunes gens, que cela me fit plaisir, à moi aussi, d'avoir si bien attrapé l'anglais. Quand on est jeune, on ne regarde pas les choses d'un si mauvais œil; je croyais être sur un contrebandier, et, quand même le capitaine aurait fait le commerce du bois d'ébène (des nègres), il n'y avait pas grand mal pour nous si l'on nous avait pris. Le capitaine aurait été mis en prison et le navire déclaré de bonne prise, mais on nous aurait au moins laissé aller, nous autres, de l'équipage.

Qu'avais-je donc à risquer, d'autant plus que je n'étais pas du tout volontairement à bord? En tout cas, le service était bon, la nourriture n'était pas mauvaise; j'avais un bon navire sous les pieds, et c'était pour moi du changement : ce n'était plus l'éternelle uniformité des navires de commerce ou de guerre. Le cœur tout à fait joyeux, je gouvernais le brick, qui se laissait conduire du bout du doigt, quand tout à coup je fus amené à envisager les choses sous un tout autre aspect.

Le timonier vint derrière; il s'approcha du capitaine, qui était appuyé sur le bastingage, et ils se mirent tous les deux à causer en espagnol. Ils n'étaient qu'à quelques pas de moi, et je pouvais entendre tout ce qu'ils disaient. J'avais autrefois navigué longtemps dans la Méditerranée sur des bâtiments espagnols, et je comprenais cette langue aussi bien que l'anglais; mais ce que j'entendis alors, jeunes gens, fit sur moi l'effet d'un grain qui vous tombe dessus avec les cacatois hauts.

« C'est ce que j'appellerai : la parer belle, capitaine, commença Diego.

— Tu as raison, répondit celui-ci avec un mauvais sourire, et, au jour, l'anglais va joliment sacrer, quand il ne pourra plus nous trouver. Mais demain matin il faut enverguer les voiles neuves, les vieilles laissent trop passer le vent; sans cela, le *Phœnix,* qui est le plus fin voilier que les Anglais aient à la mer dans ces parages, n'aurait pu gagner ainsi notre *Alida,* qui marche au moins aussi bien que lui.

— Vous êtes donc bien sûr que c'était le *Phœnix?* demanda le timonier.

— Oh oui! Quand une fois dans sa vie on a eu affaire avec un navire autant que moi avec celui-là, on le reconnaît à un mille de distance. D'ailleurs, la veille du jour où tu es arrivé de la Nouvelle-Orléans, il était mouillé en rade pour faire de l'eau. Le capitaine est passé près de nous dans sa guigne, et il devait nous avoir regardés l'autre fois près des îles Bahama, car il fit aussitôt lever rames et se mit à examiner l'*Alida* depuis la quille jusqu'à la pomme des mâts. Quoiqu'elle fût peinte différemment, qu'elle fût gréée en brick et qu'elle battît le pavillon américain à la corne, il parut cependant concevoir des soupçons. Je suis bien convaincu qu'il a appris que nous devions partir sous peu de jours et qu'il nous a attendus dehors pour nous prendre. Je sais qu'il a juré de m'amener chargé de fers à la Jamaïque pour me faire pendre; mais, ajouta-t-il en reprenant son horrible sourire, j'espère bien auparavant lui faire payer ma balafre. »

En disant ces mots, il montrait du doigt la cicatrice rouge qu'il avait sur la figure.

« Pourquoi donc ne l'avez-vous pas laissé accoster aujourd'hui?

— Il faut d'abord, répondit le capitaine, que je prenne Pietro et les autres vingt hommes. Le brick-goélette a quatre-vingts hommes d'équipage, et, s'il était revenu à l'abordage comme autrefois, nous aurions certainement été à court avec nos quarante.

Depuis que le grand Tom est tombé à côté de moi, nous n'avons encore personne qui tire aussi bien que lui, et il faut que je voie d'abord si celui qui est à la barre peut vraiment tirer aussi juste. » En disant ces mots, il fit avec la tête un signe de mon côté.

« D'ailleurs, si demain matin nous n'avons pas de navire auprès de nous, il fera son coup d'essai.

— Mais autrement, pouvons-nous compter sur lui?

— Oh! pris avec nous, il est pendu comme nous. Quand il saura que le nœud coulant est aussi sûr pour lui que pour nous si nous sommes pris, il se laissera faire, et j'espère que, avant que nous rentrions dans le Rio-Chuelo, il ne le cédera en rien aux autres. Comme me l'a dit Roberts à Norfolk, un trois-mâts-barque anglais part aujourd'hui pour la Havane; il a une très riche cargaison, et dans la cabine plusieurs caisses remplies de sacs d'or. Je pense le rencontrer, et... »

Il jeta un coup d'œil sur le compas.

Il s'interrompit et s'avança vers moi; il jeta un coup d'œil sur le compas, me regarda un moment avec fixité et retourna s'appuyer au bastingage.

J'étais couvert de sueur; tout le navire tournait devant mes yeux comme une toupie; mais heureusement le capitaine ne sembla remarquer en rien mon état. Lorsqu'il jeta les yeux sur le compas, nous étions justement droit en route, et je fis tous mes efforts pour me tenir debout, quoique mes jambes tremblassent tellement que je craignais à chaque instant de tomber sur les genoux. En ce moment, on piqua huit, je fus relevé à la barre, et je pus aller sur l'avant. Je n'entendis plus rien de la conversation, mais je n'en savais déjà que trop.

Pour ne pas trahir devant les autres l'état dans lequel je me trouvais, je m'en allai tout de suite dans mon hamac. Naturellement, il ne fut pas question de dormir; j'avais assez de quoi penser. Ce n'était pas sur un contrebandier ou un trafiquant d'esclaves que je me trouvais, comme je l'avais cru, mais bien, à n'en pas douter, sur un pirate, et mon capitaine actuel était John le Noir lui-même, si connu vers 1820 dans toutes les Indes occidentales et si redouté, qui avait été poursuivi vainement jusqu'alors par les navires de guerre de toutes les nations.

On se racontait des choses étranges de lui et aussi du combat qu'il avait soutenu, il y avait un an, près des îles Bahama, contre le *Phœnix*. J'avais appris l'histoire d'un quartier-maître de manœuvre du brick-goélette qui y avait assisté et que j'avais rencontré à la Havane, où nous avions fait un long séjour avec le *Jamestown*.

Ils le poursuivaient déjà depuis longtemps et avaient échangé avec lui quelques coups de canon; mais vers le soir ils l'avaient perdu de vue dans un grain, quand tout à coup, par une pluie battante, à la lueur des éclairs et au bruit du tonnerre, on l'aperçut devant, dans l'obscurité, comme le diable sortant de l'enfer; il courut bord à bord, lança ses grappins et sauta à l'abordage. Tout cela s'était passé avec une si effrayante rapidité qu'à bord du *Phœnix* on ne put même pas tirer un coup de canon et que dans le premier moment les hommes, repoussés, furent refoulés sur l'arrière. Mais là ils se rallièrent autour du capitaine, qui se mit à leur tête, et ils se précipitèrent sur l'avant.

Le combat était indécis. John le Noir se démenait comme un

démon enragé, et il allait porter un coup terrible au capitaine, quand il glissa sur le pont couvert de sang et fut lui-même abattu par le sabre de l'Anglais.

Cette mort sembla décourager les pirates; ils battirent en retraite, laissant une trentaine des leurs morts ou blessés. L'équipage du *Phœnix* était sur le point de sauter à son tour sur le pont ennemi, quand le tonnerre tomba avec un horrible fracas sur le mât de misaine du brick-goélette. Les débris des mâts et des vergues tombaient sur le pont; en même temps arriva un grain; une violente rafale sépara les deux navires. Une minute après, le pirate avait disparu dans l'obscurité, et le *Phœnix*, désemparé de son mât de misaine, était hors d'état de le poursuivre.

Mais c'est en vain qu'on chercha John le Noir parmi les morts. Immédiatement avant le coup de tonnerre, un homme d'une taille gigantesque avait sauté sur le navire pirate, emportant un blessé dans ses bras. Le quartier-maître dont je tiens l'histoire avait déchargé sur lui son pistolet quand il était encore sur le bastingage. Le géant, touché, avait été précipité entre les deux navires; mais le blessé était tombé en dedans, et l'on pensa que c'était John le Noir. Le *Phœnix* porta les autres blessés à la Havane, où ils furent pendus aussitôt.

Pendant six mois on n'avait plus entendu parler d'aucun acte de piraterie, et l'on disait déjà que John le Noir devait avoir été tué dans cette affaire, quand, tout à coup, quelques navires richement chargés disparurent de nouveau corps et biens, et l'on dit avoir vu tantôt d'un côté, tantôt de l'autre, le pirate que l'on avait cru mort. Je n'étais malheureusement aujourd'hui que trop certain qu'il était bien en vie et que je lui avais été vendu par cette canaille de Roberts, qui lui servait d'espion. Si nous tombions entre les mains d'un navire de guerre, j'étais certainement voué à la potence; personne ne voudrait croire que je n'étais pas venu à bord volontairement.

Ma situation était affreuse, et, tout en me retournant dans mon hamac sans pouvoir dormir, je cherchais les moyens de m'échapper de ce navire, mais aucun des plans que je formais dans ma cervelle n'était exécutable. Il fallait attendre une occasion et faire mon possible jusque-là pour ne pas inspirer de soupçons.

A minuit, je montai de nouveau au quart. Nous étions dans les alizés; nous courions vent arrière, et il n'y avait pas à toucher aux voiles. Les gens de quart étaient étendus sur le pont et dormaient; outre le timonier Diego, il n'y avait d'éveillés que l'homme de barre et la vigie. J'avais la tête trop en feu pour pouvoir dormir; je m'en allai sur l'avant, et, appuyé sur le bastingage, je regardais courir les lames le long du navire.

Tout à coup je me sentis toucher légèrement au bras. Je me retournai et vis près de moi l'homme de vigie; c'était le même qui s'était trouvé à la barre la veille pendant que John le Noir m'examinait.

« Tourne-toi, me dit-il à voix basse en allemand, afin que personne ne s'aperçoive que nous causons ensemble. »

Je fis ce qu'il me disait et lui demandai tout bas :

« Comment sais-tu que je suis Allemand?

— Parce que j'ai navigué avec toi sur le trois-mâts-barque mecklembourgeois *la Johanna*, répondit-il.

— Tu dois être alors le charpentier Witt, lui dis-je, me rappelant maintenant où j'avais vu cette figure.

— Oui, mais ici je passe pour l'Anglais Tom, et ce n'est que sous ce nom que tu dois me connaître. On n'a pas confiance en nous, et il faut nous tenir sur nos gardes.

— Comment es-tu venu ici?

— Comme toi, vendu.

— N'y a-t-il aucune possibilité de reprendre sa liberté?

— Pas encore, il faut attendre. »

Le timonier vint sur l'avant; quand il fit sa ronde pour la vigie, il trouva Tom à son poste au bossoir.

« Rien en vue? lui demanda-t-il.

— Rien, timonier, » répondit Tom.

Et Diego s'en retourna sur l'arrière.

La cloche piqua deux, et je dus aller à la barre. Quand je revins une heure après, je n'aperçus Witt nulle part; il ne devait pas y avoir moyen de causer.

3° Sauvé.

Le lendemain, au point du jour, on appela : « En haut tout le monde! » si bien que j'en fus pour mon quart libre et qu'il y eut à travailler ferme. Les voiles neuves furent enverguées, et en quelques heures l'aspect misérable qui, la veille, faisait ressembler le brick à un charbonnier anglais, avait complètement disparu.

On mit aussi de l'ordre sur le pont; sous le monceau de vieilles loques qui étaient entassées à l'avant, apparut tout à coup un long canon de vingt-quatre livres qu'il recouvrait. Le châssis sur lequel reposait l'affût tournait autour d'un pivot; le pavois de l'avant se rabattait, et le canon avait ainsi un grand champ de tir.

Ce système est déjà employé pour nos canons obusiers; mais alors c'était tout à fait nouveau, et les bâtiments de guerre n'avaient encore rien de semblable. Le canon pouvait de plus être transporté à l'arrière, et, pour un si petit navire, c'était là un armement formidable. Les bricks, comme le *Phœnix*, n'avaient que des caronades, tout au plus deux canons longs de douze livres, et, comme notre navire marchait très bien, il n'était pas étonnant que John le Noir fût si difficile à prendre et qu'il n'eût rien à redouter d'un combat avec les petits navires de guerre.

Vers midi, nous avions tout mis en ordre, et, quand le pont eut été lavé et les cuivres fourbis, nous aurions pu, pour le coup d'œil, défier tout navire de guerre. Mais, après le dîner, j'eus à subir mon épreuve. Une tonne vide fut lestée avec un peu de sable pour qu'elle pût se tenir droite dans l'eau; sur le fond supérieur on fixa une perche avec un petit pavillon et on la jeta à la mer. On courut encore un millier de pas environ, puis on lofa au plus près du vent.

« Je te donne trois coups, me dit le capitaine en fixant de nouveau sur moi son œil inquiétant; si les boulets passent à plus d'une brasse du but, je n'ai que faire de toi, et tu m'as bien trompé. »

Tout l'équipage nous entourait et attendait mes coups. Par bonheur, je plaçai la hausse pour douze cents pas, je visai et fis feu. Le pavillon était abattu. Comment cela s'est-il fait, je n'en sais rien moi-même; un hasard heureux m'avait servi. Tout le monde manifesta tout haut son admiration, mais John le Noir n'était pas satisfait.

Une tonne vide fut disposée.

« Il faut d'abord que je voie encore les deux autres boulets, » dit-il.

Nous avions brassé à culer, et nous étions assez étales.

La distance avait été juste, et je la repris de nouveau; mais cette fois je visai attentivement, parce que j'avais pu me remettre dans l'intervalle. Le coup partit, et la tonne disparut; le boulet était passé au travers et l'avait fait couler.

« Je te fais grâce du troisième, me dit alors le capitaine; je vois que tu peux bien tirer. »

Je respirai fortement; mon tir heureux m'avait d'un seul coup créé une situation. On ne me regardait plus de travers avec défiance; j'étais devenu un personnage important. Les matelots venaient à moi et me serraient la main pour me féliciter. Cela me brûlait comme du feu quand ces bandits abandonnés de Dieu me touchaient, mais il me fallait leur faire bon visage et les traiter amicalement. La seule chose qu'il y avait de bonne, c'est que de cette façon je pouvais parler plus souvent avec mon ancien compagnon sans me faire remarquer.

Nous faisions route au sud, et, d'après mon opinion, nous devions courir sur Cuba. Dans la nuit, on diminua de voiles; nous longions lentement la côte de Floride, que nous avions aperçue le soir, tantôt nous en rapprochant, tantôt nous en écartant. On exerçait une veille attentive; l'équipage était couché sur le pont les armes à la main, mais la nuit se passa sans que nous ayons rencontré un navire.

Le lendemain matin, on n'aperçut encore aucune voile, et nous restâmes à croiser d'un bord à l'autre. Évidemment nous attendions le trois-mâts-barque anglais dont le capitaine avait parlé à Diego. Par contre, il s'opéra tout à coup sur notre navire une transformation complète.

Toutes les vergues furent amenées sur le pont; à la place des mâts de hune et des mâts de perroquet, on passa de simples mâts de flèche très longs, sur lesquels on établit des voiles à cornes, de sorte que, au bout d'une demi-heure à peine, notre brick était devenu une de ces goélettes comme l'Amérique en avait seule alors. Nous avions sur la coque une bande blanche avec des sabords peints en noir. Sur cette ligne de batterie on étendit une bande de toile à voile noire, réservée à cet usage, qui donna au navire un aspect si complètement différent, que celui qui ne l'aurait pas examiné de très près la veille n'aurait pu le reconnaître. C'est à un pareil stratagème que John le Noir devait surtout d'avoir échappé si longtemps aux suites de ses méfaits.

Malheureusement je devais être bientôt témoin et complice forcé moi-même d'un de ces forfaits, quoique j'en aie eu le cœur chaviré dans la poitrine.

Nous croisions, sur la côte de Floride, dans le chenal étroit que prennent tous les navires venant du nord à destination du Centre-Amérique. Pendant la journée, il passa au loin deux bâtiments à voiles; mais le capitaine ne sembla pas y faire plus d'attention.

La nuit suivante, j'eus l'occasion d'échanger quelques mots avec Witt. Embarqué depuis trois mois déjà, il avait pris part au pillage de deux navires qui avaient ensuite été coulés avec leur équipage. Il paraît qu'on l'avait *pressé* à cause de son métier, comme moi à cause de mon tir, car, parmi les autres hommes du bord, il n'y en avait pas un qui s'entendît au charpentage. Il m'avait reconnu dès le premier moment, et c'est lui qui le premier jour, étant à la barre, m'avait dit tout bas les mots que j'avais entendus. Vainement il avait cherché plusieurs fois à s'échapper, cela lui avait été impossible jusqu'alors, à cause de la grande surveillance qui était exercée dès que le navire arrivait près de terre. Mais il ne voulait pas rester plus longtemps parmi des misérables couverts de sang, et il avait formé le projet de les précipiter d'une manière quelconque dans l'enfer, à qui ils appartenaient, quand il devrait s'y plonger avec eux. Sa première idée avait été de faire un trou au navire; mais il y avait renoncé, parce que la voie d'eau aurait été découverte trop vite et qu'il n'aurait fait que risquer sa vie sans atteindre son but.

La nuit suivante, j'eus l'occasion d'échanger quelques mots avec Witt.

« Maintenant, ajouta-t-il, depuis que tu es à bord, j'ai formé un autre plan bien meilleur, pour lequel j'ai besoin de ton aide.

— Je suis à toi corps et âme, lui répondis-je; mais que veux-tu faire?

— Je veux, murmura-t-il tout bas, faire sauter le navire avec tous ceux qui sont dessus. Pour cela, j'ai besoin de poudre, et ce n'est qu'avec toi que je puis en avoir. Diego a la clef de la soute aux poudres, et, en dehors de lui, personne ne peut y entrer que toi, en ta qualité de chef de pièce. La première fois que tu iras prendre des gargousses, jettes-en une dans le coin sombre de bâbord près du trou de passage des boulets. Personne ne va là que moi, qui suis chargé de monter ces boulets sur le pont. Hier, pendant que je travaillais en bas dans la cale, j'ai déjà fait, au-dessous de la soute aux poudres, un trou dans lequel je mettrai la gargousse et où personne ne la trouvera jusqu'à ce qu'elle produise son effet. Tu prendras aussi un bout de mèche que tu me donneras ensuite. Alors je préparerai tout, et, dès qu'il se présentera une occasion où nous quitterons tous les deux le bord et où nous pourrons nous sauver, je ferai l'affaire. »

Le projet était assez insensé; s'il ne réussissait pas, il nous coûterait certainement la tête à tous les deux; mais j'y consentis tout de suite, quoique ne comprenant pas du tout quand et comment la chose pourrait avoir lieu. Nous comptions sur un heureux hasard, sans nous douter pourtant qu'il se présenterait dans les vingt-quatre heures.

Le lendemain, on signala un navire à voiles courant sur nous vent arrière. A la mine du capitaine, qui exprimait une joie sauvage, je compris que c'était la victime attendue. Nous mîmes le cap sur l'étranger, qui hissa le pavillon anglais, et, de notre côté, nous arborâmes les couleurs américaines.

La brise avait beaucoup fraîchi, et nous marchions si rapidement qu'en moins d'une demi-heure nous aurions pu être bord à bord, quand tout à coup l'anglais brassa ses vergues et vint au vent. Il devait certainement avoir conçu des soupçons, car, arrivé à environ deux milles de nous, il changea sa route et se rapprocha de la côte d'Amérique.

J'échangeai un regard avec Witt; nous nous flattions déjà de l'espoir que le navire nous échapperait; mais malheureusement nous devions éprouver une amère déception. Quelque bon voilier que fût l'anglais, notre navire lui était bien supérieur. Avec nos voiles goélettes bordées plat comme des planches, nous serrions le vent à quatre quarts et nous fendions la lame comme un couteau, de sorte que non seulement nous le dépassions en vitesse, mais encore nous le gagnions au vent.

Quand nous en fûmes rapprochés à environ une portée de canon, nous vîmes devant nous la côte américaine émerger au-dessus des flots, et il nous sembla voir tout près de terre comme deux points blancs.

« Montre-leur notre vraie figure, Diego, dit John le Noir en espagnol au timonier avec un ricanement diabolique, et, s'il ne veut pas mettre en panne tout de suite, nous allons le désemparer. Là-bas sur la côte, il me semble y avoir deux navires, et il ne faut pas aller loin. »

Le pavillon américain disparut du bout de la corne, et, à sa place, monta au grand mât un pavillon noir. Un frisson glacial me saisit quand je le vis flotter en haut; mais je devais être mis à une rude épreuve.

« Bill, me dit le capitaine, — c'est le nom que je portais à bord, — prépare ta pièce et pointe au mât de misaine, afin de lui couper les ailes. »

Je fis démarrer la pièce par les servants, les excitant à se hâter, comme si j'étais pressé moi-même; j'envoyais Witt prendre des boulets, et je reçus de Diego la clef de la soute aux poudres.

« C'est le moment! » murmura Witt en passant près de moi. J'ouvris la porte en respirant à peine; je mis trois gargousses dans le gargoussier, et j'en jetai une quatrième à mon ami, resté en dehors, qui la cacha aussitôt; puis je cherchai de la mèche. Dans le premier moment, je ne pouvais parvenir à en trouver, ce qui me retarda un peu. J'en avais à peine caché un bout dans le devant de ma chemise de laine que le panneau de l'échelle s'obscurcit et que Diego sauta dans l'entrepont.

« Que diable fais-tu donc si longtemps en bas? me cria-t-il.

— Pour ne pas descendre si souvent, j'avais pris trois gargousses à la fois, répondis-je avec un battement de cœur si violent qu'il devait s'entendre.

— Tu n'en avais pas besoin, un seul coup doit suffire; crois-tu que nous voulions faire tant d'embarras si près de la côte, pour que les croiseurs nous tombent sur le dos? Donne la clef, et file à ta pièce. »

« Que diable fais-tu si longtemps en bas? »

Je ne répondis pas. Je fermai la porte, lui tendis la clef et sautai sur le pont avec les gargousses.

Witt était déjà en haut avec ses boulets, et mon cœur se dilata : le premier pas était fait, et personne n'y avait rien vu.

Nous faisions maintenant à peu près la même route que l'anglais, qui, malgré le pavillon noir, ne mettait pas en panne. L'homme que nous avions à la barre gouvernait droit comme au cordeau; la mer n'était pas trop forte, et nous nous étions encore approchés du navire presque à la distance du but en blanc. Il ne me restait malheureusement plus aucun prétexte pour ne pas bien tirer.

« Vise au mât de misaine à cinq cents pas ! » me cria le capitaine après que j'eus chargé.

Il me passa devant les yeux comme des étincelles; mais ma propre vie était en jeu. Je plaçai la hausse pour la distance, je pointai et fis feu. Le coup n'était malheureusement que trop bon : le boulet était passé au travers du mât de misaine à demi-hauteur. Deux secondes après, il tomba par-dessus le bord, et le trois-mâts était perdu; il ne gouvernait plus et s'en allait en dérive. Je sentis comme une pointe me traverser le cœur; c'est moi qui en étais la cause.

Alors nous nous rapprochâmes, et l'on mit en panne auprès de l'anglais, parce qu'il y avait trop de mer pour l'aborder sans craindre de faire des avaries. Un canot fut amené; Diego et quinze hommes armés y descendirent et se dirigèrent vers la prise. Nous étions à cent cinquante pas environ, le canon chargé braqué sur le trois-mâts. Le capitaine et l'équipage de ce dernier étaient rassemblés sur le pont à l'arrière et ne semblaient pas vouloir faire de résistance; il n'avaient pas d'armes.

Le canot accosta le bord; tout à coup un objet gros et sombre apparut au-dessus du bastingage, au milieu du navire; nous entendîmes un craquement accompagné d'un cri affreux, et le canot sombra avec tous ceux qu'il contenait. En même temps, une grêle de mitraille siffla sur le pont, et cinq des nôtres tombèrent baignés dans leur sang. Tout cela s'était fait coup sur coup et si rapidement que nous ne pouvions pas en revenir; John le Noir lui-même était abasourdi par ce coup terrible et tout à fait inattendu, qui lui coûtait la moitié de son équipage.

Mais sa figure prit bientôt une expression diabolique.

« Ah ! chiens ! dit-il en grinçant des dents, vous me le payerez ! Feu, Bill ! me cria-t-il bouillant de fureur, et puis, à mitraille, pour rendre la pareille à ces brigands. Vite ! avant qu'ils aient rechargé, ou tu auras affaire à moi, continua-t-il d'un ton menaçant en armant son pistolet; au milieu, entre les deux sabords ! »

En regardant pour viser, j'aperçus deux sabords ouverts et des hommes occupés à charger, pendant que le capitaine, à l'avant du navire avec les autres, tirait des coups de fusil sur les pirates qui se débattaient dans la mer. On ne voyait plus rien du canot; il avait été brisé par la lourde pièce d'eau qu'on avait jetée dedans.

Tout à coup, un objet gros et sombre apparut au-dessus du bastingage.

Sur ma vie, j'aurais voulu attendre un peu pour laisser au trois-mâts le temps de terminer la charge et donner ainsi une chance aux braves Anglais. Je ne pensais pas du tout au danger que je pouvais courir moi-même; mais un : « Veux-tu tirer, bandit ! » du capitaine et le bruit du chien de son pistolet me contraignirent à faire feu. Le coup partit; le boulet frappa entre les deux sabords et projeta à l'intérieur d'énormes éclats du bastingage.

Quand la fumée fut dissipée, je ne vis plus personne aux pièces ni personne sur le pont. Mon sang se glaça dans mes veines; les éclats semblaient avoir produit de terribles ravages, et j'avais été, contre mon gré, le meurtrier de tant de gens. Machinalement, je fis charger à mitraille, suivant l'ordre que j'en avais reçu.

« Pointe sur le grand canot! me cria John le Noir dans une fureur insensée, les brigands se sont réfugiés dedans. »

Il était derrière moi avec son pistolet; j'obéis. A cette distance si courte, la mitraille brisa le canot en mille pièces, mais tout resta tranquille à bord comme auparavant; ils devaient être tous morts ou grièvement blessés.

« Cesse le feu, me commanda le capitaine, mais charge encore à

Il était derrière moi avec son pistolet.

mitraille; ce sera peut-être nécessaire. La barre au vent, filez l'écoute de grand'voile! » commanda-t-il ensuite; et notre navire s'écarta de l'anglais en abattant en travers.

Je ne savais pas d'abord ce que signifiait cette manœuvre; mais je compris bientôt. Pour un motif secret quelconque, le capitaine ne voulait pas envoyer une autre embarcation, mais accoster avec le navire lui-même, au risque de faire quelques avaries. Après avoir viré de bord deux fois, nous abordâmes en effet, et, si le capitaine n'avait pas été un si affreux coquin, on aurait eu du plaisir, comme marin, à voir l'habileté avec laquelle il maniait son navire.

Pendant ce temps, Witt était descendu chercher une mitraille; en remontant, il me dit à voix basse : « Tout est prêt! » Il avait placé la mèche que je lui avais donnée. Nous chargeâmes tous les deux le canon; les autres regardaient par-dessus le bastingage. Les grappins d'abordage tombèrent, le trois-mâts était amarré, et toute la bande sauta à bord avec des cris effroyables. Mais cette fois il n'y eut pas de résistance; l'affreux résultat que je craignais avait eu lieu. Tous les hommes de l'équipage étaient étendus sur le pont baignés dans leur sang; la plupart étaient morts, les autres grièvement blessés. Je les voyais moi-même par le trou que le boulet avait fait dans le bastingage.

Une sueur froide me coulait sur le front, et j'étais complètement anéanti. Witt avait conservé toute sa présence d'esprit; il est vrai qu'il n'avait pas tiré le canon. Il grimpa sur le bastingage et se mit à crier :

« Capitaine, l'un des deux navires arrive rapidement sur nous; il a l'air d'un bâtiment de guerre. »

John le Noir regarda un moment avec attention le navire étranger, puis il cria à ses hommes :

« Ici, garçons, vite, les caisses qui sont dans la cabine, et à bord. Nous n'avons pas le temps. »

Les hommes sortirent les caisses, et en quelques minutes elles furent sur l'*Alida*.

« Tout le monde à bord! coupez les grappins! » commanda alors le capitaine.

Quelques coups de hache séparèrent les deux navires; la goélette abattit sous le vent et mit en panne à une centaine de pas du trois-mâts. John le Noir examina encore un fois attentivement dans sa longue-vue la voile annoncée.

« Nous avons encore une heure, dit-il en se tournant vers un mulâtre qui remplissait les fonctions de maître d'équipage; la guigne à l'eau; Jack, prends avec toi Tom et Bill et va percer un trou dans la muraille à la flottaison. Il faut que le trois-mâts disparaisse avant que l'autre là-bas arrive; soyez de retour à bord dans un quart d'heure. »

Tout en parlant, il montrait le navire à voiles, dont on apercevait déjà les huniers au-dessus de l'eau.

La guigne fut mise à la mer; Witt avait sauté dans l'entrepont et avait rapporté des haches. Puis nous allâmes dans l'embarcation, et, en quelques minutes, nous fûmes à bord du trois-mâts. Le mulâtre grimpa le premier, Witt le suivit; quand je lui passai les haches, son œil brillait d'un éclat triomphant.

« Dieu soit loué! me dit-il tout bas, probablement dans deux minutes nous serons libres. »

Nous allâmes dans la cabine, et, en ayant l'air de déployer beaucoup d'ardeur, nous commençâmes à creuser un trou dans la muraille. Le mulâtre était auprès de nous et avait l'air de nous surveiller. Au bout d'un moment, Witt se frappa le pied avec le dos de la hache; il laissa tomber son instrument et se mit à pousser des cris comme s'il était grièvement blessé.

D'un coup terrible, il avait fait sauter la tête du brigand.

« Maladroit fils de chien! » grommela le mulâtre; et il saisit la hache pour continuer le trou lui-même. Mais à peine avait-il donné quelques coups qu'il s'abattit avec un gémissement sourd, et je sentis un jet de sang chaud me sauter à la figure. Saisi d'un effroi mortel, je me retournai, et j'aperçus Witt debout derrière moi, une hache à la main. D'un coup terrible, il avait fait sauter la tête du brigand.

« Il a ce qu'il mérite, cria-t-il avec des yeux étincelants. S'il plaît à Dieu, les autres en auront autant dans deux minutes. »

Il avait à peine fini de parler qu'un horrible craquement se fit entendre. Nous fûmes tous les deux renversés sur le pont, le navire trembla comme s'il avait tout à coup touché sur une roche, puis il se fit un morne silence.

« Hourra, Bill! s'écria Witt : réussi, réussi! »

Il se releva d'un bond et se mit à danser de joie comme un fou autour de la cabine.

« Viens sur le pont; il faut voir comment finissent ces canailles. »

Nous montâmes sur le pont; à la place où se trouvait la goélette s'élevait un nuage épais de fumée noire qui se dissipa lentement. Dans l'eau flottaient des espars et des planches; sur quelques-uns de ces débris s'accrochaient des hommes blessés ou à demi brûlés, luttant contre la mort et implorant du secours.

J'étais comme stupéfié par cet horrible spectacle. J'aurais voulu me réjouir et ne le pouvais pas : près de moi, je voyais les Anglais dont j'étais le meurtrier. Mais Witt ne me laissa pas le temps de me livrer à ces tristes réflexions; il se démenait comme un Indien victorieux.

« Viens dans le canot, Bill, me cria-t-il; nous irons porter à ces bandits le secours qu'ils méritent. »

Et sa fureur sauvage me gagna.

Nous nageâmes avec le canot au milieu des débris flottants; six ou huit hommes encore vivants y étaient cramponnés.

« Ici, Tom! ici, Bill! prenez-nous dans le canot, nous ne pouvons plus nous tenir! nous criait-on de tous côtés.

— Ah! ah! répondait Witt avec un rire féroce, à l'enfer, brigands! Mais avant de partir, il faut que vous sachiez que c'est nous qui vous avons fait sauter, nous deux, que vous avez forcés au pillage et au meurtre. Tenez! voyez-vous les ailerons des requins, ils viennent vous manger! Pas de grâce auprès de nous! »

Et nous passions. Cinquante pas plus loin flottait une vergue.

« Voilà John le Noir, cria Witt, ne se tenant plus de joie; celui-là, il faut le sauver, rien que pour que le capitaine du *Phœnix* puisse tenir sa parole de le faire pendre à la Jamaïque.

— Pourrons-nous nous emparer de lui? demandai-je, un peu préoccupé de la force gigantesque du borgne.

— Oh! laisse-moi faire, répondit-il, je sais comment m'y prendre. »

Deux coups d'aviron nous amenèrent près de lui.

« Enfin, cria-t-il, arrivez donc! Mon bras droit est écrasé, et je puis à peine me soutenir. Faites vite! »

Au lieu de répondre, Witt leva son aviron et lui en assena sur la tête un coup avec le plat de la pelle, pendant que le canot, de son élan, passait le long du corps.

« Voilà! cria-t-il, attrape-le vite, Bill, avant qu'il coule. Je crois qu'il sera bien étonné quand il se réveillera. »

Nous parvînmes à hisser dans le canot ce corps qui paraissait privé de vie, et nous lui attachâmes ensemble les pieds et les mains avec la bosse; puis nous regagnâmes le bord. Parmi les autres, il y en avait encore deux sur l'eau; quand nous arrivâmes près du navire, ils avaient disparu; les requins avaient fait leur œuvre.

Le navire étranger était arrivé à quelques milles du trois-mâts, et nous reconnûmes très bien le *Phœnix;* en moins d'une demi-heure, il devait être près de nous.

Afin de hâter encore sa marche autant que possible, nous hissâmes au grand mât le pavillon de détresse, puis nous allâmes vers les blessés pour voir si nous pourrions leur être encore de quelque secours.

Vous pouvez vous figurer, jeunes gens, l'impression que je ressentis à la vue de ces malheureux étendus.

Des seize hommes de l'équipage, neuf étaient morts, les autres avaient des blessures plus ou moins graves, et, parmi ces derniers, le brave capitaine. Atteint par un éclat de bois au haut de la cuisse, il était sans connaissance par suite de la perte de son sang. Nous le pansâmes de notre mieux, et nous allâmes à ceux qui vivaient encore pour faire tout ce qui était en notre pouvoir.

Bientôt après, le *Phœnix* arriva; il mit en panne à petite distance du trois-mâts, et le capitaine lui-même vint à nous dans la première embarcation. Nous lui racontâmes ce qui s'était passé, mais il nous regarda d'abord d'un air incrédule. Cependant, quand nous lui fîmes voir le mulâtre décapité près du trou commencé dans la muraille et que nous lui montrâmes John le Noir qui, reprenant connaissance en ce moment, se répandit, dans sa rage impuissante, en injures terribles contre nous, sa défiance parut s'évanouir.

Nous fûmes conduits tous les deux à bord du *Phœnix* pour témoigner d'un côté contre notre ancien capitaine, de l'autre contre son complice Roberts à Norfolk.

On emporta aussi les blessés sur le brick-goélette pour les mettre entre les mains des médecins. Witt et moi, nous demandâmes la permission de les soigner, et nous eûmes la joie de les voir guérir peu à peu.

Le trois-mâts fut pourvu d'un mât de fortune, et le *Phœnix* lui fournit un équipage qui le conduisit à la Havane, lieu de sa destination. Pour nous, nous allâmes d'abord à la Jamaïque pour livrer John le Noir à son sort mérité. Ses tentatives de suicide furent déjouées, et on l'attacha pour l'empêcher de faire le mal.

Quand il se vit ainsi perdu sans ressources, il s'étendit dans son hamac, concentrant sa rage en lui-même, sans vouloir répondre à aucune question et même sans dire un mot. Personne n'a jamais pu rien savoir de son passé.

L'instruction faite à terre ne prit pas beaucoup de temps. Le témoignage de Witt et le mien suffirent pour convaincre entièrement les juges, et, dès le second jour de notre arrivée à Kingston, le pirate redouté fut pendu.

Aussitôt après, le *Phœnix* partit avec nous pour Norfolk afin que le bruit de la capture et de la condamnation de John le Noir n'y arrivât pas assez tôt pour donner l'éveil à Roberts. On s'arrangea de manière à mouiller sur rade le soir à la nuit close.

Le capitaine alla trouver le chef de la police ; une troupe de constables nous accompagna à la maison de Roberts, qu'elle cerna, et nous entrâmes dans la salle d'auberge où se tenait celui-ci.

Le pirate redouté fut pendu.

Quand il m'aperçut en compagnie de l'officier de marine anglais, il dut déjà se douter de l'affaire, car sa figure se couvrit subitement d'une pâleur mortelle. Ensuite il essaya de se sauver en sautant brusquement par la fenêtre ; mais là, il tomba entre les mains des constables qui y étaient postés. Ses dénégations ne lui servirent de rien, car Witt put jurer que Roberts m'avait porté à bord de l'*Alida* et qu'il était resté longtemps à causer avec John le Noir dans sa cabine. Les autorités lui firent rapidement son procès et le condamnèrent à la potence.

Sur son avoir, on me remboursa l'argent qui m'avait été volé, et on me paya en outre une somme considérable comme dédommagement. C'est ainsi que se réalisa l'espoir que j'avais conçu de rattraper un jour mon argent avec les intérêts. Les armateurs du trois-mâts anglais nous donnèrent encore, à Witt et à moi, mille dollars à chacun, parce que nous avions sauvé leur navire.

En vérité, conclut le vieux Foelsch en terminant son récit, que les élèves avaient écouté avec une attention soutenue, tout cela était très beau de notre part.

Au péril de nos jours, nous avions rendu un grand service à la navigation ; aussi, partout où nous nous montrions, on nous en témoignait de la reconnaissance. Nous étions les héros du jour, nous avions de l'argent à profusion. Et pourtant je ne pouvais me sentir joyeux; je voyais partout les cadavres des malheureux Anglais que mes coups de canon avaient emportés.

Il y a trente ans que cette histoire s'est passée, et je puis me dire même, en conscience, que ce n'est pas de ma faute, mais aujourd'hui encore je revois cette heure en songe, et, quand je me réveille, mon front est inondé d'une sueur d'effroi.

Mais à présent, Messieurs, il est temps de regagner votre poste; on va bientôt *piquer deux,* et vous savez qu'il va passer la ronde, qui ne doit pas vous trouver ici.

Aucune prière ne put décider le vieux calier à entamer une autre histoire; il repoussa catégoriquement la proposition qu'on lui fit de disparaître dans le coqueron pendant la ronde. Il déclara que le souvenir de cette terrible journée de son existence l'avait trop vivement

Il prit la bouteille qui contenait son rhum.

impressionné. L'émotion avait ravivé le rhumatisme de ses jambes, et il avait besoin de les frictionner avec du rhum avant d'aller se coucher.

Le calier ouvrit la porte avec précaution et regarda s'il n'y avait personne dans la coursive. Les élèves qui étaient en visite filèrent sans bruit vers leur poste, à travers le faux pont; ceux qui devaient rester crochèrent leurs hamacs pour la nuit, et le vieux fit disparaître les divans.

Lorsque la ronde eut fait son tour, la voix de basse du maître d'équipage, accompagnée d'un coup de sifflet aigu, jeta à travers les panneaux le dernier commandement de la journée :

« Bas les feux! silence partout! »

Alors Foelsch alla à son armoire où il ramassait le lusin; il prit la bouteille qui contenait son rhum et l'examina à la lueur terne du fanal en corne. Puis il frotta plusieurs fois ses jambes rhumatisées avec le contenu de la bouteille ; mais il s'écarta de la méthode ordinairement employée, en ce qu'il pratiqua la friction en dedans. Selon lui, ce moyen était beaucoup plus efficace que celui de l'usage externe, qui laisse évaporer beaucoup trop de la précieuse liqueur.

Quelques minutes après, le calier et les élèves confiés à sa garde ronflaient à qui mieux mieux.

TABLE

TABLE

Première partie. — Un premier voyage en mer.

I.	— L'*Alma*	5
II.	— A la mer	27
III.	— Rudes épreuves	43
IV.	— Les navigateurs accomplis	63
V.	— Les charmes du beau temps	81
VI.	— Sous les tropiques	101
VII.	— Le pot au noir	135
VIII.	— Un terrible combat	149
IX.	— Autour du Cap	163
X.	— En canot sur l'Océan	181
XI.	— Batavia	199
XII.	— Le destin s'accomplit	215
XIII.	— Triste retour	235

Deuxième partie. — Images de la vie maritime.

I.	— Sur le Weser	249
II.	— Le carré	271
III.	— A travers la fumée du tabac	287
IV.	— De fil en aiguille	303
V.	— Les élèves de marine	319
VI.	— Le vieux Foelsch. — 1º Dans la fosse aux câbles	343
	2º Vendu	359
	3º Sauvé	377

SOCIÉTÉ ANONYME D'IMPRIMERIE DE VILLEFRANCHE-DE-ROUERGUE
Jules Bardoux, Directeur.

www.ingramcontent.com/pod-product-compliance
Lightning Source LLC
Chambersburg PA
CBHW052047230426
43671CB00011B/1813